Eberhard & Imke Hamer

Mittelstand unter lauter Räubern

Die Plünderung der Selbständigen

Eberhard & Imke Hamer

Mittelstand unter lauter Räubern

Die Plünderung der Selbständigen

© 2011 by Aton Verlag Verwaltungsgesellschaft mbH & Co. KG
Max-Planck-Straße 25, 59423 Unna
Telefon 0 23 03 / 8 67 45, Telefax 0 23 03 / 8 13 33
www.aton-verlag.de

1. Auflage 2011

Lektorat: Gabriele von Schmude-Ardelean

Satz/Druck: Druck-Center Kamen GmbH,
Hemsack 14, 59174 Kamen
Telefon 0 23 07 / 78 64, Telefax 0 23 07 / 7 15 97

Titelbild: U. Schatz

Titelentwurf: Projekt Design,
Max-Planck-Straße 25, 59423 Unna

Printed in Germany
ISBN 978-3-9813278-3-0

erstellt im

Mittelstandsinstitut Niedersachsen e.V.

30419 Hannover, Augustinerweg 20

Grußwort
von Rainer Brüderle

Der Mittelstand gehört in den Mittelpunkt der Politik. Denn die kleineren und mittleren Personalunternehmen sorgen für die meisten Arbeits- und Ausbildungsplätze. Dabei geht es nicht nur um Wohlstand und Arbeit, sondern auch um eine Geisteshaltung. Der Mittelstand steht für Fleiß und Innovationen, Pioniersinn und Patriotismus sowie Mut und Verantwortungsgefühl. Der Mittelstand ist im Standort Deutschland verwurzelt, doch auch offen gegenüber den Weltmärkten. Nicht wenige Mittelständler sind Weltmarktführer in ihrem Segment. Starker Mittelstand heißt: Starke Demokratie und starke soziale Marktwirtschaft. Deshalb ist eine Politik, die den Mittelstand stärkt, die beste Wirtschaftspolitik.

Der Mittelstand kann aber nur dann für sich, für seine Mitarbeiter und letztlich für die gesamte Volkswirtschaft erfolgreich sein, wenn er für seine eigenverantwortliche Tätigkeit die notwendige Freiheit hat. Deswegen trete ich für die Freiheit des Mittelstandes ein: Für mehr Selbstverantwortung statt Gängelung in unserer Gesellschaft unter Gesetzesnetzen; für Bürokratieabbau; für das Eigentumsrecht als Grundlage mittelständischer Existenz und Selbstverantwortung; für Steuersenkungen, damit unsere Leistungsträger mehr von ihrer Leistung behalten.

Die vorliegende Analyse von Prof. Dr. Hamer zeigt, wie bedeutend der Mittelstand für unsere Volkswirtschaft ist. Der Autor deckt pointiert politische Fehlentwicklungen auf, die dem Mittelstand schaden. Er schildert die Beanspruchung des Mittelstandes durch vielfältige Begehrlichkeiten und zeichnet das Bild eines Wolfsrudels, das den Mittelstand umstellt und zu viele seiner Leistungsträger zur Strecke bringt.

Prof. Dr. Hamer beschränkt sich aber nicht auf diese kritische Bestandsaufnahme. Er schlägt vielmehr ein breites Spektrum an Reformen vor, mit denen die mittelständische Wirtschaft nachhaltig gestärkt werden kann.

Man mag nicht mit allen Gesichtspunkten einig gehen. Das Buch zeigt aber treffend, an welchen Stellen die Freiheit, der Leistungsbehalt und die Selbstverantwortung weiter gestärkt werden müssen.

Als überzeugter Anhänger einer sozialen Marktwirtschaft, die auf privater Freiheit, auf Chancengleichheit und auf sozialer Verantwortung beruht, wünsche ich diesem Buch eine breite Leserschaft und eine große Wirkung.

Rainer Brüderle
als Bundesminister für
Wirtschaft und Technologie

jetzt Fraktionsvorsitzender
FDP im Bundestag

Vorwort Frank Schäffler

Die von Prof. Hamer schon in den 80er Jahren gegründete „Deutsche Mittelstandsstiftung e.V." hat in ihrer Satzung festgelegt, dass das Kuratorium über die Vergabe der jährlichen Förderungen aus den Erträgen der Stiftung entscheidet.

Inzwischen hat die Stiftung viele mittelstandsrelevante Forschungsprojekte, Tagungen und Veröffentlichungen gefördert und ist damit zu einer wichtigen Stütze für die Mittelstandsforschung und die Mittelstandspolitik geworden.

In dieser Zielrichtung hat das Stiftungskuratorium auch die Veröffentlichung der vorliegenden Untersuchung gefördert, weil sie die Öffentlichkeit über die vielfältigen Hände aufklären kann, welche nach der Leistung der Selbständigen greifen, bevor die Leistungsträger selbst etwas davon haben.

Frank Schäffler, MdB-FDP
Vorsitzender des Kuratoriums der
Deutschen Mittelstandsstiftung e.V.

Inhaltsverzeichnis

1. Eine Minderheit muss die Mehrheit tragen

Schon immer in der Geschichte hat der weit größere Teil eines Volkes auf dem freien Markt in Landwirtschaft, Gewerbe oder Dienstleistung seinen Unterhalt schwer verdienen müssen, aber auch Abgaben leisten müssen, mit denen ein anderer Teil des Volkes von ersterem gelebt hat. Das waren in den vergangenen Jahrhunderten Minderheiten von Adel und Geistlichkeit, Militär und Beamten. Inzwischen aber hat der Sozialstaat eine Mehrheit von Transferleistungsempfängergruppen geschaffen.

Allein die offizielle Statistik[1] weist von 82 Mio. Einwohnern nur 34,3 Mio.= 42 % als „von Erwerbstätigkeit lebend" aus. Von diesen leben 23 Mio. als Angehörige (28 %), aber auch 20,2 Mio. Rentner (24,5 %) sowie 4,6 Mio. Empfänger von Arbeitslosengeld, Sozialhilfe u.a. (5,5 %).

Eine Minderheit von 42 % Erwerbstätigen muss also bereits nach amtlicher Statistik eine Mehrheit von 58 % miternähren, darunter allerdings auch ihre eigenen Angehörigen.

Dramatischer wird das Bild aber, wenn man die Art der Erwerbstätigkeit unterteilt in solche, die privatwirtschaftlich für den Markt geleistet wird und in welcher deshalb die Erwerbstätigen von einem Markteinkommen leben und dagegen in die andere Gruppe derjenigen, welche direkt oder indirekt aus öffentlichen Mitteln leben, deren Unterhalt also von den auf dem Markt leistenden Erwerbstätigen zuvor miterarbeitet werden musste. Zur letzteren Gruppe gehören z.B. die Beschäftigten des öffentlichen Dienstes und der öffentlichen Organisationen, das Gesundheitspersonal, Lehrer, Kulturbeschäftigte u.a. Das soll nicht die Leistung dieser Menschen, z.B. der Ärzte, Lehrer, Beamten u.a. mindern, sondern nur darauf hinweisen, dass diese Bevölkerungsgruppen eben nicht vom Markteinkommen, sondern von Transferleistungen unterhalten werden.

Unter den Erwerbstätigen gibt es also zwei ganz unterschiedliche Gruppen, die von unterschiedlichen Einkommensquellen – dem Markt einerseits und öffentlichen Leistungen andererseits – leben:

---

[1] Statistisches Jahrbuch 2009, S. 81

Unstreitig lebt die Kerntruppe unserer Marktwirtschaft – die ca. 4,1 Mio. Unternehmer – vom Markt. Sie sind nicht nur die Kerntruppe unserer marktwirtschaftlichen Leistungen, sondern auch die Urquelle aller Einkommen aus den mit eigener Kraft gegründeten und geführten Unternehmen, den darin von ihnen eingestellten und bezahlten Mitarbeitern und mit den von ihnen erwirtschafteten und abgeführten Steuern und Sozialabgaben, aus welchen der Staat überhaupt Transferleistungen geben kann.

Nur 23,7 Mio. Erwerbstätige (28,9 %) arbeiten als Marktmitarbeiter in Betrieben, in freiberuflichen Praxen, der Landwirtschaft und in anderen für den Markt tätigen Institutionen. Die Unternehmer und ihre Angestellten sowie die Mitarbeiter der privaten Kapitalgesellschaften machen also insgesamt nur 33,9 % der Gesamtbevölkerung aus. Somit leben nur knapp 34 % unserer Bevölkerung von Marktleistung und Markteinkommen.

Diese knapp 34 % der Bevölkerung haben 20,2 Mio. (24,6 %) Rentner, 4,6 Mio. (5,6 %) Arbeitslose und Sozialeinkommensbezieher sowie 6,2 Mio. (7,5 %) öffentlich Beschäftigte zu unterhalten. Den fast 34 % für den Markt Leistenden unserer Bevölkerung steht also eine Gesamtgruppe von 37,7 % unseres Volkes gegenüber, welche von Transferleistungen der ersteren Gruppe über deren Steuern und Sozialabgaben bezahlt bzw. unterhalten wird. Die Zahl der Transfereinkommensbezieher ist demnach in Deutschland deutlich höher als die Zahl derjenigen, welche für den freien Markt arbeiten und ihr Einkommen vom Markt beziehen.

Letztlich muss man aber auch die 23 Mio. (28,4 %) Angehörigen aller vorgenannten Gruppen als ebenfalls direkt oder indirekt von der ersteren Gruppe der für den Markt Leistenden unterhalten ansehen, ganz gleich, ob es Angehörige der ersteren Gruppe selbst oder Angehörige der Transferleistungsbezieher sind.

Noch interessanter wird das Bild, wenn man alle Transfereinkommensbezieher (37,7 %) und alle Angehörigen (28 %) zusammenzählt und den für den Markt Leistenden gegenüberstellt: Dann sind dies 66,1 %, also zwei Drittel der Bevölkerung. Mit anderen Worten: Etwa ein Drittel der Bevölkerung arbeitet für den freien Markt, um damit direkt oder indirekt zwei weitere Drittel der Bevölkerung mitzuernähren.

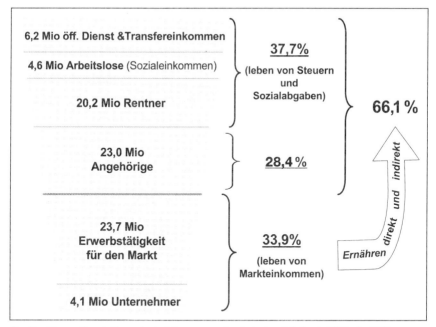

Quelle: Eigene Darstellung, in Anlehnung an: Statistisches Jahrbuch 2009, S. 81ff.

Diese Marktbetrachtung soll nicht die Leistung solcher öffentlichen Transfereinkommensbezieher mindern, die ebenfalls tätig und fleißig sind und ohne die z.b. unser vorbildliches Gesundheitssystem oder unser Bildungssystem nicht aufrechtzuerhalten wären. Die Betrachtung bezieht sich nur darauf, dass eben diese Gruppen nicht von Marktpreisen, sondern von öffentlichen Transfers unterhalten werden müssen.

Das Spannungsfeld zwischen Leistungsnehmern im weitesten Sinne und den Marktleistungsträgern wird in der Politik deutlich: Unsere bürgerliche Regierung versucht verzweifelt, Arbeit auf dem Markt attraktiv zu halten, um unsere internationale Wettbewerbsfähigkeit damit nicht zu verlieren. Auf der anderen Seite versuchen die sozialistischen Oppositionsparteien mit Geschick, die Leistungsnehmer zu mobilisieren, höhere Transferleistungen für sich zu fordern. Da letztere in unserer Bevölkerung bereits in der Mehrheit sind, sind Konflikte für die Regierung programmiert. Und da solche Konflikte in einer Demokratie durch politische Mehrheiten entschieden werden, die Transferleistungsbezieher aber bereits eine Wählermehrheit gegenüber den im Markt

Erwerbstätigen haben, können die Transferleistungsnehmer schon jetzt politische Mehrheiten mobilisieren. Es ist deshalb damit zu rechnen, dass mit einem Verlust der bürgerlichen Regierung die Umverteilung künftig hemmungslos werden könnte, zumal die marktorientierten Leistungsträgergruppen weniger organisiert sind und deshalb von den besser organisierten Interessen der mächtigen Leistungsnehmergruppen immer mehr überspielt werden können.

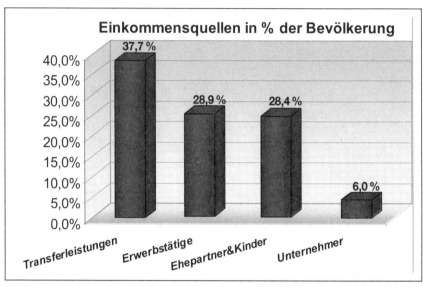

Quelle: Eigene Darstellung, in Anlehnung an: Statistisches Jahrbuch 2009, S. 81 ff. (90)

In diesem Sinne fühlen sich insbesondere die Unternehmer wie die Hamster im Rad, welche immer schneller laufen müssen, aber keinen Zugewinn daraus haben. Die Unternehmer werden einerseits durch den Wettbewerbsdruck, andererseits durch die steigenden Kosten und vor allem durch die öffentlichen Abgaben zur Finanzierung der Leistungsnehmer immer stärker in die Ertragszange genommen. Sie fühlen sich ebenso wie ihre Mitarbeiter immer stärker um den Lohn ihrer Leistung gebracht, ausgepresst und ausgeplündert. Leistung lohnt oft nicht mehr.

Der Verfasser hat hunderte Gespräche mit mittelständischen Unternehmern und ihren Mitarbeitern geführt und ihren Klagen immer wieder recht geben müssen. Das Gesamtmaß der Ausplünderung unserer Leistungsträger ist inzwischen eine soziale Ungerechtigkeit – man könnte es „Räuberei" nennen.

Wenn man dies aber ändern will, muss man zuerst einmal allen Bürgern – auch den von den Leistungsträgern lebenden Transferleistungsempfängern klarmachen – wo die Ungerechtigkeiten in unserem Belastungs-, Abgaben- und Ausbeutungssystem liegen.

Wer im Nachfolgenden die Ausbeutungstatbestände unserer Leistungsträger liest, soll davon überzeugt werden, dass dieser Zustand so nicht haltbar ist, dass diese Situation nicht soziale Gerechtigkeit, sondern Ausplünderung darstellt.

Die Zeit drängt: Wenn schon jetzt die Leistungsnehmergruppen in unserer Gesellschaft in der Mehrheit sind, wird es höchste Zeit zur Notwehr der Leistungsträger. Jedes weitere Jahr vergrößert sich die Zahl der Transferleistungsbezieher und ihr politisches Gewicht und vermindert gleichzeitig damit die politischen Chancen der Leistungsträger zur Korrektur.

Bei dieser Notwehr der Leistungsträger haben die Unternehmer eine zentrale Funktion, weil sie die mobilste, unabhängigste und leistungsfähigste Elitetruppe der Leistungsträger sind und schon im Betrieb nicht nur für ihre Mitarbeiter besondere Verantwortung tragen, sondern durch diese auch eine Wählermehrheit von der gemeinsamen Ausbeutungslage überzeugen könnten.

Dieses Buch soll deshalb ein Appell an alle Leistungsträger sein, insbesondere aber an die Unternehmer, aus ihrer gesellschaftlichen Isolierung der Betriebsgemeinschaft herauszukommen in eine gesamtgesellschaftliche Verantwortung und in einen Kampf um mehr Rechte der Leistungsträger an ihrer Leistung, um eine Beschränkung der Umverteilung, aber ebenso auch um mehr Aufmerksamkeit gegenüber privatwirtschaftlicher Räuberei an unseren Leistungsträgern und Unternehmen zu entwickeln.

Der Erkenntnis der Missstände sollte der Wille und die Tat zur Änderung folgen!

1.1 Jede Mitte ist am meisten umstellt

Wer in der Mitte steht, hat die meisten Menschen um sich, und wer mit gutem Einkommen oder Vermögen in der Mitte einer Gesellschaft steht, muss sich naturgemäß der meisten Begehrlichkeiten aus dem vielfältigen gesellschaftlichen Umfeld erwehren. Viele Hände greifen in die Mitte, nach dem Mittelstand:

1.2 Die Mitte der Gesellschaft = Mittelstand

Der Begriff „Mittelstand" als „Die Mitte der Gesellschaft" ist ein alter Begriff aus dem Ständestaat, welcher das Bürgertum zwischen Adel und hörigen Bauern und leibeigenen Knechten darstellte. Einen solchen Ständestaat haben wir nicht mehr. Dennoch ist an dem Begriff richtig geblieben, dass die „Mitte der Gesellschaft" eine ganz besondere Situation in unserer Gesellschaft widerspiegelt:

* Oberhalb dieser Mitte der Gesellschaft steht die Führungselite der Staats-, Wirtschafts- und Gesellschaftsfunktionäre sowie der „Reichen" – eine relativ kleine Spitzengruppe in der Bevölkerungspyramide von meist weniger als drei Prozent.

* Unterhalb der Mittelschicht steht eine breite Unterschicht von weniger qualifizierten Angestellten, Arbeitern und Sozialleistungsempfängern, aber auch von Rentnern. Sie macht bis zu 60 % der Bevölkerung aus.

* Die typische Mittelschicht besteht aus dem Bildungsbürgertum einerseits, welches sich aus seiner Qualifikation eine besondere Bedeutung in der Gesellschaft errungen hat und dem wirtschaftlichen Mittelstand, welcher selbständig aus eigener Kraft bzw. eigenverantwortlich als Inhaberunternehmer lebt.

Die aus vorgenannten beiden Mittelstandsgruppen bestehende Mittelschicht hatte sich nach dem letzten Weltkrieg auf über 50 % der Bevölkerung verstärkt, beträgt aber heute immer noch nahe 40 %.

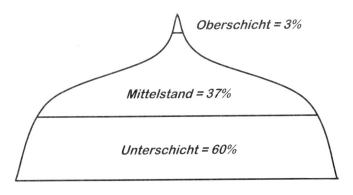

23

Unter dem Gesichtspunkt öffentlicher und privater Ausplünderung ist die nicht organisierte Mittelschicht in einer völlig anderen Situation als die beiden organisierten Gruppen der Oberschicht und Basisschicht:

- Die Oberschicht der „Reichen", der Prominenten und die Funktionärsschicht können sich dem Zugriff öffentlicher und privater Ausplünderung leicht entziehen, weil sie über genügend Finanzmittel verfügen, ihr Einkommen oder ihr Vermögen in gesicherte Länder zu verlagern und selbst auch dort den Wohnsitz oder den Vermögenssitz zu begründen, wo sie am wenigsten von Ausbeutungsgefahren behelligt werden. Ihnen kam auch zugute, dass viele Staaten sich geradezu um diese reiche Oberschicht beworben haben, um deren Vermögen zu sich anzulocken, um es zu ihrem eigenen Wirtschaftswachstum zu nutzen. Schon immer hatte die Oberschicht eine feudalistische Sonderposition. Im Mittelalter waren Adel und Geistlichkeit steuerfrei und lebten im Wesentlichen von den Steuern der Mittel- und Unterschicht, den Abgaben der Bauern und von der Arbeit der Knechte und Mägde. Dies hat sich prinzipiell in allen politischen und gesellschaftlichen Systemen wenig geändert; nur die Art des Feudalismus hat sich von Bodenfeudalismus vor allem zu Kapitalfeudalismus gewandt: Das Kapital ist global frei, am wenigsten besteuert und nicht mit Sozialkosten belastet.

- Die Unterschicht dagegen hat es immer schon schwer gehabt, sich selbst zu unterhalten und nie so stark über dem Existenzminimum verdient, dass sie neben der Oberschicht auch noch die Gesamtgesellschaft wesentlich hätte mittragen können. In der Geschichte war sie sogar entweder leibeigen oder als Tagelöhner der Willkür der Herren ausgeliefert. In neuerer Zeit haben sie als Lohnarbeiter durch den politisch mächtigen Arm ihrer Gewerkschaften und ihrer Stimmenmehrheit in der Demokratie zwar eine sicherere Sozialposition gewonnen, aber nicht so stark, dass sie den Neid oder die Begehrlichkeit von Räubern zur Ausplünderung hätten reizen können. Bei ihnen ist einfach zu wenig zu holen.

- Aus diesem Grund wurde schon immer in der Geschichte und auch heute noch das fleißige, nicht organisierte und erfolgreiche Bürgertum als lohnendste gesellschaftliche Zielgruppe aller öffentlichen Abgabewünsche, gesellschaftlichen Kostgänger, privaten Plünderer und kriminellen Räuber angesehen. Wo die Oberschicht sich dem Zugriff entzogen hat und die Unterschicht nicht ausreichend zahlungsfähig oder vermögend ist, greifen eben alle gierigen Hände vorzugsweise nach dem gewerblichen Mittelstand, der sich, zumal lokal gebunden, dem Zugriff nicht entziehen kann, der höheres Einkommen und sichtbares Vermögen hat und deshalb den öffentlichen Zahlungsansprüchen und privaten Plünderungen als bevorzugte Bevölkerungsgruppe ausgeliefert ist.

Die Mittelstandsforschung Hannover unterteilt den Mittelstand in zwei Gruppen, welche beide „in der Mitte stehen" und Verantwortung tragen. Die eine – der selbständige Mittelstand – jedoch mit Eigenverantwortung, mit eigenem Risiko und Eigenexistenzgrundlage (Betrieb, Praxis), die andere ist die Gruppe des angestellten Mittelstandes, welche im Angestelltenverhältnis Verantwortung aufgrund vertraglicher Delegation trägt.

Von diesen beiden Gruppen des gesellschaftlichen Mittelstandes ist der selbständige Mittelstand der ca. 4,1 Mio. Unternehmer und ihrer Mitglieder der von der Mittelstandsökonomie erforschte Teilbereich des Mittelstandes, weil er in unserer Wirtschaft zahlenmäßig (über 95 %) und in seiner wirtschaftlichen Bedeutung (44 % BIP) sowie in seinem Beitrag zum Arbeitsmarkt (66 %) und vor allem als Hauptzahler der öffentlichen Finanzen (über 80 %) eine herausragende Bedeutung hat[2]. Der Autor hat für diesen selbständigen Mittelstand die Mittelstandsökonomie entwickelt und nicht nur die Sonderleistung der Selbständigen, sondern auch ihre Sonderbelastungen mehr als andere erforscht. Deshalb erlaubt er sich, in der vorliegenden Untersuchung die Ausplünderung dieses gewerblichen Mittelstandes darzustellen.

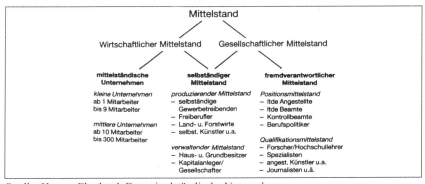

Quelle: Hamer, Eberhard. Das mittelständische Unternehmen

---

[2] vgl. Schriftenreihe des Mittelstandsinstituts Niedersachsen Bd. 31, Mittelstand und Sozialpolitik (Hamer) S. 215 ff

1.3 Die Leistungsträger in der Sozialleistungsgesellschaft

Nur eine Minderheit der heute Lebenden erinnert sich noch, dass nach dem Zusammenbruch bei Kriegsende überall Verarmung, Not und sogar Hunger vorherrschten, dass nur derjenige besser durchkam, welcher besondere und mehr Anstrengungen zur Sicherung seiner Versorgung unternahm als andere.

Wer aus der Armut, der Arbeitslosigkeit und der zusammengebrochenen Staatsordnung nach dem verlorenen Krieg 1945 herauskommen wollte, konnte damals nicht auf Sozialunterstützung hoffen, sondern musste selbst initiativ werden, musste versuchen, entweder einen der knappen und schlecht bezahlten Arbeitsplätze zu ergattern oder in Eigenleistung zu überleben. Mehr als 15 Millionen Menschen haben letzteres gewagt, und von ihnen haben mehr als 10 Millionen Selbständige aus kleinen Anfängen einen Betrieb oder eine Praxis erfolgreich gegründet und damit ihre eigene Existenz und die weiterer Mitarbeiter aus eigener Kraft aufgebaut.

In den fünfziger Jahren war in Westdeutschland die Leistungsgesellschaft unbestritten, die offene Gesellschaft, in welcher jeder die gleiche Chance hatte, in welcher aber auch jeder zuerst einmal für sich selbst sorgen sollte und durch eigene Leistung mehr oder weniger erreichen konnte. Die Gewinner dieser Leistungsgesellschaft waren diejenigen, welche aus besonderer Klugheit, günstigen Umständen und ungeheurem Fleiß durch Mehrleistung zu Mehrertrag, Mehrverdienst und Mehrvermögen kamen. Dies war die Wiedergeburt des neuen wirtschaftlichen Mittelstandes im Wirtschaftswunder Deutschlands.

Dass der Wiederaufstieg im wirtschaftlich aufstrebenden Deutschland vor allem denjenigen zugute gekommen war, welche als Leistungsträger bisher die Mühen dieses Aufschwungs getragen hatten, missfiel den Sozialideologen, welche für sich – meist im öffentlichen Dienst – statt Risiko Sicherheit gesucht und deshalb weniger erreicht hatten, aber den Anspruch auf gleichen Konsum wie die Leistungsträger erhoben. Beflügelt von der 68er Revolution wurde seitdem die Parole von der „Gleichheit aller Menschen" und „sozialen Gerechtigkeit" als Anspruch auf Verteilungsgleichheit zum politischen Programm erst der sozialistischen und nachher aller Parteien mit Ausnahme der Liberalen. Die daraus folgende politische Mobilisierung des

Neides der Unterschicht unserer Bevölkerung, welche weniger Einkommen und Vermögen hatten, gegen die inzwischen wohlhabend gewordene bürgerliche Gesellschaftsschicht wurde dann als „Sozialpolitik" durch Umverteilung aus dem fleißigen Mittelstand in Form von Wahlgeschenken an die Unterschicht betrieben. Die politische Notwendigkeit, dass ohne die Stimmen der Unterschicht keine politischen Mehrheiten zu erreichen waren und dass die Leistungsträger der Mittelschicht ihrer steigenden Belastung für die soziale Umverteilung wegen der Ideologie der „sozialen Gerechtigkeit" – gemeint war gleiche Versorgungslage – nicht widersprachen, führte in den letzten 40 Jahren dazu, dass

a) sich die Zahl der öffentlichen Leistungsnehmer trotz steigenden Wohlstandes der Gesamtbevölkerung verdreifachte und inzwischen drei Viertel aller Haushalte der Bundesrepublik irgendwelche öffentlichen Leistungen erhalten[3],

b) die zur Umverteilung von den Leistungsträgern an Leistungsnehmer notwendigen Mittel inzwischen mehr als 52 % der gesamten öffentlichen Abgaben ausmachen,[4]

c) immer mehr Leistungsträger in der steigenden Flut der Abgabenlast untergegangen sind und sich z.B. die Zahl der Selbständigen deshalb seit den fünfziger Jahren mehr als halbiert hat (von 10 auf 4,1 Mio.).

Die ursprünglich den Unternehmern zu Anfang der Bundesrepublik entgegengebrachte gesellschaftliche Hochachtung ist in der populistischen Neidkampagne umgeschlagen:

- Der Begriff „Besserverdienende" wird nicht mehr als „Mehrleistende" und deshalb „Mehrerreichende" verstanden, sondern ist zum Feudalvorwurf geworden, der unberechtigten Mehrverdienst suggeriert.
- Unternehmer mussten zwar aus ihren Betrieben mehr als 60 % unserer Sozialsysteme finanzieren, blieben aber in der Vergangen-

---

[3] vgl. Schriftenreihe des Mittelstandsinstituts Niedersachsen Bd. 31, Mittelstand und Sozialpolitik (Hamer) S. 215 ff

[4] vgl. Hamer, Eberhard, Wer finanziert den Staat, 2. Aufl. Minden 1982. Die Prozentzahlen haben sich in den vergangenen 25 Jahren nur unwesentlich geändert, jedenfalls nicht vermindert.

heit von jeder gesetzlichen Sozialsicherung ausgeschlossen, hatten selbst für ihre Kranken- und Alterssicherung aufzukommen, ohne eigenen Anspruch auf Krankengeld bei der GKV[5] erwerben zu können.

- In den Schulen brachten viele 68er Lehrer den Kindern bei, dass Gewinn aus selbständiger Tätigkeit nicht Leistungsertrag, sondern unmoralischer „Profit durch Lohnbetrug an den Arbeitnehmern" sei, und
- die öffentlichen Rundfunkanstalten zeigten Abend für Abend Unternehmer als kriminellen Tätertyp und haben auf diese Weise mitgeholfen, das gesellschaftliche Bild der selbständigen Leistungsträger vorsätzlich zu diffamieren.

Die vorsätzlich umgedeutete Doktrin von der „sozialen Gerechtigkeit" als Versorgungsgleichheit (Gleichheit der Einkommens- und Besitzverteilung), die regelmäßige Diskreditierung der Unternehmer in den Fernsehmedien und das Unverständnis der Mehrheit der abhängigen Arbeitnehmer für Unternehmertypen, welche mit Existenzrisiko aus eigener Kraft durch Mehrleistung mehr erreichen wollen als andere, hat die Selbständigen politisch und gesellschaftlich in eine Außenseitersituation gebracht und das in der Nachkriegszeit noch vorhandene Verständnis ihrer wirtschaftlich besseren Situation aus Mehrleistung schwinden lassen. Inzwischen werden die fleißigen Leistungsträger nur noch als „zu Unrecht Besserverdienende", als „Besitzende", als wirtschaftlich zu Unrecht besser gestellte Außenseitergruppe angesehen und deshalb von Ansprüchen anderer Gruppen und Umverteilungsforderungen verfolgt. Dass der selbständige Mittelstand im vorstehenden Sinne Hauptopfer vieler gesellschaftlichen Angriffsgruppen, Organisationen, staatlichen Einrichtungen und privaten Abzocker geworden ist, hängt also nicht nur mit seiner historischen Entwicklung zur wirtschaftlich tragenden Schicht in unserer demokratischen Gesellschaft zusammen, sondern auch damit, dass diesem wirtschaftlichen Mittelstand sein Erfolg nicht mehr gegönnt wird, dass Mehrleistung nicht mehr zu höherem eigenen Ertrag, sondern vor allem zu höheren Abgaben für andere führen soll und führt.

---

[5] Gesetzliche Krankenversicherung

Eigentlich gibt es ein natürliches „Recht auf den Ertrag der eigenen Arbeit", das für die unteren Schichten sogar die Sozialisten vertreten. Für die Leistungsträger der Mittelschicht dagegen wird dieses Recht insbesondere bei den öffentlichen Abgaben (Steuern, Sozialabgaben) nicht mehr akzeptiert. Der Fiskus erkennt Grenzen seines legitimen Zugriffs überhaupt nicht mehr an, sondern greift allseitig zu: Der Erfolgreiche wird durch Progression bestraft, Nicht-Erfolgreiche und sogar Faule durch Sozialleistungen belohnt. Ein Leistungsträger-Single muss gegenwärtig über Steuern und Abgaben mehr als die Hälfte seines Bruttoeinkommens an den Staat abgeben. Selbst ein Leistungsträgerehepaar mit Kindern behält pro Kopf meist weniger netto übrig als ein voll vom Staat unterhaltener Single[6]. Während die einen mehr und mehr für den Fiskus arbeiten, leben die anderen immer mehr auf dessen Kosten. Die Mehrheit der Wahlberechtigten lebt inzwischen so oder so vom Staat und unter der „Herrschaft der Sozialfunktionäre". Diese Sozialfunktionäre sind natürlich bestrebt, zur Steigerung der Leistungen an ihre Klientel die Leistungsträger immer stärker auszuplündern. Mit der Wählermehrheit der Leistungsempfänger und der daraus begründeten demokratischen Legitimation im Rücken haben die öffentlichen Umverteiler nahezu keine Hemmungen mehr, die Leistungserträge der fleißigen Minderheit zu greifen und umzuverteilen.

---

[6] vgl. unten Kap. 3.3.2, S.55 ff.

2. Unternehmer sind bevorzugte Beuteopfer

Zu den selbständigen Unternehmern zählt die Mittelstandsökonomie z. Zt. ca. 4,1 Mio. gewerbliche Unternehmer, Freiberufler, Dienstleister und Land-/Forstwirte. Diese Selbständigen sind seit jeher die Kerntruppe des gesellschaftlichen Mittelstandes und unseres individuellen demokratischen wie marktwirtschaftlichen Systems gewesen, weil für sie persönliche Unabhängigkeit, Selbstbestimmung und Eigenverantwortung nicht nur eine politische Forderung, sondern unverzichtbare Lebensgrundlage ist. Abhängig Beschäftigte tauschen dagegen Freiheit und Selbstverantwortung lieber in die Sicherheit von hierarchischen und kollektiven Systemen ein. Nur Selbständige wollen und müssen also eigenverantwortlich leben und müssen deshalb zwangsläufig Entscheidungsfreiheiten für ihre wirtschaftliche Selbständigkeit haben.

Selbständig wird man einerseits, wenn man ein unabhängigeres Leben als das eines abhängig Beschäftigten führen will, andererseits, weil man im Leben mehr wirtschaftliche Ziele und Güter erreichen möchte. Der Selbständige ist deshalb zu Mehreinsatz und Mehrleistung bereit – zur höchsten Leistung, die irgendeine gesellschaftliche Gruppe überhaupt in unserer Gesellschaft bringt. Geht man quantitativ von der Gewerkschaftsnorm von 38,5 Stunden aus, so liegt die Arbeitsdauer der Selbständigen wöchentlich mehr als doppelt so hoch. Sie leisten also schon quantitativ doppelt so viel. Darüber hinaus ist ihre Tätigkeit auch qualitativ höchstwertig. Sie haben im Betrieb die alleinige innovative Führung. Jeder Selbständige trägt allein die ganze Verantwortung für seinen Betrieb und damit auch für die Existenz und das Einkommen von Mitarbeitern sowie für die Versorgung seiner Kunden[7].

Die Masse der Selbständigen sind Einkommensteuerzahler, haben also ein wechselndes, risikovolles, z.T. niedrigeres, oft aber auch ein höheres Einkommen als abhängige Arbeitnehmer. Dennoch ist letzteren diese Leistung der Unternehmer für unsere Wirtschaft und für sie selbst meist vielfach nicht bewusst, sind ihnen Unternehmer oft eine fremde, in ihrem Denken unverstandene Außenseitergruppe, der kein Mitgefühl entgegengebracht wird, soweit sie weniger verdient als abhängig Beschäftigte, aber Neid und Missgunst, wenn sie mehr verdient.

---

[7] vgl. Hamer, Eberhard, Was ist ein Unternehmer? München 2001

Wenn also der Steuerstaat oder private Ausbeuter ein Opfer suchen, muss sich das lohnen. Bei armen Leuten gibt es keine Beute, lohnt Raub nicht. Zielgruppe aller Räuber sind deshalb Menschen, die höheres als Durchschnittseinkommen oder mehr als Durchschnittsvermögen haben.

Zwischen der Elite, die viel Vermögen hat und dieses so gut zu verteidigen weiß, dass man daran als Räuber nur schwer oder gar nicht herankommt und der Unterschicht, die zu wenig Vermögen hat, als dass ihre Ausbeutung lohnen würde, gilt der Mittelstand deshalb als lohnendstes Angriffsziel für alle öffentlichen, gewerblichen und kriminellen Ausbeuter. Die vielfältigen Gründe, gerade den Mittelstand auszupressen, werden in der Steuerliteratur und von Finanzpolitikern gewisser Parteien sogar offen diskutiert:

2.1 ... weil viele Unternehmer „Besserverdienende" sind

Wer einen eigenen Handwerksbetrieb, ein Industrieunternehmen, eine freiberufliche Praxis, einen Einzelhandelsladen oder einen landwirtschaftlichen Betrieb führt, bewegt in diesem Betrieb nicht nur oft größere Summen, als sie ein Arbeitnehmer gewohnt ist, sondern erzielt aus diesem Betrieb im Glücksfalle auch einen höheren Gewinn, als dem Durchschnittseinkommen eines Lohnarbeiters entspricht. Allein durch den Zwang, dass alle Betriebe investieren – also Zusatzmittel einsetzen – müssen, um zu wachsen und zu überleben, ergibt sich bereits ein Finanzbedarf der Unternehmer über dem Bevölkerungsdurchschnitt. Dabei wird fälschlich von der Bevölkerung und sogar vom Steuerstaat der Bruttogewinn des Betriebes, von dem ja wieder Investitionen, Risikovorsorge, Mitarbeiterabfindungen u.a. noch gezahlt werden müssen, als verfügbares Konsumeinkommen der Unternehmer angesehen. Kein Wunder, wenn aus diesem betriebswirtschaftlich falschen Verständnis die Unternehmer generell als „Besserverdienende" oberhalb des Einkommens der abhängig Beschäftigten angesehen werden[8].

---

[8] so auch Armutsbericht der Bundesregierung 2008, Bundestagsdrucksache 16/9915, S.42/43

Der Verfasser hat schon vor 12 Jahren die amtliche Statistik in diesem Punkt der Lüge überführt, weil sie nicht nur Bruttogewinn als Nettounternehmereinkommen, sondern sogar zusätzlich Mieten, Zinsen und Spekulationsgewinne und sonstige Einkommen völlig anderer Spitzenverdiener statistisch mit zum Unternehmereinkommen gerechnet hat, obwohl diese gar nicht von Unternehmern, sondern häufig von der Wohlstandselite – vor allem von Spekulanten – erzielt wurden[9]. Im übrigen ergaben Berechnungen im Mittelstandsinstitut Niedersachsen über den Unternehmerlohn, dass fast zwei Drittel der Kleinunternehmer trotz ihres Existenzrisikos jährlich geringeren Stundenlohn erzielen als ein durchschnittlicher Arbeitnehmer. Sogar nach Angaben der Regierung haben die Selbständigen nur zu 25,5 % höheres als Durchschnittseinkommen (3.268,– Euro)[10].

Vergleicht man nämlich den Stundenverdienst zwischen Unternehmern und abhängig Beschäftigten oder Beamten, so fällt der Vergleich doppelt ungünstig aus: Über 80 % der Unternehmer arbeiten nämlich die doppelte Gewerkschaftsnorm, also doppelt so viel wie abhängig Beschäftigte. Und etwa zwei Drittel von ihnen erzielen dennoch nur einen Stundenlohn ihrer Gesamtarbeitszeit, der unter dem eines Facharbeiters liegt.

Allerdings sind etwa ein Drittel der Unternehmer doch überproportional erfolgreich. Deshalb gehen die Bevölkerung und der Staat generell bei allen Unternehmern von überdurchschnittlichem Wohlstand aus.

Dabei wird ebenfalls nicht berücksichtigt, dass jeder Unternehmer von seinem versteuerten Unternehmerlohn seine soziale Absicherung und alle anderen Risiken vollständig selbst tragen muss, während bei jedem Mitarbeiter der Staat die soziale Sicherheit garantiert und sich der Betrieb bei Mitarbeitern ebenfalls zu mehr als der Hälfte daran beteiligt. Der Bundesgerichtshof hat sogar Selbständigen den für alle anderen Alterssicherungen geschaffenen Pfändungsschutz (§ 851 c ZPO) verwehrt, „weil Unternehmereinkommen kein Arbeitseinkom-

---

[9] vgl. Hamer, E., Was ist ein Unternehmer? Was verdanken ihm Betrieb und Gesellschaft? OLZOG Verlag, München 2001, S. 210 ff.

[10] Bundesregierung 2008, Bundestagsdrucksache 16/9915, S.45

men" sei und weil Selbständige wegen der „mit der Ausübung ihrer Tätigkeit regelmäßig verknüpften höheren Erwerbschancen" auch nicht schutzbedürftig seien[11]. Die Diskriminierung der Unternehmer und der Sozialneid ziehen sich also auch in der Justiz bis oben hin.

Was bleibt, ist die Tatsache, dass knapp ein Drittel der Unternehmer mehr verdienen und mehr verlieren können als ein abhängig Beschäftigter. Eine bessere finanzielle und wirtschaftliche Situation des erfolgreichen Teiles des wirtschaftlichen Mittelstandes sehen die Unternehmer allerdings selbst als Gegenwert des von ihnen übernommenen Betriebs- und Existenzrisikos an. Tatsächlich weckt aber der Erfolg eine Fülle von Neidern rundum, die alle überlegen, wie sie diesen Erfolg auf sich umlenken, an ihm teilhaben oder ihn abzocken könnten.

2.2 ... weil Unternehmer Vermögen haben

Jeder ist von Raub bedroht, wenn er Vermögen hat, welches auch andere haben wollen, zumal wenn es sichtbar ist und erreichbar scheint.

Der selbständige Mittelstand verfügt im Durchschnitt über mehr Vermögen als abhängig Beschäftigte, muss sogar mehr Eigentum als andere gesellschaftliche Gruppen haben, weil er kein gesichertes Beamtengehalt, keine staatliche Pension oder Rente und kein arbeitsrechtlich geschütztes Angestellteneinkommen hat, also sein Lebensrisiko und oft auch die Investitionsrisiken für das Unternehmen nur durch Aufbau von Eigentum abdecken kann.

Eigentum ist deshalb für den selbständigen Mittelstand in vielerlei Hinsicht überlebensnotwendiger als für die anderen Bevölkerungsgruppen.

2.2.1 Vermögen als Ertrag für Mehrleistung

Wer sich entschließt, selbständig zu werden, tut dies nicht nur, weil er eigene Ideen hat, sondern um auch mehr zu erreichen, als er als abhängiger Kollektivarbeitnehmer erreichen könnte. Er will also mehr Vermögen ansammeln als andere. Dafür ist er bereit, nicht nur das

---

[11] BGH IX ZB 99/05, Beschluss vom 15.11.2007

Existenzrisiko selbst zu tragen, sondern auch mehrfache Arbeitsleistung zu erbringen. Keine gesellschaftliche Gruppe arbeitet dafür länger und intensiver als die Unternehmer. Der Ertrag dieser Mehrleistung ist – wenn sie Glück haben – das betriebliche und private Vermögen, welches Unternehmer mit dieser Mehrleistung erringen können. Nicht alle erreichen dies. Für alle aber ist es das Leistungsziel der Selbständigkeit: Mehr zu erreichen als die anderen, die nur in Sicherheit nach Anweisung und Regelzeit arbeiten wollen.

Wer so seine Arbeitsleistung und sein Leben auf Vermögensbildung konzentriert, müsste darauf rechnen können, dass ihm dieses Vermögen auch erhalten bleibt. Der Angriff öffentlicher Greifer und privater Räuber auf das Vermögen ist insofern für den unternehmerischen Mittelstand ein Angriff auf das, für was er sein Leben eingesetzt und geleistet hat, ein Angriff auf die Wertebasis seiner Mehrleistung.

2.2.2 Vermögen anstatt sozialer Sicherung

Selbständige sind in unserem Sozialstaat diskriminiert. Zwar leben unsere Sozialsysteme zu zwei Drittel von den durch Selbständige abgeführten Sozialabgaben[12], die Politik hatte ihnen aber selbst die öffentlichen Sozialsysteme lange verwehrt. Wer also nicht in den gesetzlichen Sozialkassen versichert sein konnte, musste sich privat versichern oder musste privates Vermögen anschaffen, um sich und seine Familie auf diese Weise vor den wirtschaftlichen Gefahren der Selbständigkeit zu sichern. Selbst bei freiwilliger Mitgliedschaft in einer gesetzlichen Krankenversicherung bleiben aber Selbständige im Unterschied zu allen anderen Mitgliedern z. B. von Krankengeld ausgeschlossen, also diskriminiert.

Ein mittelständischer Unternehmer, der seine Selbständigkeit mit allen ihren Risiken beginnt, ist für die Großgefahren des Existenzkampfes völlig ungeschützt, solange er noch kein eigenes Vermögen aufgebaut hat. Wird er z B. am Anfang seiner Existenz berufsunfähig, dauerkrank oder trifft ihn eine Scheidung, so fällt er nicht wie alle übrigen gesellschaftlichen Gruppen der abhängig Beschäftigten ins soziale Netz, sondern als einzige Gruppe unter das soziale Netz.

---

[12] vgl. Hamer, Eberhard, Mittelstand und Sozialpolitik, Regensburg 1996

Jährlich stehen zehntausende Unternehmer, die jahrzehntelang durch ihre Leistungserträge und Beiträge die sozialen Netze für die Mitarbeiter finanziert haben, selbst mittellos und ohne soziale Sicherung da, wenn sie in Insolvenz fallen. Keine gesellschaftliche Gruppe fällt dann ohne öffentliche Hilfe tiefer als ein selbständiger Unternehmer, auch wenn er unverschuldet durch Betrug oder Zahlungsverzug seiner Kunden oder durch Kostensteigerungen insolvent wird und dann seinen Betrieb und meist auch sein privates Vermögen verliert.

Vermögensbildung ist deshalb für Selbständige unverzichtbare Ersatzsicherung für alles, was die Sozialsysteme für alle anderen gesellschaftlichen Gruppen der abhängig Beschäftigten garantieren. Nur Selbständige müssen zwangsläufig Vermögen bilden, um sich sozial abzusichern. Vor allem sie brauchen dieses Vermögen zur Sicherung der eigenen und betrieblichen Existenzrisiken. Wird ihnen dieses Vermögen durch Rechtsvorschriften (Insolvenzrecht) oder durch öffentliche Abgaben oder durch private Plünderer gemindert oder gar genommen, so gerät damit ihre soziale Existenz in größte Gefahr.

2.2.3 Vermögen zur Alterssicherung

Solange z. B. selbständige Unternehmer nicht Mitglieder der gesetzlichen Altersversorgung werden durften und es jetzt wegen deren Fehlsteuerung und ungewisser Zukunft nicht mehr wollen, müssen sie selbst für ihr Alter vorsorgen. Ihre Alterssicherung bleibt somit allein auf dem im Verlauf der aktiven Tätigkeit angesammelten Vermögen aufgebaut. Deshalb versuchen mittelständische Unternehmer bei erfolgreicher Unternehmensentwicklung auch sofort private Vermögensbildung z. B. durch Immobilien zu erzielen, weil sie wissen, dass sie neben dem unsicheren Betriebsvermögen auch gesichertes Privatvermögen bzw. dessen Erträge für ihr Alter brauchen. Die meisten Unternehmer leben deshalb im Alter nicht mehr von ihrem abgegebenen Unternehmen, sondern von der Miete und Pacht ihres inzwischen geschaffenen Immobilienvermögens bzw. von den Zinsen und Dividenden ihres im Laufe des Lebens geschaffenen Finanzvermögens.

Mit diesem versorgungsnotwendigen Vermögen sind aber die Unternehmer nicht nur während der Vermögensbildung, sondern auch als Eigentümer angreifbarer als andere. Dem Staatsrentner kann niemand als der Staat seine Rente nehmen oder mindern. Dem vermögenden

Unternehmer dagegen versuchen Dutzende von öffentlichen Organisationen und privaten Plünderern sein Alters-Sachvermögen zu mindern, seine Erträge zu besteuern oder anderweitig abzugreifen. Der unternehmerische Mittelstand ist deshalb mit seiner einzig möglichen Alterssicherung allen Angriffen stärker ausgeliefert und mehr gefährdet als die von öffentlicher Alterssicherung geschützten Bevölkerungsgruppen.

2.2.4 Eigentum als Betriebsgrundlage

Keine der abhängig beschäftigten Bevölkerungsgruppen braucht als Voraussetzung für ihre Tätigkeit als Beamter, Angestellter oder Arbeiter Vermögen, um daraus ihren Beruf und ihre Einnahmen garantieren zu können. Nur Selbständige können eine unternehmerische Existenz erst beginnen, wenn sie Betriebsvermögen besitzen und nicht mehr weiterführen, wenn sie kein Betriebsvermögen mehr haben. Selbständiger Unternehmer kann also nur sein, wer auch Eigentümer seines Betriebes ist. Ist er nicht mehr Betriebseigentümer, kann er nicht mehr Inhaberunternehmer sein.

Dass Unternehmer die leistungsintensivste Gruppe unserer Gesellschaft sind, hängt wesentlich damit zusammen, dass sie in ihrem Unternehmen die höchste und unbestrittene Entscheidungsfreiheit haben und sofort und kompetent ohne Rückfragen selbst entscheiden können. Dies kann nur jemand, der aus der höchsten Rechtskompetenz unseres Rechtssystems – dem Eigentum – entscheidet. Deshalb war schon immer der Schutz des Eigentums (Art. 14 GG) notwendige Voraussetzung jeder Selbständigkeit[13].

Betriebseigentum ist deshalb für Inhaberunternehmer unverzichtbar, ist aber auch diejenige Vermögensform, welche von allen Plünderern am stärksten begehrt, am ehesten angegriffen und ausgesaugt wird. Jeder Unternehmer steht deshalb in einem ständigen Überlebenskampf zwischen einerseits eigener und betrieblicher Höchstleistung, um aus Umsätzen Gewinne und Vermögen zu erzielen und andererseits wachsenden Belastungen, Abgaben, Beiträgen und Schutzgeldern, welche

---

[13] ausf. Hamer, Eberhard, Was ist ein Unternehmer? München 2001

alle Abzocker nur deshalb – und nur von Selbständigen – erheben können, weil dort eine angesammelte Vermögenssubstanz vorhanden ist, die man berauben kann.

Der selbständige Mittelstand ist also gegenüber allen anderen Gruppen in der einzigartigen Lage, dass er sein Betriebsvermögen unverzichtbar braucht, um überhaupt existieren, weiterarbeiten und Erträge erzielen zu können, dass aber gerade dieses Betriebsvermögen dem Zugriff aller Räuber auch am meisten ausgeliefert ist.

2.2.5 Eigentum als Kredit- und Haftungsbasis

a) Ein Unternehmer haftet persönlich für alles, was im Betrieb schief geht, für jede Fehlleistung eines Auftrages, bei Krankheit seiner Mitarbeiter, Mutterschutz, für Forderungsausfälle seiner Kunden, für Betriebsstörungen bis hin zu eigener Krankheit und ihren betrieblichen Folgen. Keine gesellschaftliche Gruppe unseres Volkes haftet so breit und nachhaltig persönlich. Keine andere Bevölkerungsgruppe haftet auch so lange, nämlich 30 Jahre.

Dass überhaupt Unternehmer solche Höchst- und Totalhaftung zu übernehmen bereit sind, hängt u. a. mit ihrer Erwartung zusammen, dass sie aus der Bildung eigenen Vermögens im Laufe ihres Arbeitslebens diese Haftung zunehmend abdecken können, dass also irgendwann das Vermögen ausreicht, um die persönlich eigentlich nicht tragbare Haftung abzudecken. Nur durch Vermögensbildung wird also die Haftung des Unternehmers vertretbar.

b) Fast jeder Unternehmer muss von einer Bank Kredite aufnehmen, um seinem Betrieb über Liquiditätsengpässe hinwegzuhelfen oder neue Investitionen vorfinanzieren zu können oder um Sicherheiten für Umsatzforderungen stellen zu können. Banken geben aber nur Kredit, wo sie Sicherheiten bekommen. Sicherheiten kann ein Unternehmer wiederum nur aus Vermögen geben. Wer also kein Vermögen hat, wird von Banken keine Kredite bekommen, kann nicht die Schwierigkeiten des geschäftlichen Lebens durchstehen, kann nicht investieren, nicht mit seinem Unternehmen wachsen. Das betriebliche und private Vermögen ist also auch als Haftungsgrundlage für Bankenkredite eine Betriebsvoraussetzung für jedes mittelständische Unternehmen und jeden Unternehmer.

Wie wichtig insbesondere Immobilieneigentum für die Gründung und den Betrieb eines mittelständischen Unternehmens ist, hat sich beim Aufbau Ost gezeigt: Ohne eigene Grundstücke vergaben die Banken den Existenzgründern keine Kredite. Das hat uns hunderttausende potenzielle Existenzgründer dort gekostet und eine Unternehmerrate, die zu gering für den Aufbau einer Marktwirtschaft war.

Wer also als mittelständischer Unternehmer kein Vermögen und kein Grundeigentum hat, gilt als nicht kreditwürdig und wird deshalb kaum einen Betrieb gründen oder diesen über die Klippen der marktwirtschaftlichen Schwierigkeiten oder sogar zur Expansion bringen können.

Dabei hat sich in den letzten Jahrzehnten die Unsitte herausgebildet, dass die Banken sich nicht mehr wie bei Kapitalgesellschaften mit dem betrieblichen Vermögen als Kreditbasis begnügten, sondern die Unternehmer regelmäßig persönlich erpresst haben, auch mit ihrem Privatvermögen zusätzlich für den Firmenkredit einzustehen. Keine andere Bevölkerungsgruppe muss mit ihrem erarbeiteten Privatvermögen Sicherheit für ihren Arbeitsplatz leisten, nur mittelständische Unternehmer. Geht der Betrieb aus irgendwelchen Gründen zugrunde, muss der Unternehmer deshalb auch sein Privatvermögen in die Insolvenz einbringen, wurde er also vollständig um die Früchte seines jahrzehntelangen Arbeitens geprellt. Keine andere Gruppe der Bevölkerung ist also so vermögensabhängig und so von den Folgen des Vermögensverlustes bedroht. Keine andere Gruppe als der selbständige Mittelstand zieht aber gerade deshalb auch mit seinem Vermögen die Raubgelüste der öffentlichen Abgabenforderer und privaten Plünderer so stark an.

2.3 Unternehmer sind angreifbar, weil sie lokal verankert sind

Die Oberschicht der „Reichen", die Schickeria, die Finanzhaie und Konzerne sind zwar theoretisch von ebenso vielfältigen Räubern bedroht, können sich aber in der Praxis dieser Bedrohung leicht entziehen. Konzerne können nämlich nicht nur ihre Produktionsstätten und ihren Geschäftssitz mit Verwaltung in die weltweit günstigsten Standorte verschieben, sondern auch ihren Gewinn jeweils dorthin verlagern, wo sie am wenigsten oder keine Abgaben zu zahlen haben, keine Umweltauflagen erfüllen müssen oder die geringsten Arbeitskosten haben. Konzerne sind deshalb heute ebenso flüchtig wie das Kapital. Ganze Branchen, wie z. B. die Hedgefonds, haben ihre Holdinggesellschaften schon seit Jahrzehnten auf die Kanalinseln, Bahamas oder in andere Steueroasen verlegt und können deshalb die Sozial- und Steuerpflichten in Deutschland verlachen.

Ebenso wie die Finanzindustrie und internationalen Konzerne haben auch sog. „Reiche" und die Schickeria ihre Gewinne längst in die Steueroasen gebracht[14].

Solche wirklich „Reichen" kriegen also weder die Steuer noch die Sozialverwaltung noch die privaten Räuber unserer Gesellschaft. Sie sind praktisch steuer- und sozialabgabenfrei, werden hier auch nicht von Kammern, Bürokratien, Gewerkschaften, Kirchen oder Banken abkassiert. Lediglich die organisierte Kriminalität ist hinter diesen Reichen auch im Ausland her. Dagegen können sie sich aber schützen, weil sie die dafür notwendigen finanziellen Mittel haben.

Der wirtschaftliche Mittelstand – der Unternehmer – ist dagegen sowohl personell als auch sachlich mit seinem Unternehmen ortsgebunden und schon deshalb dem Zugriff von 24.000 gierigen öffentlichen Händen voll ausgeliefert. Er kann auch vor der Überbelastung mit Steuern, Sozialabgaben, Umweltschutz, bürokratischen Belastungen und Diskriminierungen nicht wie die Kapitalgesellschaften ins Ausland entweichen, weil z. B. ein Freiberufler seine Praxis vor Ort nur betreiben kann, wenn er auch selbst dort ist. Ebenso ist es mit den mittelständischen Unternehmern, Landwirten, Dienstleistern oder anderen vor Ort tätigen Gewerbetreibenden. Sie können nicht wie z. B. Künstler von ferne aus der Schweiz oder Österreich oder Luxemburg ihren Betrieb oder ihre Praxis in Deutschland betreiben, sondern müssen für ihre Kunden, Mandanten oder Patienten ständig vor Ort verfügbar bleiben. Da sie also nicht „flüchten" können, bleiben sie dem Zugriff aller regionalen Aussauger mehr als die beiden anderen Randgruppen ausgeliefert, somit haben sich alle Räuber vor allem auf den selbständigen Mittelstand gestürzt, der nicht weg kann, bei dem andererseits das zu holen ist, an was man bei der flüchtigen Oberschicht nicht herankommt und was die Unterschicht nicht hat.

---

[14] wie METRO/Beissheim in die Schweiz oder Flick, Beckenbauer oder Schumacher nach Österreich

2.4 ... weil sie machtlos sind

Alle Räuber greifen vor allem dann und dort zu, wenn und wo sie am wenigsten von öffentlicher oder privater Macht gehindert werden, der Schutz der Opfer also am geringsten ist.

Wenn man Unternehmer als die stärkste eigeninitiative Gruppe der Bevölkerung bezeichnet, müssten sie sich eigentlich allen Angriffen auch am tatkräftigsten widersetzen. In Wirklichkeit aber ist dies nicht der Fall:

- Nur Banken und Konzerne können Gesetze beeinflussen und – wegen ihrer Macht auf die Politik – zu ihren Gunsten umkehren, wie die Krise gezeigt hat. Die Masse der mittelständischen Unternehmer dagegen muss – wie die Erbschaftssteuerdiskussion offenbart hat – die sie treffenden relativ höheren Steuern widerstandslos hinnehmen. Dies gilt auch für die Sozialvorschriften, für welche der mittelständische Unternehmer persönlich haftet oder für andere staatliche Zwangsvorschriften.

- Auch in Kammern und Verbänden stehen die Mittelständler meist machtlos den von Banken und Konzernen gesteuerten Vorständen gegenüber und können sich deshalb gegen ungerechte Lastenverteilung nicht wehren, weil sie nicht gleichwertig organisiert sind (vgl. Kammerfinanzierungsgesetz)[15].

- Gegenüber der privaten Kriminalität von Mitarbeitern, Kunden oder Fremden kann sich ebenfalls der Mittelstand am schlechtesten schützen, weil er seine Praxisräume, seinen Laden, seine Gaststätte oder seinen Hof zwangsläufig für alles Publikum offen halten muss, also den Zugang von möglichen Räubern kaum verhindern kann.

- Andererseits haben auch das Arbeitsrecht, das Haftungsrecht und das Strafrecht die Gegenwehr eines Unternehmers gegen Betrüger, Räuber oder Diebe so eingegrenzt, dass das Risiko der Abwehr für den Unternehmer oft höher ist als das Verlustrisiko seines Vermögens.

---

[15] s. unten Kap. 11, S. 153 ff.

Die vielfältigen öffentlichen Organisationen und privaten Räuber wissen also, dass die von ihnen bevorzugte Ausbeutungsgruppe der Selbständigen nicht nur am wenigsten geschützt ist, sondern sich auch am wenigsten wehren kann, dass es sich also vor allem bei ihr lohnt, abzuzocken, auszurauben und sie sogar durch kriminelle Machenschaften zu schädigen.

2.5 ... weil kein Machtkollektiv sie schützt

Wer die Macht im Staate hat, wird nicht ausgebeutet, sondern kann umgekehrt selbst mit ausbeuten. Wenn also eine bestimmte gesellschaftliche Gruppe besonders ausgebeutet wird, muss sie nicht nur gesellschaftlich schwächer sein als die herrschenden Gruppen; sie verfügt demnach auch nicht über den notwendigen Einfluss im Staat, um sich vor der Ausbeutung der öffentlichen Hände oder anderer Gruppen wehren zu können.

In diesem Sinne ist tatsächlich die Macht in unserem Staate besonders ungünstig zu Lasten des mittelständischen Unternehmertums verteilt: Für die Finanzindustrie und Konzerne treten nicht nur die meisten Arbeitgeberorganisationen ein, sondern auch die von den Konzernen beherrschten Kammern, Fachverbände, Presse und TV-Medien bis hin zum Politbüro der EU, welches von mehr als 15.000 Lobbyisten der Großwirtschaft, Banken, Sozialindustrie und Versicherungen umstellt ist, damit auch nichts geschieht, was der Großwirtschaft schaden oder ihr etwa nicht nützen könnte. Sogar in Berlin sorgen mehr als 600 Lobbyisten der Großwirtschaft dafür, dass Wirtschaftspolitik und Subventionen zugunsten der Großwirtschaft laufen.

Jährlich scheitern zwischen 40.000 und 50.000 mittelständische Unternehmer, viele von ihnen ohne eigenes, sondern durch Verschulden Dritter. Der Zusammenbruch eines mittelständischen Unternehmens rührt aber weder Staat noch Sozialverwaltung noch Gewerkschaften noch Verbände noch die Presse. Dies gilt als „normales Marktrisiko" und Folge der Eigenverantwortung des Unternehmers. Haben sich aber die Großbanken bei uns und in der Welt mit immer dubioseren Finanzpraktiken und immer fauleren Finanzprodukten verspekuliert und droht ihnen das Aus, stehen die Staaten vor allem auch bei uns mit nie gekannten hunderten von Milliardenbeträgen hilfreich zur Stelle und sind sogar dafür bereit, die Stabilität der Währung des Staates zu

Lasten aller Bürger zu riskieren. In den USA konnten sich die Bankmanager sogar von der ersten Staatshilfe von 220 Mrd. Dollar erst einmal mit 40 Mrd. Dollar als Boni und Gratifikationen selbst nachbedienen[16].

Das Mittelstandsinstitut Hannover hat schon vor mehr als 10 Jahren bei einer Mehrheit der Bundestags- und einer Minderheit von Landtagsabgeordneten Zahlungsströme von Großwirtschaft oder Gewerkschaften nachweisen können. Manche Mehrheit unserer Parlamentarier wird also längst am goldenen Zügel zugunsten der Konzerne sowie beider Randgruppen und gegen den Mittelstand geführt. Anders wäre es auch nicht erklärlich, dass sogar eine sozialistische Bundesregierung (Eichel) den Banken und Versicherungen ein Steuergeschenk von mehr als 40 Mrd. Euro im Nebensatz eines Gesetzes gewährte, womit letztere beim Verkauf von Beteiligungen steuerfrei wurden. Die gleichen Politiker haben sich erfolgreich und heftig dagegen gestemmt, die nur ein Zehntel der vorgenannten jährlichen Konzernfreistellung ausmachende (4 MRD Euro) und allein den Mittelstand – Personalunternehmen – treffende Erbschaftssteuer wie in Österreich, Frankreich oder Belgien zu streichen und damit die Betriebsübergaben in die nächste Generation schuldenfrei durchführen zu können, obwohl in der Mehrheit der Bundesländer die Bürokratiekosten dieser „Todessteuer" höher liegen als deren Erträge.

Wer das „System Wolfsburg" regional flächendeckender Bestechung einer großen Anzahl Abgeordneter einer Partei kennt, darf davon ausgehen, dass dies kein Einzelfall von politischer Korruption, sondern allgemeine Konzernpolitik überall in Deutschland ist.

Aber nicht nur die Konzerne haben die nationale sowie europäische Politik durch ihre Verbände, Lobbyisten und Finanzen im Griff und werden deshalb von der Politik besonders geschützt. Auch die Arbeiter haben eine mächtige Kollektivorganisation hinter sich, welche ihre Interessen politisch wirksam vertritt: die Gewerkschaften. Auch diese können – durch Mitgliedschaft oder andere Abhängigkeiten – über fast die Hälfte der Abgeordneten verfügen, um zu sichern, dass den Gewerkschaften selbst und ihrer Gewerkschaftsklientel keine politi-

---

[16] vgl. „Die Welt" und FAZ vom 30.10.2008

schen Nachteile entstehen. Hinzu kommen alle von der Gewerkschaft beeinflussten Organisationen, wie z. B. die Arbeitsverwaltung, z. T. die Arbeitsgerichte, viele Kommunal- und andere öffentliche Verwaltungen, welche nach der Pfeife einer Gewerkschaft tanzen und dafür sorgen, dass die Arbeiterschaft möglichst vor Zusatzbelastungen geschützt und sie umgekehrt zunehmend mit Sozialwohltaten bedacht wird.

Beide Randgruppen oben und unten haben also nicht nur mächtige Kollektivorganisationen für sich, sondern gestalten über diese auch – notfalls gemeinsam – die politische Macht im Staate. Demgegenüber haben die Unternehmer keine gleichwertige Vertretung. In den meisten Wirtschaftsverbänden hätten zwar selbständige Unternehmer die Mehrheit, aber einzelne Großunternehmen, Banken und Versicherungen geben den Ton an und machen Politik sogar gegen die Masse ihrer mittelständischen Mitglieder. Die eigenen Verbände des Mittelstandes sind dagegen politisch schwach und arbeiten nicht einmal gemeinsam und konzentriert in gleicher Richtung.

Zwar wird dem Mittelstand in allen Wahlreden bestätigt, dass er eine zentrale gesellschaftliche und wirtschaftliche Funktion habe und man sich um ihn kümmern wolle. Die politische Wirklichkeit sieht aber ganz anders aus. Kümmern tun sich die Politiker nur um die von den mächtigen Kollektivorganisationen vertretenen Randgruppen. Und das nicht nur, weil diese mit großen Summen „Meinung machen" können, sondern weil sie auch konzentriert und mit einer Stimme sprechen. Die mittelständischen Unternehmer bleiben aber letztlich Individualisten, die gewohnt sind, den Erfolg alleine zu erkämpfen, deshalb nur schwer organisierbar und mobilisierbar sind und Angriffe auf ihre Gruppe selten konzentriert abwehren.

Würde eine Steuererhöhung gegen Banken, Versicherungen und Konzerne oder für die Arbeiterschaft diskutiert, wären sofort die Kollektivvertretungen dieser Randgruppen zur Stelle, um dies zu verhindern, so wie sie dies in der Vergangenheit immer schon getan haben. Steuererhöhungen für den Mittelstand dagegen waren – vor allem, wenn sie als „Reformen" verpackt werden – bisher relativ widerstandslos durchsetzbar. Politiker brauchen also bei der Ausbeutung des Mittelstandes nicht zu fürchten, dass sie aus ihrem Amt fliegen. Für Schädigung des Mittelstandes gibt es keine Sanktionen, weil keine Kollektivmacht den Mittelstand schützt.

Die Angriffe auf Freiheit, Vermögen und Eigentum des Mittelstandes dürfen aber nicht nur als Angriff auf eine einzelne Gesellschaftsgruppe verstanden werden, sondern sind im Grunde Angriff auf die Basis unserer freiheitlichen Ordnung, der auf individuellem Eigentum und persönlicher Freiheit beruhenden Demokratie und Marktwirtschaft. Das Eigentum ist ebenso eine der Grundlagen von Marktwirtschaft und Demokratie, wie Existenzbasis für den Mittelstand. Insofern müssten die Angriffe auf das Eigentum nicht nur als Angriff auf den Mittelstand, sondern als Beginn der Auflösung unserer freiheitlichen Ordnungssysteme gesehen werden. Sie sind sogar ein Angriff auf die Rechtsgrundlagen der gesamten Bevölkerung, welche aus diesen Ordnungssystemen ihre persönliche Freiheit und ihren Wohlstand bisher garantiert hatte[17].

---

[17] vgl. Hamm, Walter, Die Funktion von Privateigentum, Vertragsfreiheit und privater Haftung in: Grundtexte zur sozialen Marktwirtschaft, Ludwig-Erhard-Stiftung 1994, S.305 ff.

3. Der Mittelstand in vielen staatlichen Folterzangen

3.1 Übermäßige Belastungen kosten den Staat die Zustimmung seiner Bürger

Nach der idealistischen Staatstheorie des „Gesellschaftsvertrages" sollen sich die Bürger freiwillig vertraglich zur Regelung und Finanzierung der Staatsaufgaben zusammengeschlossen haben und leisten demnach freiwillig und gerne die dazu notwendigen Abgaben. Die Abgabepflichten der Bürger wären in diesem Sinne damit eine freiwillige Gabe oder Spende, die jeder nach seinen finanziellen Möglichkeiten für den gemeinsamen öffentlichen Zweck gerne und überzeugt leistet.

Diese idealistische Abgabentheorie hat allerdings mit der Wirklichkeit nicht viel zu tun. Tatsächlich leisten die Bürger die vielfältigen öffentlichen Abgaben keineswegs überzeugt, gerne und freiwillig, sondern nur unfreiwillig unter Zwang.

Dazu Ludwig Erhard: „Das mir vorschwebende Ideal beruht auf der Stärke, dass der Einzelne sagen kann: Ich will mich aus eigener Kraft bewähren, ich will das Risiko des Lebens selbst tragen, will für mein Schicksal selbst verantwortlich sein. Sorge du, Staat, dafür, dass ich dazu in der Lage bin"[18].

Für die Verteilung der Steuerlast unter den Bürgern hat die Finanzwissenschaft den Maßstab der „Leistungsfähigkeit" aufgestellt. Jeder soll nach seiner Leistungsfähigkeit zahlen, bei größerem Einkommen soll eine entsprechend größere Abgabe das gleiche relative Opfer darstellen wie für den Geringverdiener eine geringe Abgabe.

Diese Leistungsfähigkeitstheorie wird vor allem von den Sozialisten immer bemüht, um Zusatzbelastungen der „starken Schultern", der „Besserverdienenden", der „Vermögenden" zu fordern, weil es für die Opfergleichheit bzw. Opfergerechtigkeit bei unterschiedlichen Einkommensklassen keine objektiven Maßstäbe gibt, also die Maßstäbe

---

[18] Ludwig Erhard, Wohlstand für alle, Econ-Taschenbuch 1990, S.251

subjektiv politisch manipuliert werden können. Allerdings widerspricht es der Leistungsfähigkeits- bzw. Opfergleichheitstheorie, dass die Konzerne und Reichen sich ihrer Mitbelastung durch steuerliche und sozialrechtliche Auswanderung weithin entziehen können, sich also praktisch an der Staatsfinanzierung weder mit ihrer Leistungskraft noch netto angemessen oder überhaupt beteiligen.

Die angeblich „gerechte Verteilung der Lasten" auf die einzelnen Einkommensklassen und bürgerlichen Gruppen ist deshalb ein politisches Dauerthema mit überwiegendem Willküranteil.

Diese politische Willkür hat Wilfredo Pareto[19] in seiner soziologischen Steuertheorie dem politischen Elitenkampf untergeordnet: In allen politischen Systemen – auch in einer Demokratie – sei ebenso wie in der Diktatur die Besteuerung ein Herrschaftsinstrument. Jede politische Elite wolle sich mit Hilfe der Steuern nicht nur selbst bereichern, sondern auch die Machtmittel sichern, welche sie zum Erhalt ihrer Herrschaft braucht. Dazu muss gerade in einer Demokratie die jeweils herrschende Elite zusätzliche Mittel aufwenden, um zur eigenen Machterhaltung die notwendigen eigenen Wählergruppierungen zu erfreuen, zu bestechen und ihre Gegner zu schädigen. Deshalb versuchen die Herrschenden folgerichtig, ihre eigenen Anhänger von öffentlichen Abgaben zu entlasten und die politischen Gegner dafür zu belasten. Eine sozialistische Herrschaftselite z. B. versucht die Vermögens- und Einkommenssteuern der bürgerlichen und oberen Schichten drastisch zu erhöhen, um darüber ihre Sozialklientel zu beschenken und deren politische Unterstützung zu gewinnen. Da aber Entlastungen der Bürger und Wähler nur kurzfristige politische Dankbarkeit erzeugen, müssen die Herrschenden vor jeder Wahl neue Wahlversprechen nachschießen und dafür nicht nur ihre politischen Gegner, sondern zunehmend auch immer mehr eigene Anhänger belasten, bis ihr Finanzbedarf die Mehrheit der Wähler bedrückt und die Wut der Überbelasteten einen Regierungswechsel schafft. Die neue Regierung versucht dann umgekehrt wiederum ihre Anhänger zu entlasten und z.B. den unteren Sozialschichten durch indirekte Steuern (Umsatzsteuer) und steigende Sozialabgaben einen zunehmenden Anteil der Staatslast zuzuschieben, bis wieder eine Mehrheit von Überlasteten erneut einen Wechsel der herrschenden Elite bewirkt (Elitenkreislauf).

---

[19] Pareto, Wilfredo, Allgemeine Soziologie, Tübingen 1955

Staatsabgaben sind also nach Wilfredo Pareto[20] ein politisches Kampfmittel, um die eigenen Anhänger zu honorieren und zugleich die politischen Gegner zu belasten. Damit wird ausgedrückt, dass es nicht um Belastungsgerechtigkeit, sondern um politische Macht mit Hilfe des Abgabensystems geht. In diesem Sinne sind auch die durch die herrschende Elite verordneten Abgaben häufig vorsätzliche Ausbeutung der politischen Gegner.

Pareto hat richtig erkannt, dass alle öffentlichen Organisationen keinesfalls tendenziell ihre Einnahmen – also die Abgaben der Bürger – zu vermindern beabsichtigen. Sie können dies auch gar nicht, weil der Abbau staatlicher Verwaltung, Aufgaben oder staatlicher Leistungen bei den Wählern ein solches Geschrei verursachen würde, dass die Wiederwahl der herrschenden Clique gefährdet wäre. Also tendiert jede Regierung dazu, ihre Verwaltung, ihre Aufgaben und ihre Leistungen ständig zu steigern, um immer wieder neue Zustimmung der Wähler dadurch zu finden.

Traumhaft erscheinen uns heute die mittelalterlichen Zeiten, in denen man nur den „Zehnten" abgeben musste und alles übrige für sich behalten konnte. Und traumhaft erscheint auch die Staatsquote am Bruttoinlandsprodukt des Deutschen Reiches, die 1913 nur 13% betrug und heute um 50% – teilweise sogar darüber – liegt. Bei 10% oder 13% Abgaben mag die idealistische Vorstellung von freiwilliger Gabe noch stimmen. Wer aber sogar zwei Drittel seines schwer verdienten Einkommens zwangsweise an staatliche und soziale Institutionen abführen muss, wird dies kaum noch freiwillig tun, sondern fühlt sich ausgeplündert.

Insofern hat der deutsche Steuerstaat durch Überbelastung seiner Bürger auch weithin deren Zustimmung verloren. Sie sehen ihn nicht mehr als eine von ihnen geschaffene und gewünschte Ordnungsmacht an, sondern als den großen Ausbeuter, welcher sie immer stärker verfolgt, immer stärker kontrolliert, sie immer mehr ausplündert und sogar den Bürger beweispflichtig macht, wenn er aus persönlichen Gründen die verordnete Steuer- oder Sozialabgabenquote nicht erreicht. Für den Staat sind wir per se alle potenzielle Steuersünder und Steuerhinterzie-

---

[20] Pareto, Wilfredo, Allgemeine Soziologie, Übers. Brinkmann, Tübingen 1955
ebenso: Mosca, Die herrschende Klasse, Bern 1950

her. Das Einverständnis von Zahler zu Empfänger hat sich längst vom demokratischen Zustimmungsprinzip zu einem gegen die Bürger gerichteten obrigkeitlichen Zwangsprinzip verändert[21].

Schon lange hat der Verfasser wiederholt darauf hingewiesen, dass die Toleranzgrenze der Besteuerung für immer mehr Leistungsträger nicht nur erreicht, sondern überschritten sei. Der Beweis lässt sich sogar quantitativ führen:

- Die internationalen Konzerne versuchen immer mehr, nicht nur mit den Arbeitsstätten, sondern auch mit ihren Gewinnen auszuwandern. Die Ölindustrie oder die Hedgefonds mit ihren Holdinggesellschaften in den Steueroasen auf den Kanalinseln wurden bereits genannt. Dem gleichen Zweck dienen die Steuerabteilungen in jedem Konzern: Die Steuern in Deutschland mindern, mit ihnen auswandern in günstigere Länder und Steueroasen. Nur so lässt sich erklären, dass seit langem die Subventionen an die deutsche Großwirtschaft per Saldo höher sind als deren Steuerbeitrag für unseren Staat[22].

- Mehr als 150.000 hochqualifizierte und fleißige Bundesbürger verlassen inzwischen jährlich Deutschland, weil sie nicht mehr akzeptieren, den größeren Teil ihrer Leistung abführen zu müssen. Unter diesen – im Jahre 2007 sogar 165.000 – auswandernden Leistungsträgern sind mehr als 10.000 Unternehmer mit ihrem Vermögen und ihren Unternehmen, die das deutsche Zwangsabgabensystem still protestierend verlassen.

- Aber auch in den unteren Lohnsteuerzahlerschichten gibt es seit Jahren Massenprotest gegen die öffentliche Abzockerei, welche der Staat trotz immer härterer Zwangsmaßnahmen und Strafandrohungen nicht mehr eindämmen kann: die inzwischen etwa 15%[23] des Sozialprodukts ausmachende Schwarzarbeit. Schwarzarbeiter sind die „Fleißigen" der Gesellschaft. Sie wollen durch

---

[21] Das hat zur Folge, dass auch ein immer größerer Teil der Staatsausgaben von der Bevölkerung nicht mehr akzeptiert wird (Kriegskosten, Auslandssubventionen, EU-Beiträge usw.).

[22] vgl. Hamer, E., Wer finanziert den Staat? a.a.O. S.124 ff.

Mehrarbeit mehr erreichen. Da sie aber mit Steuerprogression bei Mehrarbeit zu wenig oder gar nichts übrig behalten, arbeiten sie nur dort, wo es die öffentliche Plünderung nicht gibt – auf dem Schwarzarbeitsmarkt. Auf diesem freien Markt der Schwarzarbeit tummeln sich inzwischen schätzungsweise 10 Mio. Bundesbürger[24], dort ist genügend Arbeit vorhanden, und es liegt eine unbeschränkte Nachfrage sowie trotz aller staatlichen Repressalien auch ein unbegrenztes Angebot vor.

Statt die Schwarzarbeiter zu kriminalisieren, sollte also die öffentliche Steuer-, Arbeits- und Sozialverwaltungswirtschaft bekennen, dass sie mit ihrer Belastung der Leistungsträger den Bogen überspannt hat, dass die Bürger massenweise die Belastungen nicht mehr zu tragen bereit sind und es höchste Zeit ist, die Überbelastungen zu beenden, um z. B. den Schwarzarbeitsmarkt wieder in den normalen Arbeitsmarkt zu überführen.

Alle drei vorgenannten Beweise für die überschrittene Toleranzgrenze der Bevölkerung gegenüber den öffentlichen Belastungen zeigen, dass der Bürger das Ausmaß der staatlichen Abzocke nicht mehr erträgt, sowohl oben als auch unten und auch in der Mitte nicht. Der Steuer- und Sozialabgabenstaat hat sich überzogen, die Zustimmung breiter Bevölkerungsschichten verloren und wird deshalb immer weniger als „unser Staat", dagegen immer mehr als der feindliche Räuber-Staat empfunden.

3.2 Persönlicher Freiheitsraub an Unternehmern

In der Antike waren die Mittelmeerkulturen Sklavensysteme. Eroberte Völker und Kriegsgefangene, aber auch in Schuldknechtschaft geratene eigene Landsleute waren als Sklaven nicht mehr Person, sondern Sache, mit welcher der Sklavenbesitzer nach Belieben verfahren – sie u. U. sogar töten konnte. Mit der Durchsetzung des römischen Rechts und

---

[23] Zum ersten Mal 1984 vom Mittelstandsinstitut Niedersachsen 1982 berechnet (Schwarzarbeit u. Marktwirtschaft, FAZ 10.9.1982), dann mehrfach vom Verfasser und anderen Autoren jeweils zwischen 15% - 20% aktualisiert. Das Volumen wird von Schneider, Friedrich (Uni Linz) für 2009 auf 14,65% mit Volumen von 252 Mrd. Euro geschätzt, FAZ 01.02.2010

[24] vgl. Hamer, E., Zu wenig, zu viel oder zu teure Arbeit? in Mittelstand, Motor der Marktwirtschaft 1986, S.126 ff.

des Lehnssystems setzte sich im Mittelalter trotz Christentum wieder ein ähnliches System der „Hörigkeit" durch. Der Adel wurde nicht nur mit Land belehnt, sondern wurde auch Eigentümer der auf diesem Land lebenden Menschen. Und da die Lehnsherren zumeist auch die Gerichtsbarkeit innehatten, war die Unfreiheit ihrer hörigen Untertanen allseitig.

Die große Leistung des Bürgertums in den Städten lag darin, dass es persönliche Freiheit vor Feudalherren garantierte, dass es in den Städten keine Hörigkeit mehr gab. Es galt: „Stadtluft macht frei". Die Freiheit aller Bürger war gesetzlich bzw. satzungsgemäß geregelt – ein erster Ansatz von Menschenrechten.

Als im 19. Jahrhundert die Leibeigenschaft abgeschafft wurde, blieb lediglich die im Absolutismus ebenfalls noch fast totale Untertänigkeit aller Bürger unter den König oder die Fürsten. Einen letzten schrecklichen Freiheitsverlust erlebten die Bürger noch einmal in den sozialistischen Diktaturen (Stalin, Hitler) des 20. Jahrhunderts. Seit deren Überwindung soll theoretisch für alle Bürger persönliche Freiheit herrschen, in welcher sich der Staat nur Restbereiche von persönlichen Untertanenpflichten vorbehalten hat, wie z.B. die Abgabenhoheit und in 2011 ebenfalls ausgesetzte Wehrpflicht.

Während also inzwischen die meisten Bürger, mit Ausnahme der vorgenannten staatlichen Inanspruchnahme, persönlich frei über ihre Zeit und ihr Leben verfügen können, hat sich der Staat allein für Unternehmer immer mehr zusätzliche persönliche Inanspruchnahmen einfallen lassen, die einen Unternehmer im Sinne der mittelalterlichen Hand- und Spanndienste zu persönlichen Sonderfronarbeiten für den Staat heranziehen, also seine Freiheit zusätzlich in Anspruch nehmen bzw. mindern.

Gegen solche Freiheitsbegrenzungen hat schon Ludwig Erhard gewettert: „Kümmere Du, Staat, Dich nicht um meine Angelegenheiten, sondern gib mir so viel Freiheit und lass mir von dem Ertrag meiner Arbeit so viel, dass ich meine Existenz, mein Schicksal und dasjenige meiner Familie selbst zu gestalten in der Lage bin"[25].

---

[25] Ludwig Erhard, Wohlstand für alle, Econ-Taschenbuch 1990, S. 252

Entgegen diesem Aufruf hat der Staat immer mehr persönliche Sonderpflichten für Unternehmer geschaffen und deren Freiheit immer stärker begrenzt:

- Das gilt einmal für die Gesetzesbindung und die Anforderung der Gesetze an Unternehmer. Mehr als zwei Drittel unserer Gesetze und ca. 90.000 Vorschriften betreffen nicht oder nur indirekt den normalen Bürger, sondern ausschließlich Unternehmer in ihrem betrieblichen und Mitarbeiterumfeld. Unternehmer haben also dreimal so viel Gesetze zu lesen, zu beachten, sich danach kontrollieren zu lassen und ihr persönliches Verhalten durch diese Gesetze bestimmen zu lassen. Der Unternehmer ist folglich durch die ihn treffende Zusatzgesetzlichkeit in seiner persönlichen Freiheit eingeschränkter als andere Bürger, welche als abhängig Beschäftigte mit der Mehrzahl der Gesetze gar nichts oder nur als Begünstigte zu tun haben und dadurch auch nicht persönlich eingeschränkt werden.

- Noch direkter nimmt der Staat die Unternehmer durch die Frondienste der Bürokratieüberwälzung in Anspruch.

Die Überwälzung öffentlicher Bürokratie auf die privaten Unternehmer wurde schon in den siebziger Jahren vom Verfasser entdeckt, beschrieben und quantifiziert[26]: Für damals 187 – jetzt 244 – behördlich verlangte Verwaltungstätigkeiten hatte jeder Unternehmer im Schnitt des Jahres 1057 Stunden für staatlichen Frondienst einzusetzen, das sind 26,2 Wochen im Jahr – mehr als die Hälfte der jährlichen Gewerkschaftsarbeitsnorm.

Aus dieser Zeitberechnung wurden damalige Kosten von jährlich 50.000,– DM – entspricht jetzt ca. 50.000,– Euro – errechnet, was im Schnitt höher war als der durchschnittliche jährliche Bruttogewinn der untersuchten Inhaberbetriebe.

Die bürokratischen Frondienste umfassten etwa zur Hälfte sozialrechtsbedingte Sonderpflichten des Unternehmers im Zusammenhang mit der Verwaltung seiner Angestellten bzw. der vielfachen

---

[26] vgl. vom Verfasser: Bürokratieüberwälzung auf die Wirtschaft, Hannover 1979.

öffentlichen Anforderungen und Auflagen für seine Mitarbeiter. Sogar trotz vorhandenem Steuerberater nehmen die steuerbürokratischen Zuarbeiten des Unternehmers immer noch 172 Stunden in Anspruch, mit Kosten von über 10.000,– Euro im Jahr.

Dazu kommen statistische Anforderungen aller möglichen Ämter mit weiteren 110 Stunden jährlich und allgemeine Bürokratiepflichten für den Betriebsablauf mit noch einmal 264 Stunden.

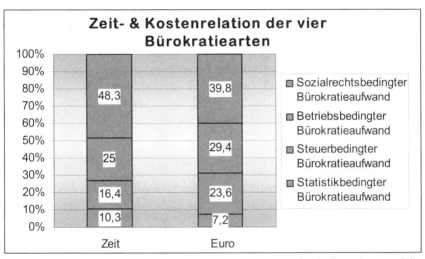

Quelle: Eigene Darstellung, in Anlehnung an: Hamer, E., Bürokratieüberwälzung auf die Wirtschaft, S.136.

Diese ihrem Wesen nach bürokratischen Frondienste sind formal nicht speziell auf mittelständische Unternehmer gemünzt. Die gleichen Anforderungen treffen auch Großunternehmen. Nur verteilen sie sich dort auf so viele Mitarbeiter, sodass die Kosten der Bürokratieüberwälzung bei Großunternehmen nur eine geringe Rolle spielen, bei mittleren Unternehmen mit über 100 Beschäftigten aber schon 500,- Euro pro Person ausmachen, bei kleinen Unternehmen sogar mehr als 7.000,- Euro pro Mitarbeiter. Unsere Bürokratieüberwälzung wirkt sich also kleinbetriebsfeindlich aus und bedeutet eine relative Mehrbelastung der Kleinunternehmen gegenüber den größeren und ist deshalb unsozial, mittelstandsfeindlich und marktwirtschaftlich eigentlich systemwidrig.[27]

---

[27] vgl. Hamer, Eberhard, Bürokratieüberwälzung auf die Wirtschaft, Hannover 1979.

- Vor allem aber können Großunternehmen die meisten bürokratischen Anforderungen der öffentlichen Stellen von gering bezahlten Mitarbeitern erledigen lassen, während in unseren 80 % Kleinbetrieben jeder Mitarbeiter mit produktiven Arbeiten so ausgelastet ist, dass die unproduktiven Bürokratiearbeiten zu 26,4 % vom Inhaber selbst und zu weiteren 17 % von seinem Ehepartner nach Feierabend bzw. am Wochenende erledigt werden müssen[28]. Die wertvollste Kraft des Inhaberunternehmens wird also durch die öffentliche Bürokratieüberwälzung mit den unwirtschaftlichsten Arbeiten von seiner eigentlichen Arbeit abgehalten und zusatzbelastet. Die tausend Stunden Bürokratiearbeit für den Staat sind für Unternehmer ein persönlicher Freiheitsentzug, den keine andere gesellschaftliche Gruppe zu erdulden hat[29]. Man stelle sich nur die Reaktion der Gewerkschaften vor, wenn ihren Arbeitnehmern 10 oder 20 Stunden solcher Freiheitsberaubung – etwa durch eigene Steuerberechnung wie in den USA – zugemutet würde. Dass dagegen Unternehmer am Wochenende und nachts

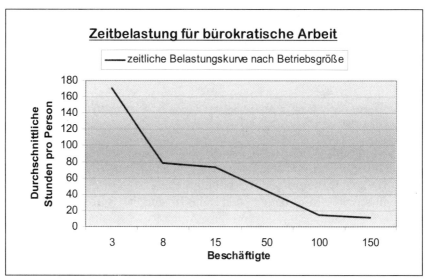

Quelle: Eigene Darstellung, in Anlehnung an: Hamer, Eberhard; Bürokratieüberwälzung auf die Wirtschaft, S. 116.

---

[28] vgl. Hamer, Eberhard, Bürokratieüberwälzung auf die Wirtschaft, Hannover 1979, S.109 ff.

[29] vgl. Hamer, E., Bürokratieüberwälzung auf die Wirtschaft a.a.O., S.139 ff.

die tagsüber nicht zu schaffenden öffentlichen Bürokratieanforderungen in ihrer ohnehin geringeren Freizeit erledigen und abliefern müssen, ist eine Sonderbelastung und ein Freiheitsentzug für unsere wichtigste Leistungsträgergruppe, die das Mittelstandsinstitut Niedersachsen nach Entdeckung dieses Tatbestandes als Skandal bezeichnet hat[30].

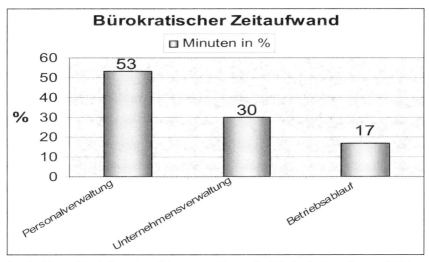

Quelle: Eigene Darstellung in Anlehnung an: Hamer, E., Bürokratieüberwälzung, S.126.

- Da jeder Unternehmer zugleich sein Personalunternehmen darstellt, werden die – bei Kapitalgesellschaften nur auf das Unternehmen selbst bezogenen – zunehmenden Finanz- und elektronischen Kontrollen bei Inhaberunternehmern nicht bloß auf den geschäftlichen, sondern auch auf den privaten Bereich ausgedehnt. Jede Finanzbehörde kann inzwischen nicht nur jedes Konto jedes Unternehmers und nicht nur die Geschäftskonten kontrollieren, sondern auch seine Privatkonten. Bei dem angestellten Management der Kapitalgesellschaften wäre dies illegal, Persönlichkeitsverletzung, bei Inhaberunternehmern dagegen gilt dies als legal, die Einschränkung seiner persönlichen Freiheit und Privatsphäre wird vom Staat unbedenklich betrieben und vermehrt.

---

[30] vgl. Hamer, E., Bürokratieüberwälzung auf die Wirtschaft, Hannover 1979, Band 2 der Schriftenreihe des Mittelstandsinstituts Niedersachsen

Aber nicht nur die staatlichen Behörden greifen kraft Gesetzes bei Unternehmern auf alle Konten, Daten und Unterlagen zu, sondern zusätzlich werden auch selbst die privaten Gespräche des Unternehmers auf seinem Handy von den deutschen und nach Besatzungsrecht in Deutschland frei operierenden ausländischen Geheimdiensten flächendeckend kontrolliert und nach interessanten Technologien, Marktkontakten oder Exportabsichten mit einem flächendeckenden „Echolon"-Abhörsystem ausgehorcht[31]. Der „gläserne Unternehmer" ist nicht nur mit allen Konten und Dispositionen für die deutsche Steuerverwaltung Wirklichkeit geworden, sondern über die ausländischen Geheimdienste auch für die weltweite Konkurrenz. Bei keiner gesellschaftlichen Gruppe ist der Schutz der Privatsphäre und der Menschenwürde so aufgelöst wie bei Unternehmern.

Sah man noch vor 100 Jahren als Staatsaufgaben nur die Einhaltung von Sicherheit, Ordnung und Durchsetzung der Gesetze an, hat sich dieser Aufgabenkatalog inzwischen explosionsartig vermehrt. Mittlerweile wird jeder einzelne Mensch von der Wiege bis zur Bahre und in den Betrieben nicht nur Gründung und Ende, sondern auch jede Produktionsstätte, jeder Arbeitsplatz, jeder Handgriff und jedes Produkt von staatlichen Stellen gezählt, statistisch erfasst, mit vielfältigen Vorschriften und durch viele Funktionäre kontrolliert. Das Einkommen der Bürger wird entweder weggesteuert oder subventioniert, dazu die Bevölkerung pro Kopf durchnummeriert, ihr Wohnort dokumentiert, die Wohnung bis zu Wärmewerten reguliert, die Fortbewegungsgeschwindigkeit der Bürger je nach Laune der Funktionäre nach Mindest- oder Höchstgeschwindigkeiten reguliert und mit Bußgeldern sanktioniert, sogar das Sterben noch bürokratisch reglementiert.

Von allen Betrieben haben vor allem die mittelständischen Dienstleister mit Individual- oder wechselnder Produktion unter der Überverwaltung zu leiden. Während die Standardproduktion der Konzerne nur eine einzige Anfangs- oder Fortsetzungskontrolle erfordert, bieten die vielfältigen, durch Personen individuell geleisteten Tätigkeiten in den mittelständischen Personalunternehmen dagegen der Kontrollbürokratie

---

[31] vgl. „Big brother is watching you", in: Hamer, E., Der Welt-Geldbetrug, Unna 2007, S.185ff.

vielfältigste und wiederholende Aktionsmöglichkeiten, die nicht immer zielgerichtet sind, aber Zehntausenden von Kontrollbürokraten Aufgabe und Einkommen verschaffen, vor allem wenn die Vorschriften nicht mehr wie früher generell, sondern bis ins Einzelne spezialisiert sind und deshalb speziell kontrolliert werden müssen. Das fängt mit dem Bau einer Werkstatt oder einer Produktionsstätte an: mit speziellen Vorschriften für Brandschutz, Beleuchtung, Höhe der Räume, Größe der Räume pro Arbeitsplatz, Entfernung vom Nachbarn, Lärmschutz u.a. Sogar für die Fußböden jeder Produktion gibt es spezielle Vorschriften, bei denen die Behörden nicht einmal einig sind. Die Gesundheitsbehörde verlangt z.B. im Lebensmittelhandwerk einen Boden mit glatten Fliesen, die Unfallfunktionäre dagegen geriffelte Fliesen – eine gute Möglichkeit für den Architekten oder Unternehmer, sich mit zwei Behörden über Wochen zu streiten und dennoch nicht einig zu werden.

Sogar die einzelnen Maschinen werden von Gesundheits-, Gewerbe- und Unfallbürokraten in Aufstellung und Betrieb überprüft, obwohl sie von deutschen Herstellern stammen, die wiederum bereits diese Prüfungen für den Prototyp alle durchlaufen haben. Vorschriften und Kontrollen gibt es für das Einfüllen von Öl oder anderen Chemikalien, für deren Nutzung, deren Verbleib, für das Aufbewahren von Vorräten und eigentlich praktisch für jeglichen betrieblichen Handgriff und jegliche betriebliche Einrichtung[32].

Beschäftigt man darüber hinaus Mitarbeiter, so multiplizieren sich die Vorschriften, Kontrollanforderungen und Auflagen: Einrichtung des Arbeitsplatzes, Beleuchtung des Arbeitsplatzes, Sitzkomfort des Mitarbeiters, Hörschutz oder Kopfschutz oder Fußschutz, Zahl und Art der Umkleideräume, Spezialräume und Toiletten (für den ersten weiblichen Arbeitnehmer ein eigener Umkleideraum und eine eigene Toilette) und dazu eine Fülle von unterschiedlichen Sozialvorgaben und Kontrollen. Wer also Mitarbeiter einstellt, wird schlagartig mit einem Wust zusätzlicher bürokratischer Vorschriften, Pflichten, Haftungstatbestände und Kontrollen belastet, die pro Betrieb einen Bürokratieaufwand von durchschnittlich mehr als 500 Stunden pro Jahr ausmachen, wie die vorgenannte Untersuchung im Mittelstandsinstitut Niedersachsen ermittelt hat.[33]

---

[32] Schäfer, Joachim, Die Diktatur der Bürokraten, München 1997, S.131 ff.

Dass die Staatsbürokratie nicht statisch, sondern auch im Erfinden neuer Aufgaben, Tätigkeiten und Personalexpansionen dynamisch ist, zeigt der durch die 68er eingeführte Umweltschutz, der sich inzwischen zur Umwelthysterie öffentlicher Stellen mit besonders vielen neuen Kontroll- und Kostenfolgen entwickelt hat.

Besonders misslungen ist die Befreiung der neuen Bundesländer von der allseitigen sozialistischen Staatskontrolle der alten hierarchisch-bürokratisch-kommunistischen Staatsstruktur. Sie steht im prinzipiellen Widerspruch zum demokratischen Prinzip der auf Einzelentscheidung beruhenden marktwirtschaftlichen Freiheitsordnung, wurde aber nach der Wiedervereinigung durch neue bürokratische Organisationen – in Arbeitsämtern und Sozialverwaltung überwiegend mit den alten Funktionären – wieder so stark ausgebaut, dass die heutige Regulierungs-, Kontroll- und Bürokratisierungsdichte in den neuen Bundesländern das alte Maß der Bürokratiehierarchie generell wieder erreicht, teilweise sogar übersteigt und viel Handlungsfreiheit der vielen mittelständischen Branchen im Netz der Überregulierung und bürokratischen Kontrolle wieder erstickt wird.

Dass die Großunternehmen und staatlichen Institutionen mit der bürokratischen Gängelung und Kontrolle besser leben können als mittelständische Unternehmen, hängt nicht nur mit ihrer standardisierten Produktion bzw. Dienstleistung zusammen, sondern auch damit, dass sich Hierarchien – auch Kapitalgesellschaften sind Hierarchien – untereinander mit Beamten besser verstehen als diese mit einem auf Freiheit, Selbständigkeit und Eigenverantwortung dringenden Unternehmer. Erstere haben gleiche Wellenlängen, letztere gegenläufige mit allen daraus entstehenden Schwierigkeiten und Konflikten. Zudem hat ein Manager oder Behördenleiter die Einhaltung der Bürokratie nicht selbst umzusetzen, der Unternehmer dagegen ist persönlich Ansprechpartner und persönlicher Hafter für die vielfältigen bürokratischen Institutionen, die Kontrollen, die Meldeanforderungen, sogar die Statistikanforderungen und die Änderungsauflagen der vielfältigen, ihn kontrollierenden öffentlichen Funktionäre. Insofern wird er persönlich durch die wachsende Staatsbürokratie mehr belastet als alle anderen

---

[33] vgl. Hamer, E., Bürokratieüberwälzung auf die Wirtschaft, Hannover 1982, S.25 ff. und 125 ff.

gesellschaftlichen Gruppen, ist die wachsende Bürokratie für Unternehmer am teuersten, am schädlichsten und am unerträglichsten, denn für die Erfüllung aller Bürokratiepflichten haftet immer der Unternehmer persönlich.

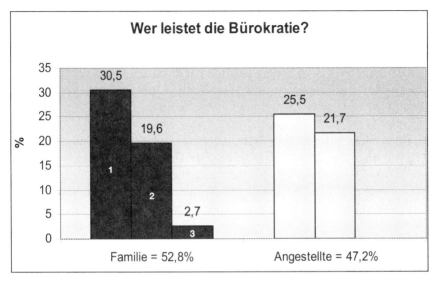

Wer leistet die Bürokratie?

Quelle: Eigene Darstellung, in Anlehnung an: Hamer, E., Bürokratieüberwälzung auf die Wirtschaft, a. a. O., S. 111. 1 = Inhaber, 2 = Ehepartner, 3 = Kinder, 4 = Berater, 5 = Mitarbeiter

Fragt man sich, wem diese die Unternehmerfreiheit bedrohende, wachsende öffentliche Bürokratie nutzt, also zu wessen Gunsten die wachsende öffentliche Bürokratie zu Lasten der Unternehmer umverteilt wird, so sind dies vor allem die Sozialfunktionäre in den staatlichen Behörden, in den Sozialinstitutionen, in den Sozialversicherungen, Arbeitsämtern, Umweltämtern und anderen Verwaltungsbehörden, die sich durch Inanspruchnahme der Unternehmer eigene Arbeit ersparen und dadurch zusätzliche Bürokratiepflichten ersinnen können.

Vor 100 Jahren genügte ein Beamter für mehr als 800 Bürger. Inzwischen müssen je zwölf Bürger die Last, die Arbeit und die Kontrollen je eines Verwaltungs- bzw. Sozialfunktionärs tragen. Etwa 48 %[34] der

[34] Hamer, Eberhard, Wer finanziert den Staat? 2. Aufl. 1982, S. 138/39

Staatseinnahmen werden vor allem für diesen Verwaltungsapparat verbraucht. Ebenso wie die Unternehmer Hauptverlierer dieser Bürokratisierung sind, ist das Heer der öffentlichen und halböffentlichen Verwaltungs- und Sozialdiener Gewinner dieser Verwaltungsexplosion zu Lasten der unternehmerischen Selbstbestimmung und Freiheit.

3.3 Der gierige Steuerstaat

Unabhängig von allen Steuertheorien hat jeder demokratische oder diktatorische Staat das Gewaltmonopol und deshalb die Möglichkeit, zwangsweise Gelder von seinen Untertanen bzw. Bürgern einzutreiben.

Dass eine Obrigkeit ihre Untertanen mit Hoheitsmacht zur Kasse bittet, war also immer in der Geschichte so. Dies gilt für Könige und Fürsten ebenso wie für kirchliche Herrschaften, für Diktaturen ebenso wie für Demokratien. Lediglich die Begründungen und die Höhen der von den Untertanen zu leistenden Abgaben haben sich im Laufe der Zeit verändert.

Nach der Theorie sollen in einer Demokratie eigentlich das Volk selbst bzw. seine Vertreter darüber wachen, dass der Staat nicht zu viel Steuern abfordert und diese richtig verwendet. In der Praxis aber haben sich bisher alle dezentralen politischen Systeme zentralisiert, so dass nicht mehr der Wille des souveränen Bürgers die Steuerpolitik lenkt, sondern das Eigeninteresse der jeweils herrschenden Elite, welche die Steuern als Machtmittel sieht. Geht man also davon aus, dass die Steuerpolitik wenig mit Bürgerwillen und noch weniger mit Gerechtigkeit zu tun hat, sondern beides politischer Machtkampf ist, so erfordert der Machterhalt jeder Elite steigende Ausgaben durch steigenden Finanzbedarf. Deshalb hat sich die Steuerkontrolle – die Grundidee der modernen Demokratien – längst vom Volk zur Regierung umgekehrt. Nicht mehr das Parlament nämlich kontrolliert eine sparsame Ausgabenwirtschaft der Regierung, sondern die Regierung als Vertreterin der Parlamentsmehrheit versucht, mit Hilfe dieser Mehrheit die Abgaben und Belastungen der Bürger zu erhöhen – das Parlament hindert nicht mehr die Ausgabewut der Regierung, sondern die Parlamentsmehrheit unterstützt regelmäßig die Ausgabenwünsche ihrer Regierung gegen das Volk, die Steuerzahler.

3.3.1 Der wachsende Zugriff öffentlicher Hände

Peter Gillies schreibt mit Recht[35]: Steuern zahlen muss „wer arbeitet, kauft, verkauft, produziert, befördert, etwas unternimmt, im- und exportiert, wer spart, anlegt, tankt, fährt, nicht fährt, wer trinkt, raucht, spielt, sich vergnügt, unsolidarisch oder religiös ist, Hunde hält, auf Pferde wettet oder Energie verbraucht, verpackt oder wer jagt und fischt, ausschenkt, verbraucht, sich versichert, baut, besitzt, erkrankt, schenkt oder erbt – die Abgabenphantasie kennt keine Grenzen und letztlich auch keine Scham. Der Staat duldet eine Doppelbesteuerung der Rentner, belegt selbst Regenwasser mit Abgaben, erhebt sogar Steuern auf Steuern und belohnt ausgewählte Gruppen für Nichtarbeit und unfähige oder naive Bankiers und Politiker dafür, wenn sie Milliarden verbrennen. Wenn die Deutschen wüssten, wie sie wirklich besteuert werden, hätten sie längst eine Revolution ausgerufen.“

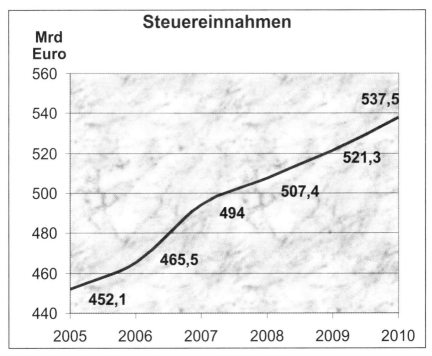

Quelle: Eigene Darstellung, in Anlehnung an FAZ, 11.5.2006.

---

[35] in der Welt vom 7.5.2008

Betrachtet man die Kurve der öffentlichen Einnahmen langfristig oder auch nur in den letzten 20 Jahren, so zeigt sich immer eine steigende Tendenz. Der Staat nimmt also trotz Währungsreformen oder Teilwährungsreformen (von DM in Euro) tendenziell immer mehr von der Wirtschaftsleistung für sich in Anspruch, lässt – umgekehrt ausgedrückt – also den privaten Leistungsträgern, aus denen diese Wirtschaftsleistung kommt, selbst immer weniger übrig.

Selbst im internationalen Vergleich der Steuerbelastung des Bruttoarbeitslohns liegt Deutschland – wie nachstehende Tabelle zeigt – unter den dreißig wichtigsten Vergleichsländern nach Belgien mit ca. 55 % an zweiter Stelle. Der Durchschnitt lag bei 37,5 %.

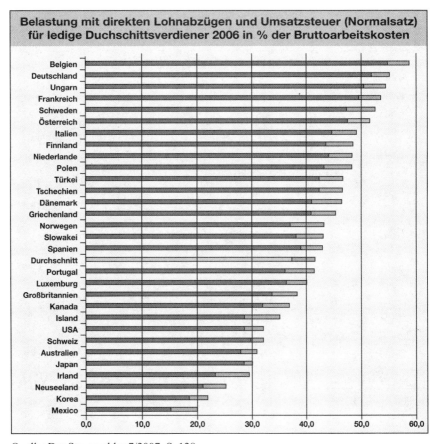

Quelle: Der Steuerzahler 7/2007, S. 128.

Die Zeiten, wo der Staat nur 13 % des Sozialprodukts für seine Tätigkeiten einschließlich des Heeres in Anspruch nahm (1913) sind längst vorbei. Der Staat lebt nicht mehr wie die Fürsten überwiegend von eigenem Vermögen, sondern von den Abgaben seiner fleißigen Bürger, und das immer mehr.

Dass die öffentlichen Abgabengesetze inzwischen nicht nur eine Hauptsorge, sondern auch eine Hauptangst der Unternehmer sind, die vielfältigen Regelungen, Termine und Änderungen richtig anzuwenden, hängt vor allem mit dem chaotischen Steuersystem in Deutschland zusammen, dem Nebeneinander von fast 40 verschiedenen Bundes-, Landes- und Gemeindesteuern mit 10.000 detaillierten Steuervorschriften in über 200 verschiedenen Gesetzen und ca. 84.000 Einzelvorschriften. Nicht einmal Fachleute können diesen Gesetzeswust insgesamt beherrschen. Von Unternehmern aber wird verlangt, dass sie alle diese Abgaben und Vorschriften peinlichst genau einhalten.

Dabei wächst auch noch die Änderungsgeschwindigkeit des Steuerrechts. Allein im Dezember 2003 sind in sechs neuen Gesetzen erhebliche und zahlreiche Änderungen des Einkommensteuerrechts vorgenommen worden, zum Jahreswechsel 2007 die Steuererhöhung der Mehrwertsteuer und zum Jahresende 2008 wiederum die Einkommensteuer und zusätzlich die Körperschaftsteuer.

Ein durchschnittlicher Arbeitnehmer wird von dieser Steueränderungshektik nur passiv berührt. Er merkt nur, dass wieder neue Abgabensätze härteren Steuerzugriff auf seinen Bruttolohn bringen. Der Unternehmer aber muss diese Änderungen selbst verstehen, aktiv vollziehen, dafür haften und wird dann sogar auch noch für den wachsenden Staatszugriff wegen des geringeren Nettoeinkommens von seinen Mitarbeitern beschimpft, weil diese mit Recht der Ansicht sind, dass ihnen für fleißige Arbeit netto zu wenig übrig bleibt.

Der Trend zu wachsenden Staatsausgaben ist jeder Demokratie systemimmanent, deren Parteien sich mangels zündender Ideen im wesentlichen mit Wahlgeschenken empfehlen müssen. So werden vor jeder Wahl von allen Parteien neue Sozialwohltaten, zusätzliche öffentliche Leistungsangebote oder Projekte bei gleichzeitigem Versprechen der Entlastung der Bürger verkündet. Letzteres kann schon deshalb nie eingehalten werden, weil die zusätzlichen Wahlgeschenke zusätzliches

Geld kosten, also zusätzliche Einnahmen des Staates – das sind zusätzliche Belastungen der Bürger – erfordern.

Dass für die versprochenen Leistungen trotz steigender Belastung der Bürger das Geld nicht hereinkommt, hemmt die Politiker ebenfalls nicht mehr: Sie haben ein Zusatzventil gefunden, mit dem sie ihren Finanzkessel dauernd kochen lassen können: die Kreditaufnahme, sprich Verschuldung. Auch bei der öffentlichen Verschuldung verspricht der Staat ständig, nun endlich sparen zu wollen. Die Finanzminister verstehen aber unter Sparen nur, dass sie weniger Zusatzschulden aufnehmen, als sie eigentlich wollten. Von echter Rückzahlung hat noch niemand gesprochen. Die Schuldenlawine läuft also mit unterschiedlicher Geschwindigkeit oberhalb der Abgabenlawine weiter zur wachsenden Gesamtausgabenlawine aller demokratischen Staaten.

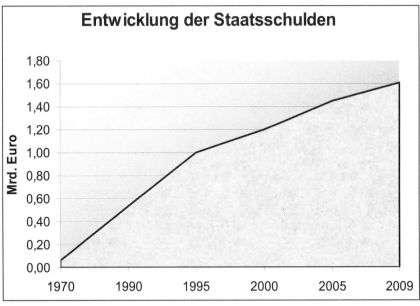

Quelle: Eigene Darstellung, in Anlehnung an: Statistisches Bundesamt (1959-2007), Bund der Steuerzahler (2008-2009).

3.3.2 Was bleibt von unserer Leistung übrig?

Im letzten Weltkrieg haben die meisten Bundesbürger alles verloren und 1947 alle mit 40 DM Kopfgeld neu angefangen. Mit ungeheurem

Fleiß hat dann die Nachkriegsgeneration aus ihrem Verdienst gespart und ihren Lebensstandard verbessert. Die Erfolgreichsten haben sich sogar im Laufe der Zeit ein eigenes Haus bauen können. Fleiß hat also gelohnt. Wer besonders fleißig war, konnte mehr verdienen, mehr erreichen, allmählich zu Wohlstand kommen. Das „Wirtschaftswunder" ist nicht durch Sozialleistungen, sondern durch ungeheuren Fleiß der Bevölkerung entstanden.

Wer dagegen heute durch Fleiß mehr verdienen will, muss von jedem mehr verdienten Euro 65 Cent abgeben, behält also nur ein Drittel übrig. Die Abzüge von unserem Lohn und unserem Einkommen sind höher als das, was wir übrig behalten. Unsere Leistung kommt also weniger uns selbst als vielmehr den vielfältigen öffentlichen Umverteilern und ihrer Sozialklientel zugute.

Der durchschnittliche Bruttolohn liegt bei etwa 3.500,– Euro[36]. Selbst in der bevorzugten Steuerklasse als Verheirateter mit Kind bleiben dem Arbeitnehmer von diesem Durchschnittslohn netto nur 2.333,72 Euro. Als Alleinstehender behielte er nur 1.955,48 Euro. Selbst von diesem Betrag zieht ihm aber der Staat noch die 19 % Mehrwertsteuer auf den Konsum, Benzinsteuer (ca. 2/3 des Benzinpreises) und die übrigen indirekten Steuern ab, sodass sich das verfügbare Einkommen weiter um ca. 20 % mindert. Kein Wunder, dass ein Arbeitnehmer nach Abzug seiner Miete, seiner Versicherungen, seiner Kraftfahrzeugkosten und der sonstigen notwendigen Kosten für Heizung, Licht, Telefon, Fernsehen u.a. von seinem Lohn weniger als 10 % monatlich überhaupt für Rücklagen, Urlaubsreise oder Abzahlungen frei verfügbar hat. Strengt er sich an, um durch Mehrleistung von Überstunden mehr zu verdienen, steigt seine Steuerlast, und es bleibt ihm eben vom Zusatzverdienst weniger als ein Drittel übrig. Wer also als abhängig Beschäftigter durch seine Leistung oder sogar durch Mehrleistung wohlhabend werden will, wird schnell erkennen, dass dies heute nicht mehr geht, weil er weniger für sich als für die vielfältigen öffentlichen Hände arbeitet, die nach seinem Lohn greifen.

Mit den Abzügen vom Bruttolohn des Arbeitnehmers sind aber die Abzüge noch nicht vollständig. Auch der Arbeitgeber hat noch die

---

[36] Statistisches Jahrbuch 2008

Hälfte Arbeitgeberanteile für Sozialkassen, die vollen Beiträge an Berufsgenossenschaften sowie betriebsinterne Arbeitszusatzkosten des Arbeitsschutzes, des Urlaubs, der Fehlzeiten, der Sozialbürokratie u.a. zu leisten, sodass sich bei einem Bruttodurchschnittslohn von 3.500,– Euro des Mitarbeiters die Arbeitsplatzkosten dieses Mitarbeiters für den Betrieb auf ca. 6.000,– Euro monatlich erhöhen. Mit anderen Worten: Der Arbeitnehmer selbst bekommt von seinem Bruttolohn zu wenig, er kostet aber den Betrieb zu viel. Beim Arbeitnehmer kommt nur ein Rinnsal von nicht einmal einem Drittel der Kosten an, die der Betrieb durch diesen Mitarbeiter insgesamt stemmen muss. Die Steuern, Sozialabgaben und Lohnzusatzkosten sind in Deutschland höher als anderswo in der Welt und haben deshalb den deutschen Arbeitsplatz zu teuer gemacht, sodass die Konzerne mit ihren Arbeitsplätzen flüchten und mehr als 10 Millionen Menschen sich durch Schwarzarbeit um diese Zusatzkosten jährlich zu drücken versuchen.

Was einem Arbeitnehmer übrig bleibt, zeigen nachfolgende Beispiele:

Firma 1

	Stkl. 1, ledig	Stkl. 3, 1 Kind
Brutto mtl.	3.500,00 €	3.500,00 €
LSt	714,66 €	400,00 €
Soli	39,30 €	15,12 €
KiSt	64,31 €	24,75 €
Pflegevers.	38,50 €	38,50 €
Krankenvers.	281,75 €	281,75 €
Rentenvers.	348,25 €	348,25 €
Alovers.	57,75 €	57,75 €
Summe	1.544,52 €	1.166,12 €
= Netto	1.955,48 €	2.333,88 €
% von Brutto	55,9%	66,7%

Bei diesem Vergleich sind nicht berücksichtigt: die Zusatzkosten des Arbeitgebers, wie sein Sozialkostenanteil, sein Berufsgenossenschaftsbeitrag und alle Zusatzkosten, wie Lohnfortzahlungen im Krankheitsfall, Weihnachtsgeld, Urlaubsgeld, Kosten der Sozialbürokratie usw.

Unter Berücksichtigung dieser Zusatzkosten würden sich die Gesamtkosten auf ca. 6.000 Euro (brutto) bei Auszahlung von 1.955,48 Euro bzw. 2.333,72 Euro (netto) erhöhen. Die Nettoerträge der Mitarbeiter wären dann etwa ein Drittel ihrer Bruttokosten. Die Betriebe rechnen also damit, dass der Mitarbeiter etwa 1/3 der durch ihn entstehenden Kosten netto erhält.

Firma 2

	Stkl. 1, ledig	Stkl. 3, 2 Kinder
Brutto jährlich	21.467,28 €	25.806,60 €
Url.geld	1.234,37 €	552,30 €
Weihnachtsgeld	1.699,49 €	2.295,00 €
Gesamt	24.401,14 €	28.653,90 €
- Steuern	3.630,79 €	1.342,00 €
Sozabg.	5.026,63 €	5.831,01 €
Netto jährlich	15.743,72 €	21.480,89 €

zuzüglich Arbeitgeberkosten:

Arbeitgeberant.	4.746,02 €	5.573,18 €
BG-Beitrag	571,38 €	682,59 €
= Bruttokosten	29.718,54 €	34.909,67 €
% Netto von Brutto	53,0%	61,5%

Auch in diesen Fällen fehlen noch die betrieblichen Zusatzkosten, wie Lohnfortzahlung im Krankheitsfall, Arbeitsplatzkosten, sozialbürokratische Kosten, Betriebsratskosten usw. Unter deren Berücksichtigung würden sich die Kosten pro Mitarbeiter auf ca. 36.000 Euro erhöhen, von denen der Mitarbeiter 1 nur ca. 1.312 Euro und der Mitarbeiter 2 nur ca. 1.790 Euro monatlich erhält, also wiederum etwa 1/3 seiner dem Betrieb entstehenden Bruttokosten[37].

Wenn die beiden vorgenannten Musterfälle keine Lust mehr zum Arbeiten haben und sich in die soziale Hängematte legen, würden sie

---

[37] Dazu auch Sauga, Michael, Wer arbeitet, ist der Dumme, Die Ausbeutung der Mittelschicht, München 2007, S.142 ff.

ca. 850,– Euro bzw. 1.050,– Euro netto ohne Arbeit bekommen. Immer mehr Leute überlegen deshalb, ob die Differenz noch lohnt, sich überhaupt noch anzustrengen, ob nicht die Differenz zwischen Leistungsertrag und Sozialleistung gar zu gering geworden ist.

Aufgliederung Hartz-4-Unterstützungsleistungen

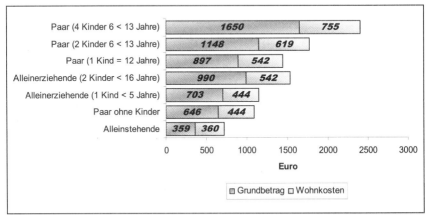

Quelle: Eigene Darstellung, in Anlehnung an: Mittelstandsmagazin, 11/2009, S.5.

Nettoeinkommen im Vergleich zu Hartz-4-Leistungen

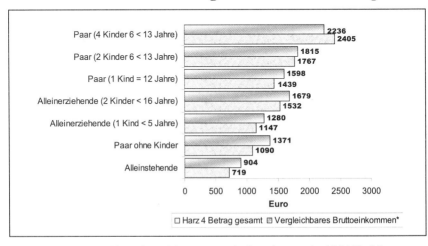

Quelle: Eigene Darstellung, in Anlehnung an: Mittelstandsmagazin, 11/2009, S.5.

	Arbeitslosengeld II	Äquivalentes Bruttoeinkommen
Single	699,83	1830,44
Single+1 Kind	1000,20	1986,48
Single+2 Kinder	1305,75	2265,76
Single+3 Kinder	1587,25	2538,75
Paar	1104,20	1861,88
Paar+1 Kind	1409,75	2094,60
Paar+2 Kinder	1691,25	2306,33
Paar+3 Kinder	1969,25	2567,89

Quelle: Eigene Darstellung, in Anlehnung an: „Die Welt" vom 12.2.2008.[38]

Wegen der Steuerprogression steigen die Abzüge, je mehr man verdient: Ein qualifizierter Angestellter mit einem vereinbarten Bruttolohn von 4.500,– Euro hat davon insgesamt 2.713,10 Euro Abzüge, also selbst nur einen Nettobetrag von 1.786,90 Euro. Da der Arbeitgeber auf das vereinbarte Gehalt aber noch selbst weitere 804,60 Euro Arbeitgeberanteil an die Sozialkassen zu zahlen hat und wiederum zusätzliche betriebsinterne Arbeitszusatzkosten für Urlaub, Fehlzeiten, Sozialbürokratie, Arbeitsschutz u.a. leisten muss, kostet ihn der mit 4.500,- Euro monatlichem Bruttogehalt zu bezahlende Mitarbeiter monatlich fast 7.000,– Euro, von denen der Mitarbeiter selbst nur 1.786,90 Euro verfügbar hat. Das System ist so absurd geworden, dass ein Arbeitnehmer in Deutschland fast drei Stunden arbeiten muss, um sich aus dem Nettoertrag dieser Arbeit die Bruttokosten auch nur einer Arbeitsstunde eines gleichqualifizierten Kollegen leisten zu können.

Bereits Niedrigverdienern nimmt der Staat ca. 30% des Einkommens zur Umverteilung durch die Sozialkassen weg:

Die Bundesregierung[39] hat 25,5 % aller Haushalte als „reich" bezeichnet, weil sie ein Nettoeinkommen über 3.200,- Euro im Monat haben. „Arm" gelten dagegen Haushalte, die unter 60 % des mittleren

---

[38] Das vergleichbare Bruttoeinkommen entspricht dem Einkommen, welches ein vollbeschäftigter Alleinverdiener erzielen müsste, um auf ein gleich hohes Nettoeinkommen nach Hartz 4 zu kommen.

[39] Dritter Armuts- und Reichtumsbericht, Bundestagsdrucksache, 16/9915 v. 30.6.2008

Nettoäquivalenzeinkommens (781,- Euro) verfügen. Dies hat die widersinnige Wirkung, dass bei steigendem Lohndurchschnitt auch die Armutsquote steigt, bei sinkenden Löhnen die Quote der Reichen[40].

Wenn schon für die Mitarbeiter die Toleranzgrenze der Belastung erreicht ist und sich Mehrleistung für viele sich gar nicht mehr lohnt, ist dies bei den Unternehmern noch schlechter,

- weil Unternehmer für ihr Einkommen die quantitativ doppelte und qualitativ vierfache Mehrleistung ohne Anerkennung erbringen müssen,

- und weil Unternehmern die Sozialsysteme, welche sie für ihre Mitarbeiter zu bezahlen haben, selbst nur in geringem Maße oder gar nicht zugute kommen, sie sich also die für ihre Mitarbeiter bezahlten sozialen Sicherungen selbst im freien Markt auch noch aus ihrem Netto zukaufen müssen[41].

- Macht der Betrieb Gewinn, wird dieser Gewinn zu 47,44 % weggesteuert. Der Gewinnbegriff selbst aber wird nur beim Mittelstand in einer Weise ausgedehnt, die weder für Kapitalgesellschaften noch für andere Bevölkerungsgruppen gilt, wie z.B. die Nichtanerkennung des Unternehmerlohns als Betriebskosten, also als angeblicher Gewinn, durch Dienstwagenneidsteuer, Steuern auf Investitionen, Erbschaftssteuer u.a.

Tatsächlich ist der Gewinn und sind dessen Abzüge die entscheidende Größe für den unternehmerischen Erfolg. Bis 1956 hat deshalb Ludwig Erhard das Wirtschaftswunder dadurch gesichert, dass die im Unternehmen verbleibenden Gewinne steuerfrei blieben, weil ja davon zuerst die Investitionen, die Arbeitsplätze, die Sozialrisiken und die Betriebsvorsorge gesichert werden mussten. Auf Betreiben der Großbanken wurde diese Selbstfinanzierung des Mittelstandes hintertrieben; die Banken wollten die Finanzierung an sich reißen und daran verdienen. Sie haben

---

[40] Weitere Beispiele in: Meck, Georg, Das Geld kriegen immer die anderen, Wofür arbeiten wir eigentlich? Fulda 2007, S.42 ff.

[41] Ab 2009 erhalten freiwillig in der gesetzl. Krankenkasse versicherte Selbständige trotz z.T. höherer Beiträge als andere Arbeitnehmer kein Krankengeld (§ 44 SGB).

in unheiliger Allianz mit dem Finanzminister deshalb die Steuerfreiheit der Selbstfinanzierung 1956 torpediert. Seitdem müssen die Betriebe aus dem Rest ihrer Nettoerträge wachsen, welcher ihnen nach Steuerabzug überhaupt noch bleibt. Die Eigenkapitalquote unserer Betriebe ist auf durchschnittlich 17 % in Westdeutschland bzw. nur 10 % in den „neuen Bundesländern" zurückgegangen[42]. Die Finanznot unserer Familienbetriebe hängt also vor allem mit ihrer Steuerlast zusammen. Dabei haben Untersuchungen der Mittelstandsforschung[43] immer wieder ergeben, dass die Familienunternehmer jeden möglichen Ertragsüberschuss zuerst in ihrem Betrieb zu halten versuchen und selbst oft weniger aus ihrem Betrieb für sich entnehmen, als sie ihren Mitarbeitern zahlen müssen. Und alles, was die Unternehmer durch eigenen Verzicht im Betrieb halten und ihren Arbeitsplätzen zugute kommt, soll dann wieder bei der Erbschaftssteuer gegriffen und noch einmal versteuert werden.

Kein Wunder, wenn jetzt mehr als zehntausend Unternehmer jährlich Deutschland verlassen, um mit ihrem Vermögen oder Betrieb in abgabenfreundlichere Länder zu ziehen. Immerhin bieten selbst in Europa Nachbarländer mindestens zehnjährige Steuerfreiheit an, wenn man als Unternehmer bereit ist, mit seinem Betrieb oder Vermögen zu ihnen zu kommen, und auch die Erbschaftssteuer wurde in einigen Nachbarländern abgeschafft.

3.3.3 Sonderlasten für den Mittelstand

Dass die öffentlichen Abgabensysteme des Staates sich heute im Wesentlichen aus dem Mittelstand finanzieren und dieser Mittelstand zu über 80 % Nettozahler aller öffentlichen Finanzen geworden ist[44], hängt vor allem mit einer Reihe von Fehlsteuerungen unseres Belastungssystems zusammen:

- So werden Steuern und Sozialabgaben vor allem auf die geleistete Arbeit erhoben. Dadurch werden die großen Konzerne, welche Kapital (Maschinen) statt Arbeit einsetzen, entsprechend entlastet

---

[42] Schätzung Deutsche Bank (Review 6/2009). Für Gesamtdeutschland ist der Durchschnitt 15%.

[43] vgl. Schriftenreihe des Mittelstandsinstituts Niedersachsen, Band 4 u. 5

[44] vgl. Hamer, E., Wer finanziert den Staat? a.a.O., S.163 ff.

und die mittelständischen Personalunternehmen, welche vor allem Mitarbeiter für ihre Betriebsleistung einsetzen müssen, überproportional mehrbelastet. Während also der Produktionsfaktor Kapital wegen seiner internationalen Fluchtmöglichkeiten weitgehend entlastet blieb, wurden alle Steuern und Soziallasten auf den bodenständigen Faktor Arbeit und somit auf die mittelständischen Betriebe abgelastet. Dies war nicht vorsätzliche Mehrbelastung des Mittelstandes, sondern fahrlässige. Das System ist einfach arbeitnehmer- und mittelstandsfeindlich und zu kapital- und kapitalgesellschaftsfreundlich.

- Hinzu hat die Politik bei angeblichen „Entlastungen der Unternehmen" oft einseitig nur die Konzerne entlastet, wie z. B.

- bei der Vermögenssteuerentlastung der Betriebe unter der Regierung Kohl (3 Mrd. DM), welche zu 80 % nur ca. 800 Konzernbetrieben zugute kam

- oder der Steuerbefreiung beim Verkauf von Beteiligungen, ein Steuergeschenk im Werte von mehr als 40 Mrd. Euro, welches zu 90 % nicht einmal 250 Banken und Versicherungen zugute kam,

- der bislang niedrigeren Besteuerung der Kapitalgesellschaften gegenüber Personalunternehmen, wobei auch noch unterschiedliche Kosten (z. B. Managergehälter) bei den Kapitalgesellschaften abgesetzt werden, bei Personalunternehmen (Unternehmergehälter) aber als Gewinn versteuert werden müssen.

- Auch die Erbschaftssteuer ist eine ausschließlich den Mittelstand treffende Sonderabgabe. Nur mittelständische Unternehmer müssen ihren Betrieb pro Generation vererben und versteuern. Kapitalgesellschaften sterben und vererben nicht. Allein ca. 4 Mrd. Euro werden auf diese Weise aus der Substanz der mittelständischen Unternehmen bzw. dem Vermögen ihrer Unternehmer jährlich gezogen – eine Sondersteuer für Unternehmerfamilien.

- Im Jahre 2001 beherrschte die Gewerkschaften, sozialistischen Parteien und den sozialistischen Teil der CDU eine Debatte um die angebliche Ungerechtigkeit, dass Unternehmer ihren Dienstwagen nicht ausschließlich für Firmenzwecke, sondern eventuell gelegentlich auch privat führen. Die „Dienstwagenneidsteuer" war das verheerende Ergebnis: Nun musste ein Prozent des Neupreises incl. aller Ausstattung als neue private Unternehmerabgabe monatlich abgeführt oder ein Fahrtenbuch geführt werden, auch wenn der Firmenwagen nicht neu, sondern gebraucht angeschafft worden war. Die Konzernchefs haben gerne ihre Zustimmung dazu gegeben. Sie fahren die größten Wagen, aber mit Fahrer, deshalb „dienstwagenneidsteuerfrei".

- Die Nettolast des Mittelstandes steigt auch dadurch, dass die öffentlichen Subventionszahlungen zu 95 % an die Banken, Versicherungen, Konzerne und anderen Großunternehmen gehen[46]. Dies macht die Gruppe der Großunternehmen in Deutschland per Saldo steuerneutral. Die mittelständischen Betriebe haben dadurch nicht nur die höhere verbleibende Steuerlast, sondern auch die Subventionswohltaten an die Konzerne zu tragen. Sogar bei der Landwirtschaft – der einzigen dem Mittelstand zugerechneten Subventionsart – kommen 70 % der Subventionen den nur 10% Großbetrieben – bei uns vor allem den „roten Baronen" der ehemaligen LPG's – zugute, weil nach Hektarflächen statt nach Landwirtsfamilie gefördert wird. Wie trickreich die Konzerne die Subventionen zu sich steuern, zeigt der aktuelle Streit über die Mittelstands-(KMU)-definition in der EU. Der BDI verlangt, die Mittelstandsgröße von 250 auf 1.000 Mitarbeiter festzulegen, um damit sogar die spezielle Mittelstandsförderung auch noch zu 70 % auf die Kapitalgesellschaften umzulenken.

Hätten die Unternehmer nach dem letzten Weltkrieg und der Währungsreform die heutigen Abgaben, Belastungen und Zusatzlasten zu tragen gehabt, hätten sich damals nicht 10 Millionen Menschen selbständig gemacht und selbstverantwortlich mit größtem Fleiß das Wirtschaftswunder hervorgebracht. Damals konnten sie ihre Betriebe noch eigenständig aufbauen, denn der im Unternehmen verbleibende Gewinn blieb steuerfrei. Wer also die größten Gewinne hatte, konnte am besten wachsen. Dies war das Geheimnis des „Wirtschaftswunders".

---

[46] vgl. Hamer, E., Wer finanziert den Staat?, S.107 ff.

Das Ergebnis der heutigen Sonderbelastung der Unternehmer ist ihre schwindende Zahl. Seit Anfang der sechziger Jahre hat sich ihre Zahl inzwischen halbiert, war der Zuwachs viele Jahre negativ und flüchten mehr als zehntausend der erfolgreichsten Unternehmer jährlich mit ihrem Vermögen und z.T. mit ihren Betrieben ins abgabenfreundlichere Ausland.

Wer in den USA als Unternehmer erfolgreich ist, wird bewundert und anerkannt. Wer dagegen in Deutschland als Unternehmer erfolgreich ist, den trifft allgemeiner Neid, Missgunst, der wird als „Ausbeuter" diffamiert, vor allem in den neuen Bundesländern, in denen noch die alten Hassparolen der SED nachwirken.

Der Sozialneid gegen die erfolgreichen Selbständigen ist weniger in den unteren Bevölkerungsschichten vorhanden, sondern vor allem in den öffentlichen Kadern von Gewerkschaften, Beamten, öffentlichen Angestellten und Sozialfunktionären. Diese Kader sind in den 68iger Jahren – um dem „Leistungsterror der Wirtschaft" zu entgehen – in die Sicherheit öffentlicher Positionen, Funktionen und Institutionen gestürmt und haben ihre Ideologie des Sozialneids zur politischen Parole der „sozialen Gerechtigkeit" hochgeschaukelt, die als größtmögliche Gleichheit der Einkommen und des Vermögens verstanden und zum politischen Dogma aller Sozialfunktionäre wurde. Damit haben sie sich indirekt immer mehr Zugriff auf die Leistung der Unternehmer erkämpft.

Die Unternehmer gelten deshalb nicht nur als Außenseiter in unserer Gesellschaft, sondern auch als Feindbild aller Transferleistungsbezieher in Staat, Gesellschaft und Politik. Wo mehr als 90% der Bevölkerung nur die Situation der abhängig beschäftigten Arbeitnehmer mit festem Lohn/Gehalt bzw. Sozialleistungen kennen, erscheinen ihnen Leute, die bereit sind, ohne sicheres Einkommen, ohne Arbeitsplatzsicherheit und ohne Sozialabsicherung aus eigener Kraft die Chancen des Lebens zu suchen und zu meistern, als nicht normal. Kein Wunder, wenn deshalb auch die Bevölkerung immer mehr glaubt, unternehmerischer Erfolg sei mehr durch kriminelle Machenschaften als durch eigene Leistung zu erklären[47].

---

[47] vgl. Hamer, E., Die Unternehmerlücke, Stuttgart 1984, S.13 ff.

Im Unterschied zur Unternehmersituation in anderen Völkern ist deshalb die wirtschaftlich notwendigste, tüchtigste und erfolgreichste Bevölkerungsgruppe der Unternehmer bei uns Außenseiter geworden und deshalb bevorzugtes Angriffsziel aller anderen Bevölkerungsgruppen und Organisationen.

3.4 Ausbeutung durch Umverteilung

Die im 19. Jahrhundert entwickelten sozialistischen Theorien haben zuerst die liberale Idee der Rechtsgleichheit aller Bürger aus der französischen Revolution in eine soziale Gleichheit umgemünzt. Angeblich seien alle Menschen nicht nur gleichberechtigt, sondern biologisch gleich, deshalb mit gleichen Ansprüchen auf gleiche Wohlfahrt. Seitdem hat im 20. Jahrhundert der dominierende Begriff der „Sozialen Gerechtigkeit"[48] nahezu alle Forderungen aller politischen Parteien bestimmt, wobei streitig blieb,

- ob es sozial gerecht sei, wenn jeder den Ertrag seiner eigenen Mehrleistung selbst genießen dürfe (Liberalismus),

- oder ob den „Besserverdienenden" nur dann und in dem Maße Einkommen entzogen werden dürfe, wie es zur Linderung von Not anderer gebraucht werde (bürgerliche Parteien),

- oder ob prinzipiell allen gleiches Einkommen und gleiche Lebensbedingungen durch Umverteilung geboten werden müssten (Sozialismus).

Die Tendenz ist im Laufe des 20. Jahrhunderts in den meisten europäischen Ländern – allerdings unterschiedlich stark – zugunsten immer stärkerer staatlicher Umverteilung gelaufen. So wird es heute als selbstverständlich angesehen, dass Menschen mit höherem Einkommen und höherem Vermögen mit höheren Steuern und Sozialabgaben belastet werden, um davon andere, die weniger oder gar nichts haben, mitzufinanzieren.

---

[48] Dazu Methfessel/Winterberg, Der Preis der Gleichheit, München 1998, S.75 ff. und Empter/Vehrkamp, Soziale Gerechtigkeit – eine Bestandsaufnahme, Bertelsmann Stiftung 2007

Die Umverteilung ist aber nicht nur ein Wohlstandsausgleich geblieben, sondern ist zu einem neuen Feudalsystem geraten, in welchem Millionen von Sozialfunktionären davon leben, die Umverteilung zugunsten immer neuer begünstigter Gruppen zu einer „Sozialherrschaft von Sozialfunktionären über Sozialuntertanen"[49] zu entwickeln, natürlich vor allem zum eigenen Vorteil. Die staatliche Umverteilung gewährt nämlich nicht nur den Funktionären Feudalpositionen mit öffentlicher Machtausübung, sondern ist auch durch Gesetze nicht nur legal, sondern sogar beliebig ausdehnbar[50].

Die von der Umverteilung mit entsprechend wachsenden Abgaben Betroffenen haben wegen der Gesetzlichkeit der Umverteilung praktisch keine andere Möglichkeit, solcher legalen Ausbeutung zu entgehen, als ins Ausland zu entfliehen. Dies haben zuerst die Konzerne und Reichen, inzwischen aber auch mehr als zehntausend Selbständige pro Jahr als einzigen Ausweg gesehen. Wer dagegen mit seinem Vermögen oder mit seinem Arbeitseinkommen lokal gebunden ist, kann der öffentlichen Ausbeutung durch Umverteilung nicht entgehen, kann sich nur darüber ärgern und wird diesen Ärger in diesem Buch nachvollziehen.

3.4.1 Umverteilung als neue Staatslegitimation

Vor 100 Jahren sah die Staatstheorie die Aufgaben des Staates im Wesentlichen in der Garantie von Sicherheit, Ordnung und Gerechtigkeit. Letztere wurde als Gleichheit vor dem Gesetz und Unverletzlichkeit der Person verstanden.

Gerade im Begriff der Gerechtigkeit hat sich aber in den letzten 100 Jahren ein gründlicher Verständniswandel vollzogen, weil statt Rechtsgleichheit die Aufgabe des Staates vor allem darin gesehen wird, „soziale Gerechtigkeit" zu schaffen[51].

---

[49] vgl. vom Verf.: „Sozialfeudalismus" in Mittelstand und Sozialpolitik, Band 31 der Schriftenreihe des Mittelstandsinstituts Niedersachsen, Regensburg 1996, S.215 ff.

[50] Ludwig Erhard warnte bereits vor der „Sozialherrschaft über Sozialuntertanen".

[51] vgl. ausf. v. Hayek, Friedrich, Der Begriff der sozialen Gerechtigkeit in: Recht, Gesetzgebung und Freiheit, Bd.2, S.93 ff. und 114 ff.

Den größten Schub dazu gab die 68er Revolution und ihre Erkenntnis, dass unser Volksvermögen vor allem denjenigen zugewachsen war, die sich mehr als andere bemüht, mehr riskiert, mehr geleistet und deshalb mehr erworben haben als andere. Das Schlagwort von der „ungerechten Vermögensverteilung" wurde zur „sozialen Ungerechtigkeit" erklärt und eine neue, an den Bedürfnissen statt an der eigenen Leistung ausgerichtete Verteilung von Einkommen und Vermögen gefordert. Deshalb entscheidet inzwischen längst nicht mehr unsere eigene Leistung darüber, was wir letztlich übrig behalten, sondern die vielfältigen Siebe staatlicher Sozialpolitik entscheiden darüber, was von unserem Leistungsertrag für uns noch übrig bleibt und welchen – größeren – Teil wir zum Zwecke der Umverteilung abzugeben haben[52].

Der Bundeshaushalt 2006 wies folgende Umverteilungsleistungen aus, wobei darauf hingewiesen werden muss, dass auch Länder und

	Mrd. Euro
Versorgung der Kriegsopfer	2,09
Beihilfe für Arbeitnehmer des Staates	4,46
Geldliche Sozialhilfe und Kriegsopferfürsorge	20,86
Gesetzliches Kindergeld	35,08
Wohngeld	1,30
Arbeitslosenhilfebeiträge	5,53
Arbeitslosenhilfe, zusätzl. Geldleistungen	21,60
Erziehungsgeld	2,80
Ausbildungshilfen	1,56
Rentenversicherung KV Beiträge	15,08
Renten bereinigt	215,68
KV monetäre Sozialleistungen	6,27
PV monetäre Sozialleistungen	6,80
ALV Beiträge	6,53
ALV Leistungen	25,49
Sonstige monetäre Sozialleistungen SV	18,81
Arztleistungen	23,85
Zahnarztleistungen	10,36
Medikamente	25,87
Heil- und Hilfsmittel	20,19
Krankenhausleistungen	48,64
Unterbringung in Heimen	10,90
Sozialleistungen Pflegepersonal	0,86
Kuren	3,50
Soziale Sachleistungen SV	5,48
Sozialhilfe	14,72
Sonstige Soziale Sachleistungen GK	7,17
Sonstige laufende Sozialtransfers	35,17
(von ca. 700 Mrd. gesamt)	597,05 Mrd.

Kommunen weitere Umverteilungsleistungen zusätzlich übernehmen:

Insofern gilt das theoretische Modellbild schon lange nicht mehr, nach welchem sich unser Lebensstandard der einzelnen Haushalte nach den im Wettbewerb erzielten Einkünften oder der Unternehmensgewinn nach der Marktleistung bestimmen; vielmehr folgt der marktwirtschaftlichen Leistung die zweite, korrigierende öffentliche Umverteilung durch den Staat mit bewusster Veränderung der Einkommensstrukturen. Erst was nach diesem Umverteilungsprozess übrig bleibt, ist verfügbares Einkommen der Haushalte oder Gewinn der Unternehmer[53].

Früher wurden die Raubzüge und großen öffentlichen Umverteilungen im Laufe der Geschichte vor allem auf kriegerischem Wege erreicht. Einer der letzten Höhepunkte waren die Potsdamer Beschlüsse nach dem Zweiten Weltkrieg. Dass man öffentliche Umverteilung – heute „Sozialpolitik" genannt – auch in Friedenszeiten zur öffentlichen Haupt- und Daueraufgabe machen kann, ist erst die Entdeckung – und bei ihren Machern das Glücksgefühl – unserer Generation.

In nur 40 Jahren haben wir ein so vollständiges, so undurchschaubares und so widersinniges Netzwerk öffentlicher Sozial- und Umverteilungstatbestände zusammengebastelt, dass niemand mehr durchblickt. Das hindert aber den Begeisterungssturm unserer Sozialfunktionäre keinesfalls, ständig weiter irgendwelche Forderungen von Randgruppen zu öffentlichen Bedürfnissen zu erklären und durch öffentliche Sozialleistungen oder Subventionen zu befriedigen.

Wir sind eben im Zuge einer 40jährigen Aufschwungs- und Wohlstandsphase von einer Leistungsgesellschaft immer stärker zu einer Sozialleistungsgesellschaft geworden, mit dem größten je in Deutschland vorhandenen Umverteilungsvolumen. Dies wird zwar mit sozialer Gerechtigkeit verbrämt, ist aber nichts anderes als ein politisches

---

[52] vgl. auch Zänker, Alfred, Der Sozialstaat, Frankf.Institut 1988, S.111 ff

[53] von Hayek begründet dagegen ausführlich, dass es weder eine Leistungsgerechtigkeit noch eine Harmonie zwischen Gerechtigkeit und Leistung gäbe, dass vielmehr Leistung und Leistungsertrag eine ökonomische Kategorie, die Gerechtigkeit und auch „soziale Gerechtigkeit" damit nicht zusammenhängende politische Kategorie sei, vgl. von Hayek, Friedrich A., Recht, Gesetzgebung und Freiheit, Band 2, „Die Illusion der sozialen Gerechtigkeit", S.99 ff.

Machterhaltungsinstrument; es dient sogar im Grunde weniger den begünstigten Sozialleistungsnehmern als dem Sozialgewerbe als Existenz- und Machtbasis und den politischen Eliten als Machtkampfinstrument.

Bei den Umverteilungsleistungen verhält es sich wie mit der Anwendung von Antibiotika: Eine anfangs heilende Wirkung geht durch längere Anwendung verloren und kehrt sich dann sogar in ein neues Krankheitssymptom um, welches die ganze Gesellschaft und Wirtschaft von innen her zerstört. Die weithin verbreitete Vollkaskomentalität unserer Gesellschaft und die Millionen Massensozialmissbräuche und Sozialkriminalität sind Anzeichen solchen gesellschaftlichen Verfalls durch Umverteilung.

Jede herrschende politische Partei ist aber an Umverteilungsleistungen interessiert. Sie übt ja die politische Macht entgegen ihren Behauptungen nicht zugunsten aller Beherrschten, sondern zum eigenen Vorteil und zu dem ihrer Anhänger aus. Der politische Vorteil einer Umverteilung bedeutet für sie in diesem Sinne vor allem, dass sie als Inhaberin der Regierungsgewalt mit öffentlichen Sozialleistungen zweierlei erreichen kann: Sie kann einmal ihre Anhänger für geleistete Dienste, für Stimmabgabe oder allgemein für deren politische Rückendeckung damit honorieren; zweitens kann sie den Einfluss ihrer politischen Gegner durch Entreicherung derselben schwächen. Dies gilt in allen Wirtschaftssystemen und für Demokratien ebenso wie für Diktaturen oder Feudalherrschaften.

Dass auch die jeweilige Opposition solche Sozialleistungen nicht bekämpft, hängt damit zusammen, dass inzwischen der Begriff „sozial" einen Fetischcharakter erhalten hat, dessen Nichtanerkennung zum gesellschaftlichen Ausschluss führt. Zum andern aber will auch jede Opposition sich und ihren Anhängern letztlich die Möglichkeit offenhalten, im Falle des Machtwechsels gleichfalls durch soziale Leistungen sich selbst und ihre Anhänger zu bereichern und die Vorteile der Macht sichern zu können. Bei Machtwechsel werden dann die vorher Bereicherten wieder entreichert und die vorher Entreicherten wieder bereichert. Nur die Richtung der Umverteilung ändert sich durch Regierungswechsel, nicht das Umverteilungssystem als solches. An ihm sind letztlich alle politischen Eliten interessiert, die hoffen irgendwann an die Macht zu kommen oder an der Macht teilzuhaben.

Jede Umverteilung ist allerdings für die Wohltatengeber eine Einbahnstraße ohne Rückkehr, denn einmal gegebene Sozialleistungen können nicht zurückgenommen werden, ohne den hundertfachen Undank der Wähler und dadurch Machtverlust zu erleiden. Also wird immer nur aufgestockt, vor allem vor Wahlen.

Eine zusätzliche Steigerungswirkung geht auch davon aus, dass bestimmte Umverteilungsleistungen so großen Unmut in der Bevölkerung hervorrufen, dass auch weitere Gruppen mitbedacht werden müssen, um sie ruhig zu stellen. So werden einzelne Umverteilungsmaßnahmen oft zur Initialzündung weiterer zwangsläufiger, breiter Sozialleistungen, zum Ausgangspunkt eines Schneeballeffektes, der sich über immer größere Bevölkerungskreise – Wählerkreise – erstreckt.

Je größer die Umverteilung wird, desto überproportional größer wird auch der bürokratische Apparat, mit dem die Umverteilung geplant, ausgeführt, evtl. korrigiert und kontrolliert werden muss. Für jeden Euro, den eine Regierung als Transferleistung ausgeben will, muss sie heute schon mehr als zwei Euro Belastung erheben, weil die explosionsartig gewachsene Sozialbürokratie etwa die Hälfte der Einnahmen kostet. Verschiedene Umverteilungsarten erfordern sogar einen so hohen Bürokratieaufwand, dass die Umverteilungskosten im Verhältnis zu den Umverteilungswirkungen unwirtschaftlich sind – z.B. bei der Erbschaftssteuer, welche in der Mehrzahl der Bundesländer sogar unter Umverteilungskriterien kontraproduktiv ist.

Irgendwann erreicht allerdings jede Regierung die Grenzen der Belastbarkeit ihrer Leistungsträger, sodass diese entweder aufhören zu leisten (Ausstieg als Unternehmer), auswandern (Steueroasen, Auslandsinvestitionen) oder einfach in die Grauzone der unbelasteten, schwarzen Arbeitsleistung ausweichen. Zunehmende Leistungsverweigerung in der Privatwirtschaft bedeutet aber, dass sich die Mittel zur Umverteilung absolut und relativ vermindern und das Gesamtgebäude der öffentlichen Finanzierung, auf dem die Umverteilung beruht, irgendwann zusammenbricht.

3.4.2 Umverteilung vom Mittelstand auf die Randgruppen

Der Verfasser hat im Mittelstandsinstitut Niedersachsen schon vor vielen Jahren untersucht, welche Finanzbeiträge die verschiedenen gesellschaftlichen Gruppen absolut und relativ leisten und ob es Leistungsumverteilungen zwischen diesen Gruppen gibt[54]. Die inzwischen mehr als 25 Jahre alte Untersuchung ist mit ihren prozentualen Werten heute noch aussagekräftig, weil die Abweichungen – zum Teil wiederum zu Lasten des Mittelstandes – unter 3 % liegen und es neuere, derartige Untersuchungen m.W. nicht gibt.

Zu diesem Zweck wurden die Steuerträger und Leistungsempfänger in drei Gruppen eingeteilt:

1. die Obergruppe, bestehend aus den Einkommensteuerzahlern mit Spitzensteuersatz und den Kapitalgesellschaften,

2. die Mittelgruppe der Haushalte der „besserverdienenden Unselbständigen" (unselbständiger Mittelstand) und den Selbständigen (gewerblicher Mittelstand) sowie die Personalunternehmen (Familienbetriebe) und

3. die Untergruppe der Arbeiterhaushalte mit damals bis zu 25.000,– DM Einkommen (heute ca. 40.000,– Euro).

Beim Vergleich der Steuerlast dieser Gruppen trug der Mittelstand 1980 von allen direkten Steuern der Haushalte 63,1 %, die Untergruppe 22 % und die Obergruppe nur 14,9 %. Die mittelständischen Haushalte waren mit anderen Worten zu fast zwei Drittel Träger aller direkten Steuern aller Haushalte in Deutschland.[55]

Insofern ist die Steuerprogression mit der angeblichen Gerechtigkeit steigender Steuersätze bei steigendem Einkommen wenig aussagekräftig, weil wegen der Freibeträge ein großer Teil der Untergruppe steuerfrei bleibt und die Obergruppe der „Reichen" mit vielen Einnahmen ins steuerfreie Ausland geflüchtet ist, also auch steigenden Steuersätzen in Deutschland lächelnd zuschauen kann. Nicht die Steuersätze sind also für die Belastung der gesellschaftlichen Gruppen entscheidend, sondern das, was sie unter Ausnutzung der Steuersparmöglichkeiten oder Abschreibungsmöglichkeiten tatsächlich an Steuern zahlen bzw. nach der Umverteilungskorrektur netto übrigbehalten.

---

[54] vgl. Hamer, E.: Wer finanziert den Staat?, Hannover 1981, S. 84f.
[55] vgl. Hamer, E.: Wer finanziert den Staat?, Hannover 1981, S. 84f.

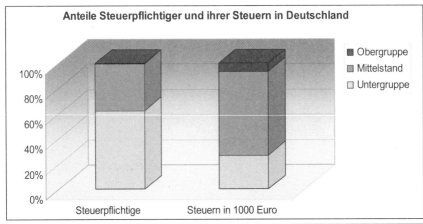

	Steuern in %	Steueraufkommen	Steueraufkommen in %
Untergruppe	62,4	286.958.416	26,9
Mittelstand	37,1	709.361.814	66,5
Obergruppe	0,4	70.269.680	6,6

Quelle: Eigene Darstellung, in Anlehnung an: Statistisches Bundesamt 2008 für 2004.

Wie die nachstehende Tabelle zeigt, konzentriert sich die absolute Steuerlast unter den drei Einkommensgruppen auf den Mittelstand, der die Hauptlast der direkten Steuern trägt.

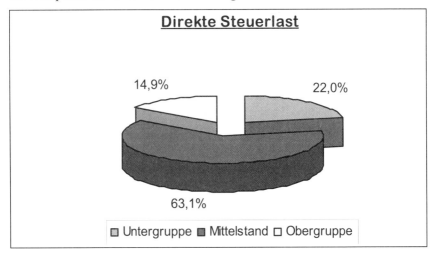

Quelle: Eigene Darstellung, in Anlehnung an: Hamer, E., Wer finanziert den Staat?, S.69

Nach der Theorie belasten die indirekten Steuern vor allem die unteren Einkommensschichten. Diese Theorie wurde durch die vorgenannte Untersuchung des Mittelstandsinstituts Niedersachsen[56] korrigiert. Vergleicht man nämlich die Gesamtlast an indirekten Steuern je Gruppe, so zeigt sich wiederum, dass der Mittelstand auch bei ihnen den größten Anteil aufzubringen hat. Er trägt 52 % aller indirekten Steuern[57]. Nach ihm folgt allerdings die untere Einkommensklasse mit 47%, während die Obergruppe nicht einmal 1% des Gesamtaufkommens der indirekten Steuern trägt.

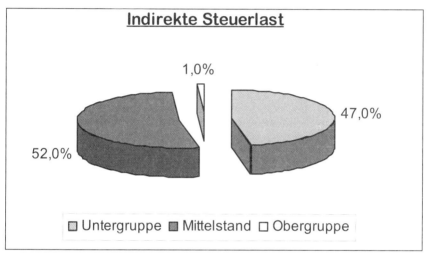

Indirekte Steuerlast

1,0%

47,0%

52,0%

□ Untergruppe ■ Mittelstand □ Obergruppe

Quelle: Eigene Darstellung, in Anlehnung an: Hamer, E., Wer finanziert den Staat?, S. 79.

Vergleicht man wiederum die Brutto- und Nettobelastung in den Unternehmensgruppen, so ergab sich für die mittelständischen Unternehmen ein Belastungsanteil an direkten und indirekten Steuern von 69,9%, während die Kapitalgesellschaften nur 30,1% Steuerlast trugen. Der Anteil an den Gesamtabgaben verschiebt sich weiterhin zu Lasten der mittelständischen Personalunternehmen, wenn die empfangenen Subventionen gruppenspezifisch mit in die Berechnung einbezogen werden, d.h. der Nettobeitrag der unterschiedlichen Unternehmenstypen zur Staatsfinanzierung errechnet wird.

---

[56] Hamer, Eberhard, Wer finanziert den Staat? Hannover, 2. Auflage 1982.
[57] z.B. Mineralölsteuer, Umsatzsteuer u.a.

Die mittelständischen Unternehmen sind nämlich unter den Subventionsempfängern kaum zu finden. Einschließlich der Landwirtschaft – ihr größter Subventionsempfänger[58] – machten die an alle Personalunternehmen gehenden Subventionen nur 4,7 % aus. 95,3 % aller Unternehmenssubventionen gingen dagegen an die großen Kapitalgesellschaften.

Die Nettolast unseres Steuersystems war also für die Großunternehmen so gemildert, dass sie jahrzehntelang als Gruppe fast ebenso viele Subventionen bekamen, wie sie Ertragssteuern – vor allem Gewerbesteuern – zahlten. Der Nettosteuerfinanzierungsbeitrag der Großunternehmen als Gruppe war also vernachlässigenswert. Sie tragen netto meist nur Sozialabgaben zur öffentlichen Finanzierung bei. Praktisch werden die Unternehmenssteuern netto überwiegend von den mittelständischen Unternehmen getragen. Damit war die landläufige Auffassung widerlegt, dass die Obergruppe auf Grund ihrer relativ hohen Umsätze die wesentlichste finanzielle Säule für den Staat und das Umverteilungssystem darstelle[59]. Inzwischen leben entgegen dieser Auffassung steuerstatistisch nicht die mittelständischen Unternehmen von den Konzernen, sondern umgekehrt Staat und Konzerne von den Steuern der mittelständischen Personalunternehmen[60].

Betrachtet man die schichtenspezifische Nettobelastung der einzelnen gesellschaftlichen Gruppen einschließlich dessen, was sie aus der Umverteilung nicht nur an Steuern, sondern auch an Sozialleistungen in der schichtenspezifischen Umverteilung zurückgewinnen, so werden die Umverteilungseffekte zwischen den drei Schichtengruppen auch unter Einschluss der Sozialleistungen nicht wesentlich verändert, denn der Mittelstand zahlt nicht nur 62,3 % aller Steuern, sondern auch 59,3 % aller Sozialabgaben (insgesamt 61,1 % der gesamten öffentlichen Abgaben). Da er aber nur 24,1 % aller Transferleistungen (zumeist Renten an den unteren Mittelstand) zurückerhält, liegt sein Nettobeitrag zur Staatsfinanzierung insgesamt mit 87,9 % unverhältnismäßig und einsam an der Spitze[61]. Lediglich die Obergruppe der „Reichen"

[58] vgl. Kafsack, Hendrik, Die EU-Subventionen nutzen vor allem den Großen, in: FAZ 9.5.06
[59] vgl. "Wer finanziert den Staat?", a.a.O.,Tabelle 45, S.208
[60] vgl. "Wer finanziert den Staat?", S.140 ff.
[61] vgl. Hamer, Eberhard, „Wer finanziert den Staat?" a.a.O., S.147

und Konzerne leistet noch 17% Nettobeitrag – vor allem Sozialleistungen. Die Untergruppe hat mit minus 4,9% aller Steuern und Sozialabgaben einen negativen Nettobeitrag, muss also von der Leistungskraft des Mittelstandes mitunterhalten werden.

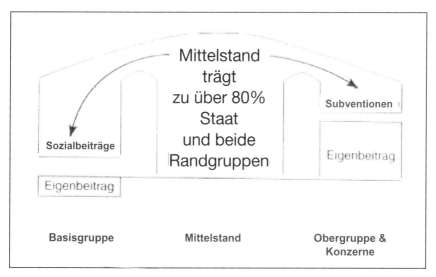

Quelle: Hamer, Eberhard: „Wer finanziert den Staat?" München, 2. Aufl. 1982, S. 146

Im Ergebnis leben deshalb sowohl die Haushalte der unteren Schichtengruppe als auch die Großunternehmen finanzwirtschaftlich von der Leistungskraft der mittelständischen Haushalte und Unternehmen. Im großen Karussell der öffentlichen Umverteilung ist der Mittelstand insgesamt wie auch mit seinen Teilgruppen der privaten Haushalte und Unternehmen ausschließlich Geber, die Nichterwerbstätigen-Haushalte der unteren Schichtengruppe größter und die Unternehmen der oberen Schichtengruppe (Großunternehmen) zweitgrößter Nehmer von Umverteilungsleistungen.

Wenn beide Randgruppen aus der Leistungskraft des Mittelstandes leben, ist dies kein Verdienst des sie tragenden Mittelstandes, sondern umgekehrt seine Diskriminierung. Er wird missbraucht, um die Randgruppen zu alimentieren bzw. ihnen eine gleiche Staatslast zu ersparen. Der Mittelstand ist jedenfalls in der großen Umverteilungsspirale der einzige Verlierer; er wird ausgebeutet.

3.4.3 Umverteilungsgewinner Sozialgewerbe

Schon Ludwig Erhard hat uns vor der „Sozialherrschaft der Sozialfunktionäre über Sozialuntertanen" gewarnt, welche die Freiheit der einzelnen Bürger und ihr Selbstbestimmungsrecht aushebeln könnten. Diese Furcht ist inzwischen Realität geworden, weil die Wählermehrheiten – vor allem aus den unteren Schichten – der Politik immer stärker die Regelung ihrer Lebensbedingungen, ihrer Fürsorge, ihrer Existenzsicherung und zusätzlicher Sozialwohltaten abverlangt bzw. überlassen haben. Die Versklavung der Gesellschaft findet in unserem Staat nicht mehr mit Ketten, sondern am goldenen Zügel statt.

Erst wurde die Parole von der „sozialen Gerechtigkeit" im Sinne von Einkommensnivellierung gepredigt. Was nun wirklich im einzelnen sozial gerecht sei, bestimmen die Sozialfunktionäre. Sie sind gleichsam die Priester des neuen Gottes „Sozial", zu dem auch die Mehrheit der Kirchenfunktionäre übergelaufen ist. Und im Namen des neuen Fetisch „Sozial" können die Sozialfunktionäre die gesellschaftlichen und wirtschaftlichen Bedingungen heute ebenso ungeniert zu ihren Gunsten ordnen, wie dies früher im Altertum oder Mittelalter die Priesterschaft, im Agrarfeudalismus der Adel oder seither im Kapitalismus die Hochfinanz getan haben.

Anders ausgedrückt: Nach Agrar-, Adels-, Militär-, Kirchen- oder Kapitalfeudalismus haben wir inzwischen einen Sozialfeudalismus, welcher sich herausnimmt, die fleißigen Bürger unseres Volkes angeblich zugunsten von Sozialfällen, in Wirklichkeit aber zum eigenen Herrschaftsvorteil auszubeuten.

Da Ausbeutung immer am leichtesten, widerstandslosesten und dauerhaftesten mit Hilfe des Staatsapparats geschehen ist und auch heute noch geschieht, haben sich die Sozialfunktionäre vor allem der staatlichen Institutionen bemächtigt und ihren neuen Existenzzweig des Sozialgewerbes durch eine unsere Marktwirtschaft und Gesellschaft wie eine Krake durchwuchernde Sozialverwaltung, Sozialhierarchie und angebliche Sozialpolitik mit einem explosionsartig gewachsenen Heer von Sozialfunktionären errichtet[62].

---

[62] vgl. Schäfer, Joachim, „Die Diktatur der Bürokraten", a.a.O., S.20 ff.

	in Tausend
Gesundheitsversorgung	3.130
Sozialverwaltung, Sozialversicherung, Verteidigung	1.655
öff. Verwaltung, Justiz u.ä.	1.140
Erziehung, Unterricht	968
Kirchen, Parteien, öff. Einrichtungen	350
Kultur, Unterhaltung, Sport	315
sonst. öff. Dienste	277
Rundfunk u.a.	185
Entsorgung	140
	8.160

Quelle: Statistisches Jahrbuch 2007, S.90.

Das Ergebnis: Je höher der Lebensstandard in unserem Volk seit den sechziger Jahren angestiegen ist und je mehr sich die gesundheitlichen Kriegsfolgen ausgewachsen haben, desto stärker vermehrten sich die Sozialfälle, die Sozialausgaben, aber vor allem die mit öffentlichem Dienstrecht ohne Leistungskontrolle hochversorgten Sozialfunktionäre. Längst lebt sich von Sozialarbeit bequemer und besser als von produktiver Arbeit. Wer zusätzliche angebliche Sozialgruppen zu entdecken und publizistisch ihre Versorgung im Namen des Fetisch „soziale Gerechtigkeit" zu begründen in der Lage ist, kann damit vor allem selbst eine öffentlich finanzierte Feudalposition erringen und besser davon leben als ein innovativer Unternehmer.

Immer war Feudalismus nicht nur ein Leben auf Kosten anderer, sondern auch eine Macht- und Herrschaftskategorie. In diesem Sinne hat das Sozialgewerbe die „Herrschaft durch Betreuung" geschaffen. Die Herrschaft der Betreuer ist wegen der Weihe des Sozialsystems viel verschleierter als frühere Feudalherrschaften auf Basis des Bodens oder des Kapitals, weil die betreuten Sozialgruppen meinen, es ginge um sie, während es in Wirklichkeit um die Feudalstellung und um das Wohlleben der Betreuer geht.

Der Pferdefuß des Sozialfeudalismus liegt für den Mittelstand in den Kosten: Traditionell werden in Deutschland – im Unterschied zum Aus-

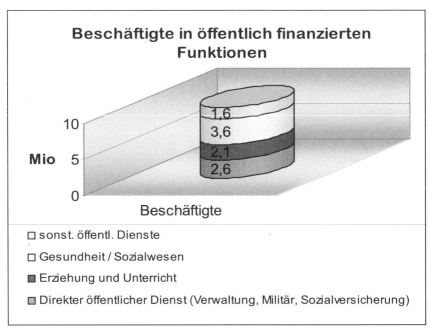

Beschäftigte in öffentlich finanzierten Funktionen

- □ sonst. öffentl. Dienste
- □ Gesundheit / Sozialwesen
- ▣ Erziehung und Unterricht
- ▣ Direkter öffentlicher Dienst (Verwaltung, Militär, Sozialversicherung)

Quelle: Eigene Darstellung, in Anlehnung an: Statistisches Jahrbuch 2007.

land – Sozialwohltaten vor allem aus Sozialbeiträgen des Faktors Arbeit finanziert. Also mussten zwangsläufig die Lohnnebenkosten umso stärker ansteigen, je stärker die Umverteilung und je stärker die Kosten der Armee von Sozialfunktionären anstiegen. Hierin liegt der Grund, dass wir in Deutschland die höchsten Lohnnebenkosten der Welt haben.

Diese Lohnnebenkosten werden aber nur auf den Lohn aufgeschlagen, nicht auf den Produktionsfaktor der Kapitalgesellschaften – das Kapital – und werden nicht von den Arbeitnehmern bezahlt, sondern vom Arbeitgeber. Da 80% der Beschäftigten unserer Wirtschaft in mittelständischen Personalunternehmen beschäftigt sind, sind wiederum diese Hauptträger der vom Sozialfeudalismus verursachten Lohnnebenkosten.

Wegen des ebenso dominierenden Anteils (über 80 %) des Mittelstandes an den Nettosteuern und Sozialabgaben (56 %) werden die Kosten der Staats- und Sozialbürokratie zu mehr als zwei Drittel vom Mittelstand bezahlt. Letzterer wird also nicht nur von den Randgruppen oben und unten ausgebeutet, sondern auch von der ihn mehr als andere gesellschaftliche Gruppen belastenden Staats- und Sozialbürokratie. Insbeson-

88

dere die Sozialfunktionäre leben nicht nur auf Kosten des Mittelstandes, sondern haben durch Wohltaten an die Sozialklientel mit diesen Geldern auch ihre Macht- und Feudalstellung in unserer Gesellschaft abgesichert. Der Mittelstand leidet unter ihnen, schweigt und zahlt weiter.

Das Mittelstandsinstitut hat auch untersucht, wie sich die Personalzusatzkosten im Hinblick auf die Betriebsgröße auswirken und wiederum eine relative Mehrbelastung der Kleinen gegenüber den Größeren nachgewiesen.[63] Der Grund liegt neben der unterschiedlichen Produktionsfaktorabhängigkeit der Betriebsgrößen (Großbetriebe = Kapital; Kleinbetriebe = Personal) auch darin, dass viele Bürokratiepflichten (Statistiken, Meldungen, Kontrollen) formal gleich sind, sich auf die unterschiedlichen Betriebsgrößen aber als proportional unterschiedliche Kostenlast auswirken.

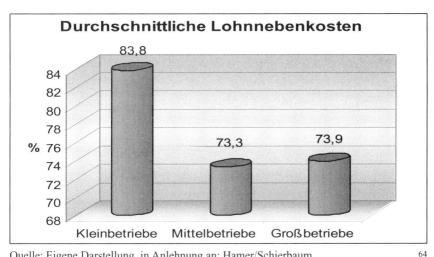

Quelle: Eigene Darstellung, in Anlehnung an: Hamer/Schierbaum, [64]
Personalzusatzkosten – der unsichtbare Lohn, S. 96.

3.4.4 Internationale Umverteilung

Auf Kosten des Mittelstandes wird nicht nur an die beiden oberen und unteren Randgruppen und an die öffentliche Bürokratie umverteilt,

---

[63] Hamer/Schierbaum, Personalzusatzkosten - der unsichtbare Lohn, Bonn 1991, S. 52.
[64] Kleinbetriebe: bis 10 Mitarbeiter; Mittelbetriebe: 11 bis 300 Mitarbeiter; Großbetriebe: 301 und mehr. Nachweise in Hamer/Schierbaum, Personalzusatzkosten, a.a.O., S.96

sondern seine Leistungskraft wurde auch zunehmend zur internationalen Umverteilung missbraucht. Unsere Politiker waren freigiebig mit Geldern, die sie selbst nie verdient hatten, sondern dem Mittelstand abpressen mussten, um damit auch internationale Wohltaten und politische Gefälligkeiten zu verteilen: „Mehr Verantwortung übernehmen" bezeichnet die Kanzlerin jede stärkere Beteiligung mit deutschem Geld für internationale Zwecke[65].

- Das zeigt sich vor allem bei der EU-Finanzierung. Schon Kanzler Kohl hatte zugegeben, dass man sich immer wieder über zusätzliche Aufgaben geeinigt hätte; erst zum Schluss habe dann die Frage angestanden, wie das finanziert werden solle, und alles habe ihn angeblickt. Er sorgte dann dafür, dass am deutschen Beitragswesen die EU genesen konnte und hat sich als Hauptzahler nicht nur benutzen lassen, sondern auch vorgedrängt, weil er als Europäer gelobt werden wollte. Der deutsche Nettobeitrag, welcher praktisch als Tribut an andere EU-Länder „auf ewig" umverteilt wird, ist erneut von 8,7 Mrd. Euro in 2004 auf jetzt (2008) 12,5 Mrd. Euro angestiegen. Deutschland wird aber nach Berechnungen der FDP-EU-Fraktion in der Periode von 2007 bis 2013 ungefähr 80 Mrd. Euro mehr nach Brüssel zahlen als ursprünglich vorgesehen, weil vor allem immer mehr Angleichungs- (Bestechungs)zahlungen in die Türkei fließen, um deren Aufnahmefreudigkeit in die EU zu steigern, was zwei Drittel der Türken selbst nicht, 70% der Deutschen und 65% aller übrigen Europäer gar nicht wünschen, sondern zumeist im geostrategischen Interesse der Weltmacht liegt.

Mit der Finanzkrise und den Zahlungsschwierigkeiten Griechenlands schlug dann die Stunde der Brüsseler Kommission, die Finanzsouveränität der 27 Mitgliedsländer an sich zu ziehen und durch gegenseitige Haftungsübernahme entgegen dem EU-Recht und den nationalen Verfassungen eine Haftungsgemeinschaft im Sinne einer „Transferunion" zustande zu bringen. Ursprünglich sollte dies nur bis zum Jahr 2013 gelten, inzwischen aber kam die Irland-Krise und haben Schwierigkeiten der europäischen Länder diese Begrenzung schon gesprengt. So wird eine eigentlich illegale Transferunion von der Brüsseler Kommission, dem EU-Parlament

[65] Martin, Paul C., Zahlmeister Deutschland, München 1991

und leider auch von den Mitgliedsstaaten selbst bereits als faktisch betrachtet. Damit ist ein neues EU-Umverteilungssystem installiert worden, in welchem erst die Mitgliedsländer die Spekulationsschulden ihrer internationalen Gläubigerbanken übernehmen und sich dann unter den „Schutzschirm" der solideren Länder flüchten können, so dass Letztere für Erstere haften, ihre Schulden mitbezahlen, die soliden Länder ihren Wohlstand an die Unsoliden im Namen der „Gleichheit der Lebensstandards" abgeben müssen – für Deutschland ein neues Versailles ohne Krieg und eine im Europawahn durch Erpressung und Unkenntnis selbst herbeigeführte Verarmung[65a], welche die deutschen Staatsschulden durch EU-Haftung auf einen Schlag mehr als verdoppelt (von 180 Mrd. Euro auf 380 Mrd. Euro, voraussichtlich weitere 750 Mrd. Euro).

- Auch in allen internationalen Organisationen war Deutschland in 2005 einer der Hauptzahler, z.B. bei der UNO (530 Mio. Euro), der Welt-Bank (370 Mio. Euro), bei der Europäischen Weltraumorganisation ESA (557 Mio. Euro) und anderen Weltorganisationen bis hin zum Militärhaushalt und zu den Kriegskosten der NATO, deren Kriege (Afghanistan, Irak, „Terroristenkampf") wohl kaum im deutschen Interesse liegen.

Quelle: Eigene Darstellung, in Anlehnung an: Bundeshaushalt 2005

[65a] Nur wenige Politiker haben der Haftungsübernahme nicht zugestimmt, wurden aber dafür, z.B. Frank Schäffler, FDP, sogar in den eigenen Reihen beschimpft.

- 2007 zahlte Deutschland ca. 5 Mrd. Euro direkte Entwicklungshilfe. Das sind Leistungen an 57 andere Staaten der Welt. Man kann darüber streiten, ob dies im Interesse des Mittelstandes – der mittelständischen Unternehmer – liegt oder vielmehr im Interesse der globalen Konzerne und der Selbstdarstellung der Politiker. In Erklärungsschwierigkeiten kamen z.B. die 70 Mio. Euro jährlicher Entwicklungshilfe an einen unserer Hauptkonkurrenten: China. An solchen Entwicklungshilfeflops zeigt sich, wie anders die Mentalität der fremdes Geld verteilenden Politiker gegenüber denen ist, von denen dieses Geld von ihrer harten Arbeit abgepresst werden muss.

Neben unserer direkten nationalen Entwicklungshilfe sind wir auch Hauptzahler der Gelder, welche die EU in die Welt verteilt. Wie der Parlamentskreis Mittelstand der CDU/CSU berichtet[66], hat die EU als angebliche Entwicklungshilfe bis 2013 vorgesehen:

Europäischer Entwicklungsfonds (EEF) = 23 Mrd. Euro, Entwicklungszusammenarbeit (DCI) = 17 Mrd. Euro, Europäisches Nachbarschafts- und Partnerschaftsinstrument (ENPI) = 11,2 Mrd. Euro.

Dazu weitere Fonds wie: Europäisches Instrument für Demokratie und Menschenrechte (EIDHR), Stabilitätsinstrument (IFS), Zusammenarbeit Nukleare Sicherheit (INSL) u.a. Die Außenbeauftragte EU-Außenministerin hat aber bereits angekündigt, weitere Geldströme zu benötigen, um mit Hilfe eines neuen EU-Außenministeriums mit 7000 Beamten das Ausland mit europäischen Zahlungen zu beglücken.

Der größte Teil der internationalen Zahlungen entspricht weder dem Wunsch der Bevölkerung noch den Interessen des zahlenden Mittelstandes, sondern überwiegend dem Selbstverständnis und dem Nutzen der Konzerne sowie unserer politischen Elite, die sich damit im Ausland brüsten oder Dank und Anerkennung erkaufen wollte. Würden die mittelständischen Zahler gefragt, ob ihnen diese Ausgaben recht seien, wäre die Antwort eindeutig. Der Mittelstand will die internationale Umverteilung nicht. Er hat keinen Nutzen davon, muss sie aber zahlen. Und die den Hauptnutzen davon haben (Konzerne und Politiker), zahlen nicht.

---

[66] Peter M., Journal 2/2011, Seite 17

3.5 Zusätzliche Zwangsabgaben

Die mehr als 40 verschiedenen direkten und indirekten Steuern sind nicht die einzigen Fangarme, mit denen die Finanzämter polypenartig nach den Geldern der Leistungsträger greifen; daneben gibt es in den mehr als 24.000 Städten, Gemeinden und öffentlichen Körperschaften noch zusätzliche Zwangsabgaben, die sich „Beiträge" oder „Gebühren" nennen und Zusatzlasten darstellen, welche in die Belastungsstatistik üblicherweise nicht einbezogen werden. Dabei sind gerade diese Nebenzwangsabgaben im letzten Jahrzehnt besonders stark gestiegen.

Die öffentlichen Körperschaften haben nämlich gesetzlich oder satzungsmäßig das Recht, für ihre eigenen Zwecke eigene Zwangsabgaben zu erheben.

Kommen die Leistungen des öffentlichem Verbandes den Verbandsmitgliedern zumindest theoretisch kollektiv zu (ohne dass dies zurechenbar ist), so handelt es sich um „Beiträge" der Zwangsmitglieder für den öffentlichen Verband.

Leistet dagegen ein öffentlicher Verband für Bürger eine direkt zurechenbare Arbeit, kann er von diesen Bürgern dafür gemäß seiner Satzung spezielle Gebühren erheben, z.B. für den Jagdschein, den Führerschein, den Pass, für eine Genehmigung o. a.

Für die belasteten Bürger liegt die Misere der Beiträge und Gebühren darin, dass die öffentlichen Körperschaften trotz ständig steigender Einnahmen und nie vorher dagewesenem öffentlichem Luxus angeblich immer knapp bei Kasse sind und deshalb immer neue Finanzierungsmöglichkeiten suchen und finden. Soweit ihre hoheitliche Finanzgewalt bei den Steuern begrenzt ist, weichen sie demgemäß in die Beiträge und Gebühren aus.

Ein Ministerpräsident forderte sogar die an einer Autobahn liegenden Landkreise öffentlich auf, diese Einnahmeerhöhungschance (wie die alten Raubritter) durch Geschwindigkeitsbeschränkungen und Blitzerfallen zur Verbesserung der Haushaltslage zu nutzen.

Ein zweiter Nachteil liegt darin, dass ein großer Teil der beitrags- oder gebührenberechtigten öffentlichen Körperschaften nur indirekt –

deshalb meist gar nicht – parlamentarisch kontrolliert sind und die Verwaltungen deshalb einen hohen Freiheitsgrad haben, sich selbst über diese Nebenzwangsabgaben ihr Finanzvolumen zu erhöhen.

3.5.1 Zwangsbeiträge

Besonders ärgerlich für den Mittelstand sind die Zwangsbeiträge der öffentlichen Rundfunkanstalten, weil sich diese für viele mittelständische Branchen z.b. bei Fernsehern in den Hotelzimmern, bei empfangsmöglichen Computern im Betrieb, beim Autoradio im Geschäftswagen u.a. multiplizieren. Praktisch waren somit die durch die GEZ (Gebühreneinzugszentrale) eingezogenen Zwangsbeiträge schon immer eine Zusatzsteuer auf fast jeden Haushalt und wurden deshalb 2010 auch folgerichtig – wenn auch verfassungswidrig – zur „Haushaltsabgabe" neu gestaltet. Diese Zwangsabgabe darf nach Entscheidung des Bundesverfassungsgerichts angebotsorientiert jeweils um den Betrag erhöht werden, den die Üppigkeit und Verschwendungspraxis der Rundfunkanstalten erfordert. Die Politiker trauen sich nämlich kaum, solchen Gebührenerhöhungen zu widersprechen, weil sie sonst publizistischen Nachteil fürchten. Die Kameraderie der Steuererhöhung ist stärker als die Verantwortung für die Bürger. Immerhin machen die den Bürgern zwangsweise mit Strafandrohung abgepressten Rundfunkgebühren jährlich ca. 7,5 Mrd. Euro aus, mit regelmäßigen Steigerungen. Mit Recht schreibt deshalb Peter Krause in der FAZ, „Dass sich der Finanzbedarf auch vermindern lässt..... scheint völlig außerhalb der Vorstellungswelt von Anstalten und KEF (Finanzbedarfskommission) zu liegen. Man weist Kosten nach, und schon ist klar, wie hoch der Finanzbedarf ist, um sie zu decken. Eine wunderbare Gelddruckmaschinerie – wie mit den saftigen Preiserhöhungen ab Januar 2009 wieder dokumentiert wird"[67].

Ebenso erheben und erhöhen vor allem auch die ausgelagerten Zweckverbände der Kommunen hemmungslos ihre Zwangsbeiträge. Sie brauchen sich nämlich nicht zu beschränken und nicht abzuschlanken, solange die Bürger noch zur Kasse gebeten werden können. Zwar behaupten alle öffentlichen Funktionäre aller beitragsfinanzierten

---

[67] in FAZ, 15/4/2008

öffentlichen Körperschaften ständig, sie seien in Finanznot. Tatsächlich aber sind gerade die Beitragshöhen und die Beitragseinnahmen der öffentlichen Körperschaften besonders gestiegen, ist also nicht echte Finanznot der Grund für die höheren Zwangsbeiträge, sondern nach wie vor explosive Verwaltungswirtschaft und Kostentreiberei.

Vor allem die Zwangsbeiträge bei den öffentlichen Versorgungs- einrichtungen sind ein so rentables Geschäft, dass Banken, Fonds und private Anlage-Heuschrecken Schlange stehen, zwangsbeitragsberech- tigte öffentliche Versorgungseinrichtungen, Versorgungsleitungen, Schienennetze, Infrastruktureinrichtungen u. a. im Wege der Privatisie- rung zu übernehmen, denn das den Zwangsbeiträgen zugrunde liegen- de „Kostendeckungsprinzip" gibt dem privaten Betreiber ungehemmte Zugewinnmöglichkeit durch ungehemmte Kostengestaltung. Er hat ja die Sicherheit, dass seine Rendite durch das Zwangseinzugsprinzip auf Dauer gesichert bleibt.

Kein Wunder, wenn sich deshalb die internationalen Infrastruktur- fonds auf Deutschland und die dortigen Möglichkeiten stürzen, mit Zwangsbeiträgen Supergewinne aus öffentlichen Versorgungseinrich- tungen zu generieren. Mehr als 150 Mrd. Dollar haben Infrastruktur- fonds für diesen Zweck angehäuft[68] und wollen nun trotz oder wegen der Finanzkrise vor allem Renditen in deutschen Infrastruktureinrichtungen suchen. Die Privatisierung der Infrastruktur ermöglicht also wegen der Zwangsbeiträge internationalen Konzernen Monopolgewinne.

Wie hemmungslos öffentliche Körperschaften mit dem Geld ihrer Bürger im Falle der Überwälzung durch Zwangsbeiträge umgehen, zei- gen überall die Luxusinvestitionen im öffentlichen Straßenbau, in der Abfallwirtschaft oder – vor allem im Osten – in der Wasserversorgung bzw. Abwasserentsorgung. Überall dort, wo der Staat über Zwangsbei- träge seine Gebühren abwälzen kann, sind die Verbraucherpreise über- proportional gegenüber den Lebenshaltungskosten und auch gegenüber der privaten Wirtschaft gestiegen:

- Insgesamt wuchsen seit 1995 bis 2006 die Verbraucherpreise um 17,1 %, die staatlich festgesetzten „administrierten" Preise um 44,7 %.

---

[68] Schätzung von Standard und Poor's

- Während die Lebenshaltungskosten in den letzten 5 Jahren nur um 11,6 % gestiegen sind, sind die Straßenreinigungskosten durchschnittlich um 22,1 %, die Wasserversorgungskosten um 25,7 %, die Abwasserbeseitigung um 48,6 % und die Müllabfuhrgebühren sogar um 76,4 % durchschnittlich gewachsen.

- Inzwischen machen deshalb die Mietnebenkosten in vielen Gemeinden bis 80 % der Kaltmieten aus, sind also die öffentlichen Gebühren längst Hauptpreistreiber der Mieter.

Quelle: IW, Sachverständigenrat, Statistisches Bundesamt, in: Wirtschaftswoche Nr. 23, 2.6.2008.

Die Preistreiberei betrifft aber nicht nur die direkten öffentlichen Körperschaften, sondern auch andere zwangsbeitragsberechtigte öffentliche Körperschaften, wie z.B. die Industrie- und Handelskammern. Diese haben in der „Beitragsreform" vor 7 Jahren die „Beiträge gerechter verteilt", indem sie nicht nur ihre Gesamteinnahmen erhöht, sondern vor allem auch die Konzerne entlastet haben und dafür 1,5 Millionen mittelständische Kleinstunternehmer zwangsbeitragsverpflichten durften. So musste ein großes norddeutsches Autowerk dann nicht mehr nach seinem Umsatz 800.000 DM (= ca. 400.000 Euro) Kammerbeitrag zahlen, sondern nur den allgemeinen „Höchstbetrag" von 800 DM (= ca. 400 Euro). Die IHK Rostock kann sogar mit politischer und gerichtlicher Zustimmung Mantel-GmbH's ohne eigene Geschäftätigkeiten einen jährlichen Mindestbeitrag von 210 Euro aus deren Substanz abpressen. Wieder war der Mittelstand Verlierer einer „Reform", die letztlich nur zugunsten der Konzerne ging.

Auch die Kirchensteuern sind eigentlich finanzwissenschaftlich nicht Steuern, sondern Beiträge, weil sie nur von Mitgliedern (Personen) erhoben werden. Da diese Kirchenbeiträge aber zwangsweise eingetrieben werden können und durch die Finanzämter auch werden, und weil sie der Steuerprogression angepasst sind, wird von ihnen ebenfalls wieder der Mittelstand überproportional belastet. 40 % der unteren Haushalte zahlen nämlich keine Kirchensteuern. Die ca. je 9 Mrd. Euro Kirchensteuern der beiden großen Konfessionen werden deshalb zu etwa drei Viertel vom Mittelstand aufgebracht, was aber viele Theologen nicht hindert, gerade die „Besserverdienenden" und Vermögenden in ihren Predigten zu beschimpfen.

Ein besonderes Ärgernis sind seit über hundert Jahren die starren, immobilen und unwirtschaftlichen Berufsgenossenschaften. Der Bund der Beitragszahler der Berufsgenossenschaften (BBzB) hat nachgewiesen, dass etwa die Hälfte von deren Beitragsbescheiden fehlerhaft war. Vor allem aber geißelt er die Misswirtschaft der Berufsgenossenschaften dafür, dass sie ca. 19 % der jährlichen Beiträge von ca. 9 Mrd. Euro im üppigen Wasserkopf der Verwaltung selbst verbrauchen. Der frühere Wirtschaftsminister Clement hat dies ebenfalls als Skandal angesehen und Reformen verlangt. Diese blieben aber in der Organisation stecken. Die Funktionäre haben sich nämlich mit Erfolg gewehrt, die Eigenverwendung der Beiträge zurückzuführen, sogar ein „Rationalisierungsschutzabkommen" mit der Gewerkschaft geschlossen, dass im Falle von Reformen keiner ihrer Funktionäre oder Mitarbeiter davon Nachteile haben dürfe. Ein besonders schamloser Funktionärsfeudalismus auf Kosten der Unternehmen! [69]

3.5.2 Gebührenschinderei der Verwaltungen

Auch mit öffentlichen Gebühren machen vor allem die Kommunen Jagd auf ihre Bürger. Sie beschränken sich nicht nur darauf, die geltenden Gebühren hemmungslos zu erhöhen, sondern sind auch kreativ im Erfinden neuer Möglichkeiten, die Bürger mit Gebühren abzukassieren:

---

[69] Die Fehlerquote der Beitragsbescheide und die Fehlersummen sind so groß, dass eine Beratungsfirma (BeGe Consult in Luhden) anbietet, Korrekturen und Bescheide nur gegen Ersparnisanteil zu bearbeiten.

- So werden jährlich höhere Bußgeldeinnahmen sogar in die öffentlichen Haushalte eingeplant und mit äußerster Härte eingetrieben. Wo immer eine Autobahn oder Bundesstraße durch einen Landkreis gehen, wird diese Chance im Stil mittelalterlicher Wegelagerer zu Bußgeldeinnahmen aus Geschwindigkeitsübertretungen oder Falschparken ausgenutzt. Stolz verkünden die Stadtverwaltungen, dass die erlassenen Bußgeldbescheide zu mehr als 95 % eingetrieben würden – leider die Einbruchskriminalität hingegen bei ihren Bürgern aber nur zu weniger als 5 % aufgeklärt wird.

- Neue Gebühren auf Plastikgeschirr, auf bebaute bzw. gepflasterte Entwässerungsflächen, für Werbeschilder, Telefonzellen u. a. werden erfunden und eingeführt – sofern nicht die Gerichte solche Kreativität stoppen.

- Das Gebühreneinkommen hat sich z. B. bei den Kommunen in NRW in den Jahren 1985–2005 gesteigert:[70]

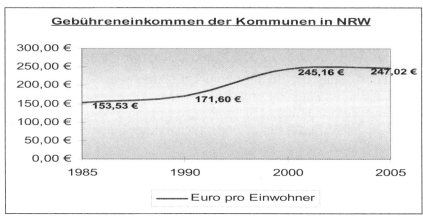

Quelle: Eigene Darstellung, in Anlehnung an: Landesamt für Statistik NRW 324710.

Die Jagd auf Bürger zugunsten steigender öffentlicher Gebühren ist aber nur die eine Seite der kommunalen Finanzkreativität: Gleichzeitig vermindern die öffentlichen Körperschaften trotz steigender Gebühren

---

[70] Vgl. Landesamt f. Statistik NRW 324.7130.

ihre Gegenleistungen. So werden erst die Bürger abkassiert, weil sie zu viel Müll produzieren. Wenn sie dann weniger Müll liefern, werden sie wiederum mit höheren Gebühren verfolgt, weil nun die Kosten der falsch berechneten öffentlichen Produktionskapazitäten zu hoch sind. Wie immer der Bürger sich verhält: Die öffentliche Preisspirale der Gebühren belastet ihn ständig höher. Entweder muss er für Mehrleistung mehr zahlen oder für Minderleistung noch mehr. Mehr zahlen muss er in jedem Fall.

Dass die öffentliche Gebührenschraube vor allem den Mittelstand auspresst, wurde im Mittelstandsinstitut Niedersachsen im Rahmen der bereits genannten Belastungsuntersuchung festgestellt[71], konnte aber nicht eindeutig quantifiziert werden, weil es eine Bundesübersicht über die Gebührenzuordnung und Gebührenpreistreibereien der öffentlichen Körperschaften nicht gibt, sodass also nur mit Einzelbeispielen gearbeitet werden konnte[72].

Neueste Gebührenschinderei: Autoplakette für angebliche Feinstaubbelastung, obwohl niemand weiß, ob oder wie schädlich und was überhaupt Feinstaub in Wirklichkeit ist und wie dieser wirkt. Wichtig war nur, dass dieser Vorwand zu weiterer Gebührenschinderei der Städte[73] benutzt werden konnte, denn eine Plakette hilft dagegen jedenfalls nicht.

3.6 Enteignungsgleiche Eingriffe des Staates

Offenbar langt unseren Politikern und Verwaltungen der Zugriff mit Steuern, Beiträgen und Gebühren in unser Einkommen und unser Vermögen noch nicht. Inzwischen greift der Staat immer ungehemmter sogar in unser Eigentum ein. Nur theoretisch ist dieses durch Art. 14 des Grundgesetzes geschützt. Praktisch nimmt der Staat entgegen dieser Eigentumsgarantie unser Eigentum immer hemmungsloser für sich in Anspruch.

---

[71] vgl. Hamer, E., Wer finanziert den Staat? a.a.O., S.134
[72] vgl. Hamer, E., Wer finanziert den Staat? a.a.O., S.15 ff.
[73] z.B. Hannover, Berlin

3.6.1 Illegale und legale Enteignungen

Flächendeckenden Eigentumsraub hat der Staat mit Hilfe eines willfährigen Verfassungsgerichts nach der Wiedervereinigung im Osten betrieben. Er hat die von den Kommunisten unrechtmäßig enteigneten Güter, Äcker, Wälder, Wohnhäuser und Betriebe nicht etwa – wie es seine Pflicht gewesen wäre – den Alteigentümern zurückgegeben, sondern mit dem lügnerischen Hinweis auf angebliche russische Forderungen für sich zurückbehalten. „Wir glaubten doch, wir könnten mit diesem Vermögen die Wiedervereinigung finanzieren", entschuldigte der damals amtierende Finanzminister diese kriminelle Hehlerei. So mussten die Alteigentümerfamilien ihre von den Kommunisten enteigneten und von der Bonner Politik unterschlagenen Immobilien wieder zurückkaufen. Hätten die Alteigentümer ihre Güter und Betriebe wiederbekommen, hätten wir voraussichtlich eine halbe Million Unternehmer und Betriebe im Osten mehr gehabt, also wieder einen neuen Mittelstand entwickeln können. Stattdessen hat der Staat den Mittelstand leer laufen lassen und dafür die Konzerne mit Milliarden-Subventionen im Osten neu angesiedelt. Diese wirtschaftspolitischen Fehler und Mittelstandsschädigungen werden wir noch in der nächsten Generation im Osten büßen!

3.6.2 Nutzungseinschränkungen des Eigentums

Öffentliche Eingriffe in das eigentlich grundgesetzlich geschützte Eigentum mindern immer stärker auch dessen Nutzung. Eine Vielzahl von Gesetzeseingriffen hat die eigentliche Nutzungsfreiheit des Eigentums (§ 903 BGB) so reduziert, dass vor allem Immobilieneigentum damit oft entwertet wird.

Eine an sich richtige Umweltrücksichtnahme kann auch zur Quasi-enteignung führen:

Ein Verwandter ist Betreiber eines forstwirtschaftlichen Betriebes an der Zonengrenze. Ihm wurde plötzlich der größte Teil seines Forstes ohne Entschädigung zum Landschaftsschutzgebiet erklärt, ein kleinerer Teil sogar zum Naturschutzgebiet, mit der Folge, dass daraus erhebliche Einschränkungen, im letzteren sogar Beforstungsverbot ohne Enschädigung entstanden. Dagegen erlaubt das Waldgesetz allen Bürgern jederzeitiges Betreten des Waldes, was den Forsteigentümer nun dazu zwingt, selbst die daraus entstehenden Müllberge aus dem Forst zu beseitigen[73].

Noch stärker hat der Staat in das Immobilieneigentum durch Manipulation des Mietrechtes zu Lasten des Eigentümers eingegriffen. Mehr als zwei Millionen mittelständischer Immobilienbesitzer leben von der Miete ihrer Objekte und sind auf die Vermietbarkeit und Gestaltungsfreiheit dieser Objekte angewiesen. Der Staat hat aber das Mietrecht zugunsten des Mieters aus angeblich sozialen Gründen ständig verändert, Rechte des Vermieters vermindert und umgekehrt dessen Verpflichtungen ständig erhöht, so dass oft das Vermieten schon zum unzumutbaren Risiko geworden ist.

Nicht einmal frei aussuchen kann man den Mieter heute mehr, ohne Diskriminierungsklagen befürchten zu müssen. Nimmt man aber Randgruppen oder Problemfälle ins Objekt, ziehen die guten Mieter aus und wird das ganze Objekt zum Problem.

Dafür hat der Staat die Anforderungen an die Mietwohnung z.B. durch Wärmevorschriften ständig verschärft und die Vermieter durch den „Wärmepass" zum Teil zu so hohen Aufwendungen gezwungen, dass sich zunehmend Eigentümer von ihren Immobilien trennen, um in andere Vermögensanlagen oder ins Ausland zu wechseln.

Ein zunehmender Bereich staatlicher Eigentumseingriffe wird neuerdings mit Umweltschutz begründet. Nicht nur die vorgenannte Ausweisung von Landschaftsschutz- bzw. Naturschutzgebieten ohne Entschädigung, sondern auch die Einschränkungen der Bebaubarkeit von Grundstücken wird durch Umweltschutzvorschriften nicht nur teurer – Bio-Auflagen –, sondern oft unmöglich, falls dort irgendeine seltene Pflanze oder eine angeblich gefährdete Tierart vorkommen oder von Ideologen rechtzeitig dorthin verbracht worden sind. Sogar der Bestand von Betrieben kann aus angeblichem Umweltschutz beendet werden. So hat ein Landwirt eines jahrhundertealten Viehzucht-Bauernhofes einem Lehrer in seiner Nachbarschaft ein Grundstück billig zum Haus-

---

[73] Dazu auch Lotz, Anselm, Praktisch eine Enteignung, in: Profirma 4/2008, S.70ff.

bau überlassen, letzterer aber dann mit Erfolg auf Einstellung des landwirtschaftlichen Betriebes wegen dessen Schweine- und Kuhgeruch geklagt. Angeblicher Umweltschutz geht längst vor Betriebsschutz. Die Eigentumsgarantie von Artikel 14 Grundgesetz schützt also mittelständische Eigentümer schon lange nicht mehr, weil diese Garantie durch die angebliche „Sozialpflichtigkeit des Eigentums" für immer stärkere Eingriffe zur Disposition steht.

4. Sozialabgaben = Sondersteuer auf Arbeit

Wer jemanden beschäftigt, muss je nach Höhe des Lohnes zusätzlich Sozialabgaben an gesetzliche oder freie Krankenkassen, an die gesetzliche Rentenversicherung, die Unfallversicherung u.a. zahlen. Insgesamt gibt es mehr als hundert verschiedene Sozialkassen. Wenn der Unternehmer Pech hat, sind seine Mitarbeiter in verschiedenen Kassen Mitglied, sodass es schon eine erhebliche Arbeit an jedem Monatsende ist, die unterschiedlichen Kassen der unterschiedlichen Mitglieder mit den auch noch unterschiedlichen Beiträgen zu bedienen.

Die Leistungen an diese Sozialkassen sind angeblich Abzug vom Lohn des Mitarbeiters. Sie mindern also den Bruttolohn für den Mitarbeiter. Andererseits hat nicht der Mitarbeiter diese Beiträge abzuführen, sondern allein das Unternehmen, welches darüber hinaus noch besondere „Arbeitgeberbeiträge"[74] zusätzlich zu zahlen hat.

Quelle aller Sozialabgaben ist also immer das Unternehmen bzw. der Unternehmer, ganz gleich, ob es bzw. er direkt die Beiträge als Arbeitgeberbeitrag abführt oder indirekt als angeblichen Mitarbeiteranteil diesen Beitrag vom Lohn abzieht und abführt.

4.1 Sozialabgaben als Arbeitsplatzsteuern

Der Begriff „Sozialbeiträge" ist zumindest teilweise eine Täuschung, weil öffentliche Beiträge nach der Theorie immer eine Leistung darstellen, für welche der öffentliche Verband auch eine Gegenleistung zu liefern hat. Dies wäre etwa der Fall, wenn die heutigen Beitragszahler – Arbeitnehmer wie Arbeitgeber – die Sozialabgaben im Ansparsystem für ihre eigene Kranken- und Rentenabsicherung zahlen würden. Unser Sozialgewerbe hat jedoch ein Umlagesystem eingeführt, in welchem die derzeitigen Zahler z.B. in der Rente nicht für sich, sondern für fremde aktuelle Empfänger zu zahlen haben. Die Zahlung hat für sie selbst also allenfalls einen theoretischen Gegenwert eines künftigen Grundanspruchs. Ob und wie dieser künftige Anspruch aber später

---

[74] z.B. Berufsgenossenschaftsbeiträge, Arbeitgeberanteil zur Krankenversicherung, Betriebsarzt, Rentenversicherung u.a.

gewährt wird, hängt weder von den heutigen Zahlungen noch von den Mitarbeitern noch vom Unternehmer ab, sondern davon, wieviel Erwerbstätige später überhaupt noch für Sozialabgaben zur Verfügung stehen werden. Nach der Bevölkerungsstrukturentwicklung wird dies in 20 Jahren höchstens noch die Hälfte sein, sodass die heutigen Erwerbstätigen für sich selbst später nur noch halbe Renten und verminderte Krankenversorgung erwarten dürfen. Eine berechenbare Gegenleistung für die heutigen Sozialabgaben besteht also für die Mitarbeiter nicht, noch weniger für die Unternehmen mit ihrem Sozialkostenanteil, mit dem sie nicht einmal indirekt ihre eigenen Mitarbeiter begünstigen können, sondern nur anonym in den großen Topf zu zahlen haben.

Weil also die „Sozialbeiträge" keine berechenbare Gegenleistung haben, sind sie eigentlich „Abgaben ohne zurechenbare Gegenleistung", also nach der finanzwissenschaftlichen Definition klassische „Steuern".

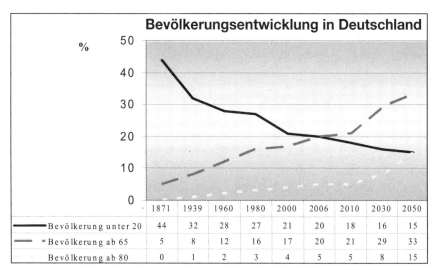

	1871	1939	1960	1980	2000	2006	2010	2030	2050
Bevölkerung unter 20	44	32	28	27	21	20	18	16	15
Bevölkerung ab 65	5	8	12	16	17	20	21	29	33
Bevölkerung ab 80	0	1	2	3	4	5	5	8	15

Quelle: Eigene Darstellung, in Anlehnung an: Statistisches Bundesamt.

Dabei werden immer mehr Fremdrenten an alle möglichen Anspruchsgruppen vom Gesetzgeber verteilt, die nie selbst gezahlt haben[75]. Und auch die Krankenversorgung muss immer mehr Zuwanderer, Krankheitstouristen und ausländische Berechtigte mitfinanzieren,

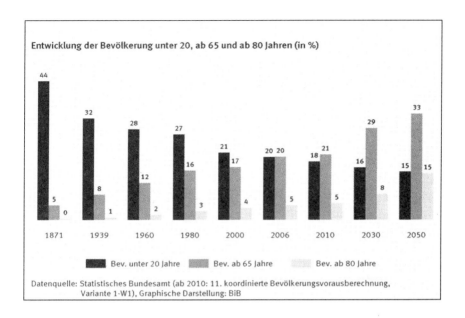

Entwicklung der Bevölkerung unter 20, ab 65 und ab 80 Jahren (in %)

Bev. unter 20 Jahre   Bev. ab 65 Jahre   Bev. ab 80 Jahre

Datenquelle: Statistisches Bundesamt (ab 2010: 11. koordinierte Bevölkerungsvorausberechnung, Variante 1-W1), Graphische Darstellung: BiB

welche nie selbst gezahlt haben, aber dennoch unser Krankensystem voll in Anspruch nehmen dürfen. Was also die heutigen Zahler später selbst einmal an Krankenversorgung und eigener Rente bekommen, hängt nicht von ihren heutigen Zahlungen ab, sondern davon, wie das Verhältnis von Zahlern und Empfängern in 10, 20 oder 30 Jahren für sie aussieht.

Besteuert wird mit der Sozialsteuer der Faktor Arbeit. Praktisch stellt also die Sozialsteuer eine Arbeitsplatzsteuer da, die zwar nach der Lohnleistung berechnet wird, aber eben alleine vom Unternehmer aufgebracht und gezahlt werden muss.

Mit solcher einseitigen Zusatzlast auf den Faktor Arbeit werden alle Betriebe abkassiert, welche diesen Produktionsfaktor Arbeit einsetzen müssen. Vor allem betrifft dies die mittelständischen Individualproduzenten und -dienstleister, welche in ihrer Einzelfertigung und Dienstleistung unverzichtbar Personal brauchen, nicht aber die Möglichkeit haben, den Faktor Arbeit durch Maschinen zu ersetzen. Die

---

[75] z.B. an ausl. Kriegsopfer, Israelis, Familienangehörige v. Gastarbeitern u.v.m.

Sozialsteuer diskriminiert also gerade die kleineren arbeitsintensiven mittelständischen Betriebe, welche die Träger unseres Arbeitsmarktes sind und welche die künstlich durch Sozialsteuer geschehene Verteuerung des Faktors Arbeit nicht durch Automation oder Maschinenproduktion ausgleichen können.

Die Sozialsteuer ist insofern eine diskriminierende Leistungsträgersteuer auf den Hauptproduktionsfaktor der mittelständischen Betriebe. Weniger betroffen dagegen sind die Großunternehmen, welche ihre Massenproduktion mit Maschinen leisten, sich also der Arbeitsplatzsondersteuer der Sozialkosten weitgehend entziehen können. Mit den Sozialbeiträgen bzw. Sozialsteuern wird den arbeitsintensiven mittelständischen Betrieben ihre Überlebensmöglichkeit abgewürgt.

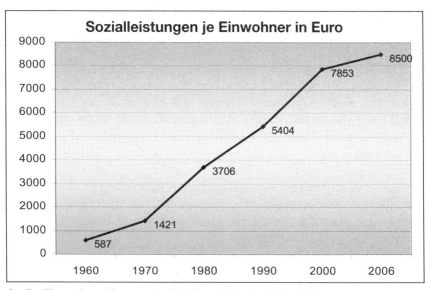

Quelle: Eigene Darstellung aus Statistischem Jahrbuch 2008 und 2010.

4.2 Sozialwohltaten auf Kosten der Unternehmer

Im Anfang der Bundesrepublik standen sich die politischen Parteien noch im echten Kampf der Ideen gegenüber: Die Sozialisten verteidigten ihre Verwaltungswirtschaft, das bürgerliche Lager kämpfte für Marktwirtschaft. Nachdem dieser Kampf zugunsten der Marktwirtschaft ordnungspolitisch entschieden war, behaupteten die sozialistischen Organisationen und Parteien ihre Idee der Verwaltungswirtschaft weiter in den Bereichen, in welchen sie über ihre Gewerkschafts-, Sozial- und Parteifunktionäre noch die gesellschaftliche Macht besaßen: im Arbeitsmarkt, im Gesundheitsmarkt, im Markt der Sozialsysteme und der Alterssicherung. Diese Bereiche blieben bis heute zentralverwaltungswirtschaftlich organisiert, staatlich reguliert, von Sozialfunktionären manipuliert und beherrscht.

Früher haben sich vor allem die Kirchen und christlichen Gemeinden ehrenamtlich der Notfälle der Gesellschaft angenommen. Im organisierten Sozialstaat dagegen haben die staatlichen Sozialorganisationen und Sozialfunktionäre diese rentablen Gewerbemöglichkeiten an sich gerissen, und so wurden sie zuerst für Notfälle in der Bevölkerung zuständig, danach auch für alle anderen Sozialsituationen, in denen Unterstützung, wenn nicht nötig, so doch erwünscht oder zumindest zu rechtfertigen war. Die Phantasie der Sozialfunktionäre für ihre entgeltliche Betätigung in der Gesellschaft war nahezu grenzenlos. Je reicher die deutsche Bevölkerung wurde, je mehr die Kriegsfolgen schwanden und je weniger echte Not noch vorhanden war, desto stärker wuchs das Maß sozialer Unterstützung und wuchsen alle Sozialsysteme – und natürlich die Armeestärken des Sozialgewerbes.

Die demokratischen Parteien hatten nämlich erkannt, dass man mangels echter politischer Streitpunkte Wahlen auch bloß mit Sozialgeschenken gewinnen kann: mit Erhöhung der Renten, mit Einführung einer Pflegeversicherung, mit kostenloser Gesundheitsleistung für alle, mit Lohnfortzahlung im Krankheitsfall und sogar bei Scheinkrankheit u. a. So haben sich die Parteien vor jeder Wahl mit neuen Sozialideen und Sozialgeschenken gegenseitig überboten und die Wähler sich von den Wahlgeschenken korrumpieren lassen. Keine der großen Parteien hat in einer einzigen Wahl vor den Kostenfolgen der ständig wachsenden Sozialgeschenke gewarnt. Hauptsache, die Wähler blieben bei der nächsten Wahl politisch dankbar.

Die wachsenden Sozialwohltaten hatten für die politischen Parteien noch einen zweiten Vorteil: Die Kosten belasteten nicht den Staatshaushalt, sondern direkt die Betriebe. Die Politiker konnten also Sozialwohltaten erfinden und verteilen auf Kosten Dritter, auf Kosten der Unternehmer.

Die Sozialbeiträge – richtiger „Sozialsteuer" – werden praktisch als Zusatzsteuer wie die Lohnsteuer vom Lohn der Mitarbeiter berechnet und abgeführt. Inzwischen sind diese Sozialsteuern sogar wesentlich höher als der Lohnsteuerabzug. Der Mitarbeiter merkt diese Abzüge aber nur indirekt, weil sie direkt von der Firma abgeführt und ihm nicht ausgezahlt werden. Sie mindern nur sein verfügbares Nettoeinkommen.

Für die Betriebe sind die Sozialkosten „Lohnnebenkosten", Kosten, die zusätzlich zum Lohn und in Relation zum Lohn anfallen und insofern die Arbeitsstunde entsprechend verteuern.

Nimmt man das, was dem Mitarbeiter direkt ausgezahlt wird (Direktentgelt) als statistische Basis mit 100 %, so machen die durchschnittlichen Personalzusatzkosten pro Betrieb 83,4 % aus[76]. Oder anders ausgedrückt: Die den Betrieben entstehenden Kosten der Arbeit sind alleine schon wegen der Sozialabgaben fast doppelt so hoch wie die Direktentgelte.

Wenn also die Tarifpartner über Lohnerhöhungen entscheiden, wird nicht nur über das Direktentgelt für den einzelnen Mitarbeiter entschieden, sondern auch über zusätzliche 83,4 % Aufschläge der Personalzusatzkosten, welche sich proportional mit Erhöhung des Direktentgelts ebenfalls erhöhen.

Da die Personalzusatzkosten ähnlich wie die Lohnkosten heute nahezu als Fixkosten anzusehen sind, lässt auch jede Arbeitszeitverkürzung die Belastung der Direktentgelte mit Personalzusatzkosten relativ steigen.

Die Branchen unserer Wirtschaft sind nach einer Untersuchung des Mittelstandsinstituts Hannover[77] unterschiedlich mit Personalzusatzkosten belastet. So ist die Belastung des Handwerks deutlich höher als die der Industrie und sind die Kleinbetriebe im Verhältnis deutlich mehr als die mittleren und großen Unternehmen belastet. Die Personalzusatzkosten belasten also die Betriebe um so mehr, je kleiner diese

---

[76] vgl. Hamer/Schierbaum, Personalzusatzkosten, - der unsichtbare Lohn, Bonn 1990, S.49 ff.
[77] vgl. Hamer/Schierbaum, Personalzusatzkosten, Hannover 1990, S.53 ff.

sind. Die Masse unserer kleinen und mittleren Personalunternehmen ist also durch die Personalzusatzkosten – die Kosten der Sozialwohltaten – nicht nur deshalb am meisten belastet, weil sie 80 % der Mitarbeiter unserer Wirtschaft beschäftigt, sondern sie ist auch relativ überproportional belastet, weil die Zusatzkosten der Betriebsleistung in den Kleinbetrieben höher sind als bei den größeren. Der Mittelstand ist also absolut wie relativ Hauptträger der Kosten unseres Sozialsystems und aller von den Politikern gegebenen Sozialwohltaten.

Die Belastung des Mittelstandes mit Sozialkosten ist auch im Verhältnis zur Arbeitsleistung der Betriebe überproportional: Während der Arbeitsanteil an der Gesamtproduktion oder Dienstleistung bei den Großunternehmen unter 30 %, teilweise sogar unter 10 % (Chemie, Pharmazeutik) liegt, haben die mittelständischen Unternehmen Arbeitskostenanteile von zumeist über 40 %, in der Dienstleistung und in den freien Berufen sogar über 80 %. Jede Wirtschaftsleistung des Mittelstandes wird also mit doppelt bis vierfach so hohen Arbeitskostenanteilen belastet wie in der Großwirtschaft. Oder umgekehrt ausgedrückt: Die kapitalintensive Großwirtschaft zahlt im Verhältnis zu ihrer Produktion nur die Hälfte bis ein Drittel der Sozialkosten gegenüber den personalintensiven mittelständischen Betrieben.

Inzwischen trägt der Mittelstand über 70 % der Sozialkosten unserer Wirtschaft. Die Großwirtschaft dagegen trägt nicht nur weniger als ein Drittel, sondern reduziert diesen Anteil jährlich dadurch, dass sie ihre Betriebe weiter in das von Sozialzusatzkosten weniger belastete Ausland verlagert.

Um es noch einmal zu sagen: Die überproportionale Belastung der mittelständischen Betriebe mit Sozialabgaben war nicht vorsätzliche Schädigung des Mittelstandes, sondern hängt damit zusammen, dass die Kosten der Sozialwohltaten ausschließlich auf den Einsatz des Faktors Arbeit aufgesattelt wurden und dieser Faktor vor allem in den Personalunternehmen unverzichtbar eingesetzt werden muss. Im Ergebnis allerdings sind dadurch die mittelständischen Inhaberbetriebe Hauptzahler unseres Sozialsystems geworden. Mit den Lohnnebenkosten wird also weniger der Großwirtschaft geschadet, als vielmehr den personalintensiven mittelständischen Betrieben ihre Überlebensmöglichkeit abgewürgt, denn jede Erhöhung der Sozialkosten schadet zu 80 % den mittelständischen Betrieben, den Trägern der Beschäftigung in unserer Wirtschaft.

Der größte Anteil an den Personalzusatzkosten sind die „gesetzlichen", wie z. B. Sozialversicherungsbeiträge der Arbeitgeber für ihre Arbeitnehmer, bezahlte Feiertage und sonstige Ausfallzeiten, Entgeltfortzahlung im Krankheitsfall, Zahlungen für Mutterschutz, Kündigungsschutz, bezahlte Freistellungen, Arbeitssicherheit, Betriebsverfassungsrechtsfolgekosten, Schwerbehindertenkosten, gesetzlichen Urlaubsanspruch u. a.

Darüber hinaus hat der Arbeitgeber zusätzlich zu zahlen für Unfallversicherung, Rentenversicherung, Arbeitslosenversicherung, obwohl Selbständige, welche diese Sozialleistungen für ihre Mitarbeiter bezahlen müssen, selbst davon ausgeschlossen sind.

Dazu kommen noch tarifliche Personalzusatzkosten, welche für die mittelständischen Unternehmen – die ja die Tarife nicht beeinflussen können – ebenfalls fixe Personalzusatzkosten darstellen, etwa tariflicher Mehrurlaub, zusätzliches Urlaubsgeld, Jahressonderzahlungen, vermögenswirksame Leistungen, zusätzliche Altersversorgung u. a.[78]

Zum Teil tarifvertraglich, zum Teil aber auch ursprünglich freiwillig entstehen zusätzliche Lohnkosten auch aus Weihnachtsgeld, Fahrtkostenzuschüssen, Wohnungsbeihilfen, Familienbeihilfen, Krediten an Mitarbeiter, Gratifikationen, Beihilfen, zur Verfügung gestellte Geschäftsfahrzeuge u.a.. Insgesamt sind die tatsächlich anfallenden Personalzusatzkosten in einzelnen Branchen inzwischen sogar höher als das Direktentgelt, so dass die Unternehmer selbst vom „für die Mitarbeiter unsichtbaren Doppellohn" und einer „Sonderbelastung für den Mittelstand" sprechen[79].

---

[78] vgl. Hamer/Schierbaum, Personalzusatzkosten a.a.O., S.39 ff.
[79] vgl. Hamer/Schierbaum, Personalzusatzkosten a.a.O., S.49 ff.

Die Problematik der Sozialabgaben/-steuern ist ihre Steigerung:

- Die Ausgaben unseres Staates für das Sozialwesen sind inzwischen proportional viermal so hoch wie in den USA oder Japan.

- Besonders deutlich sind die Steigerungen in den letzten 20 Jahren.
  Die Gesundheitsausgaben haben sich in dieser Zeit verdreifacht.
  Die Rentenversicherungsleistungen haben sich versechsfacht.
  Die Kosten der Arbeitslosigkeit haben sich verneunfacht.
  Und die Kosten der Sozialhilfe haben sich um 240 % erhöht.

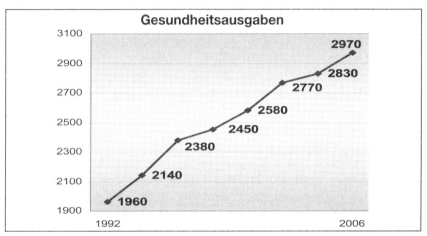

Quelle: Eigene Darstellung, in Anlehnung an Destatis.

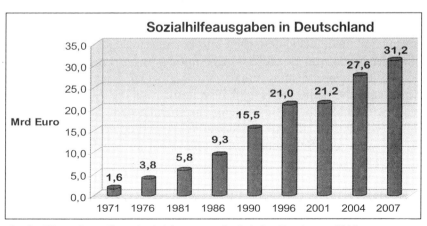

Quelle: Eigene Darstellung, in Anlehnung an: Statistisches Bundesamt 2009.

4.3 Immer weniger Leistungsträger sollen immer mehr Leistungsnehmer tragen

Demokratie und Marktwirtschaft sind eigentlich Selbstverantwortungssysteme. Jeder soll gleiche Chancen haben, aber dann auch für sich selbst sorgen und versuchen, sein eigenes Glück zu machen.

Mit der Sozialstaatsklausel sollte zusätzlich Hilfe nur bei Bedürftigkeit und in Not abgesichert werden. Jede Form von sozialer Hilfe sollte also nur einsetzen, wo eigenverantwortliche Selbsthilfe vorübergehend scheiterte oder nicht ausreicht. Mit anderen Worten: Sozialleistungen sollten nur die Ausnahme sein; – Eigenleistung müsste die Regel bleiben.

Inzwischen bekommen aber drei Viertel aller Haushalte der Bundesrepublik irgendwelche öffentlichen Sozialleistungen – obwohl sie keineswegs alle bedürftig oder in Not sind. Je höher unser Wohlstand in Deutschland anwuchs, desto stärker stiegen die Sozialleistungen. Nicht Not war es also, welche das Sozialsystem explodieren ließ, sondern das Eigeninteresse der Sozialpolitiker und Sozialfunktionäre, welche mit Hilfe des Korruptionssystems von Sozialgeschenken ihre eigene Unentbehrlichkeit und ihre Herrschaftsmacht nach dem Prinzip aufgebaut haben: Wem ich laufend Gaben gebe, der fühlt sich mir verpflichtet, der braucht mich, der wird mich wählen und der wird meine Macht über ihn und andere verstärken. Schon im alten Rom hat ein solches soziales Bestechungssystem Politik und Machtverhältnisse gesteuert – aber später auch den Untergang Roms herbeigeführt.

Längst ist unser Sozialsystem über den echten Sozialgedanken hinaus zu einem ausbeuterischen und korrupten Begünstigungssystem einer Mehrheit von Sozialleistungsempfängern zu Lasten einer Minderheit fleißiger Leistungsträger geworden. Der Trick, mit dem das Sozialgewerbe seine Herrschaft erweiterte, war die Abschaffung des marktwirtschaftlichen Preissystems im Sozialsystem. Wo immer nämlich etwas zum Nulltarif angeboten wird, explodiert die Nachfrage, zumal wenn jede Selbstbeteiligung und damit auch jede Selbstverantwortlichkeit dieser Nachfrager ausgeschaltet wird.

Weil die Fülle der sozialen Wohltaten immer großzügiger und üppiger für immer mehr Gruppen angeboten wurden, wuchs auch explosiv die Neigung, lieber von Sozialleistungen statt von Eigenleistung leben zu wollen. Verstärkt wurde dieser Sozialegoismus durch den Egoismustrend zu neuen, möglichst wenig Familienverantwortung übernehmenden Lebensformen.

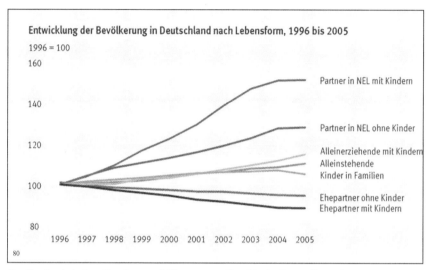

Quelle: Statistisches Bundesamt, Mikrozensus, Graphische Darstellung: BIB

Die Folge dieser Veränderung der Lebensformen war eine statistisch abnehmende Erwerbstätigkeit der Gesamtbevölkerung: Während noch 1991 44,5 % der Bevölkerung erwerbstätig waren, sind dies heute 33,9 % und in 10 Jahren werden es voraussichtlich nur noch 26,3 % sein[81].

---

[80] NEL = Nichteheliche Lebensgemeinschaften.
[81] Prognosen des Mittelstandsinstituts Niedersachsen, 2006.

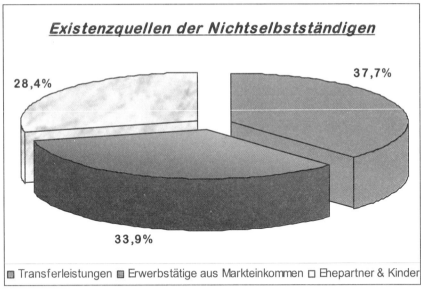

Existenzquellen der Nichtselbstständigen

28,4%

37,7%

33,9%

☐ Transferleistungen ☐ Erwerbstätige aus Markteinkommen ☐ Ehepartner & Kinder

Quelle: Eigene Darstellung, in Anlehnung an: Statistisches Jahrbuch 2009, S.81.

Die vorstehende Grafik zeigt die Bevölkerungsanteile ohne Unternehmer (5 %).

Als Angehörige wurden im Jahre 1991 noch 31,4 % der Bevölkerung (meist Kinder) unterhalten; heute sind dies 28,4%.

Dagegen stieg die Zahl der Rentner und öffentlichen Transfereinkommensbezieher von 20,9 % auf heute ca. 37,7% an. Aus einem Volk von Leistungsträgern wird immer mehr ein Volk von Leistungsnehmern.

Im Jahre 2006 erhielten 8,2 Mio. Menschen in Deutschland mehr als 46 Mrd Sozialleistungen: Arbeitslosengeld (ALG II), Sozialgeld (Hartz IV), Sozialhilfe, Wohnungs- oder Einrichtungsgeld, Leistungen für Asylbewerber, Kriegsopferfürsorge usw.. Mehr als jeder zehnte Bürger wird inzwischen mit solchen Sozialleistungen beglückt, in Ballungszentren wie Berlin, jeder fünfte. 73 % von ihnen wären allerdings erwerbsfähig – wenn sie wollten oder müssten.[82]

---

[82] vgl. FAZ 5.9.08, S. 14.

Dieses vorgenannte Zahlenverhältnis hat tiefgreifende gesellschaftliche, politische und wirtschaftliche Folgen:

- Wie bereits erwähnt, bestimmen die Transferbezieher immer stärker die gesellschaftlichen Institutionen, die Medien und die Sozialrepräsentanz.

- Die Mehrheit von Leistungsnehmern wird auch politisch ständig mehr Umverteilung erzwingen können. Sie bestimmen schon heute als Mehrheit von Wählern die Politik.

- Die zurückgehende Bedeutung der Erwerbstätigkeit in unserer Bevölkerung sprengt bereits in absehbarer Zeit die Umlagesysteme von Rente, Krankensystem und anderen Arten von Sozialunterstützung. Sie führt zur offenen Auseinandersetzung zwischen der Mehrheit der Leistungsempfänger über ihre angeblich „wohlerworbenen Sozialrechte" und Unterstützungen und der Minderheit der Leistungsträger, die nicht mehr bereit ist, sich noch besonders anzustrengen, wenn Arbeit wenig mehr als Stütze einbringt.

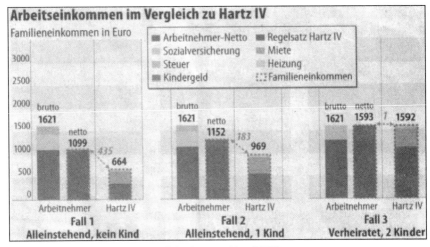

Quelle: Karl-Bräuer-Institut, Bund der Steuerzahler (2007).

Seit den siebziger Jahren hat sich unser BIP dramatisch zur Unrentabilität verändert: Die Bruttosozialleistungen sind deutlich gestiegen, während die Investitionen gesunken sind. Dieses ungesunde Verhältnis belastet die Produktivität der Leistungsträger zusätzlich.

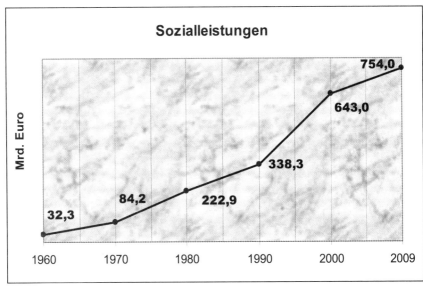

Quelle: Eigene Darstellung, in Anlehnung an: Die Welt, 16.Juli 2009, S.3.

Eigentlich ist erstaunlich, dass sich die Leistungsträger bisher kaum gewehrt haben, die wachsende Last der Leistungsnehmer zu finanzieren, dass sie also den Sozialsteuern nicht ernsthaften Widerstand entgegengesetzt haben.

Es lässt sich allerdings absehen, dass diese Duldsamkeit der Leistungsträger nicht bleibt:

- Aus der Wiedervereinigung ist eine ungeheure Soziallast zurückgeblieben, weil die kommunistischen Kader selbst keine Rückstellungen für ihre Sozialversprechungen gemacht hatten und die westdeutschen Sozialpolitiker sogar in den neuen Bundesländern der Bevölkerung aus dem Nichts Renten- und sonstige Sozialansprüche nach den Kategorien des westlichen Sozialsystems zuerkannten, so dass wegen der langen Lebensarbeitszeiten viele Ostrentner – insbesondere die Frauen – heute höhere Renten als viele Westrentner aus dem gemeinsamen Topf bekommen.

- Auch die Harmonisierung im Rahmen der Europäischen Union kostet die deutschen Leistungsträger Sozialleistungen in EU-Mitgliedsländern und sogar in der Türkei, wo man sich zu Lasten des deutschen Sozialsystems versorgen lassen kann, sobald eine Sozialanspruchsverbindung mit Deutschland direkt oder indirekt hergestellt werden kann.

- Dass die Mehrheit der 15,6 Mio. Immigranten, die überwiegend nie etwas in die Sozialsysteme geleistet haben, von den Leistungsträgern mit Kosten von ca. 26 Mrd. Euro jährlich finanziert werden, war nur deswegen durchsetzbar, weil unser Sozialgewerbe die Presse beschworen hatte, dieses Thema zum Tabu zu erklären und die Bevölkerung über diese Last nicht aufzuklären.

- Inzwischen dämmert aber bevölkerungspolitisch den Leistungsträgern, dass sie selbst wegen der abnehmenden Zahl der Leistungsträger nicht einmal annähernd mehr die Rente erwarten können, die sie heute anderen Leuten zahlen und dass die Leistungsabzüge künftig dramatisch werden müssten, wenn das System der Sozialwohltaten überhaupt aufrechterhalten werden soll. Der Gegensatz von Leistungsträgern und Leistungsnehmern wird also im Laufe der Jahre immer offenkundiger, härter werden und irgendwann zu Leistungsverweigerung oder Sozialrebellion führen.

Unser Sozialsystem ist also wegen schwindender Voraussetzungen längst zum Sozialbetrugssystem geworden, zum Betrug an den Leistungsträgern durch die mitversorgten, nie selbst eingezahlt habenden Immigranten und Auslandsberechtigten, zum Rentenbetrug gegen die Leistungsträger, die selbst nie mehr gleiche Gegenleistung erwarten können und zum Kostenbetrug des teuren, zum Nulltarif angebotenen Gesundheitssystems an den Leistungsträgern, welche dieses System mit ihren Sozialsteuern vor allem für andere unterhalten müssen.

Und wenn schon fleißige Arbeitnehmer sich in ihrer Soziallast betrogen fühlen, gilt dies viel mehr noch für die mittelständischen Unternehmer, welche in ihren Betrieben die Kosten dieser Sozialabzüge ihrer Mitarbeiter überhaupt erst erwirtschaften müssen, welche letztlich aus ihrer Betriebsleistung die Sozialsteuern zu tragen haben.

4.4 Sozialfeudalismus auf Kosten des Mittelstandes

Die öffentlichen Nulltarif-Angebote unseres Sozialsystems auf Kosten der Leistungsträger wurden vordergründig immer im angeblichen Interesse bestimmter noch zu fördernder sozialer Randgruppen eingerichtet, nützten aber in Wirklichkeit vor allem der immer stärker werdenden öffentlichen Sozialclique, der mit Abstand stärksten Gruppe innerhalb des gesamten öffentlichen Dienstes und seiner öffentlichen Satellitenorganisationen. Die Sozialinstitutionen unterhalten inzwischen die üppigsten und zugleich impotentesten Verwaltungen. Jedes neue Gesetz und jede Konjunkturkrise wird zur Vermehrung der öffentlichen Sozialfunktionäre benutzt; umgekehrt führen Rückgang von Arbeitslosigkeit, zunehmende Gesundheit oder gesetzliche Reduzierung von Sozialwohltaten keineswegs zur Verminderung der Sozialarbeiterarmee. Die Vermehrung und zunehmende Herrschaft der Sozialfunktionäre in Politik und Verwaltung ist längst zur Einbahnstraße geworden.

Geht man mit Pareto davon aus, dass es in jeder Gesellschaft immer Eliten mit Feudalpositionen gibt, dass nur die Eliten und die Feudalpositionen wechseln, dann fragt man sich, ob wir nicht auch heute ein Feudalsystem haben, welches einer ausbeuterischen Minderheit erlaubt, eine Vorzugsstellung auf Kosten der übrigen Bevölkerung zu erleben, ein Sozialfeudalsystem.

Das Millionenheer derer, die von Sozialverwaltung im weitesten Sinne leben – das Sozialgewerbe –, ist vielfältig.

öffentl. Verwaltung, Verteidigung, Sozialversicherung	1.655
öffentl. Verwaltung, Justiz u.a.	1.140
Erziehung, Unterricht	968
Gesundheits- und Sozialwesen	3.130
Entsorgung	140
Kultur, Sport, Unterhaltung	315
sonstige öffentl. Dienste	277
Rundfunk etc.	185
Kirchen, Parteien und andere öffentl. Einrichtungen	350
	8.160

Statistisches Jahrbuch 2007, S.90

Die Sondervorteile, welche sich die Sozialfunktionäre neben üppigem Gehalt und Entlassungsschutz gewährt haben, sind ebenso vielfältig: Wer oben an der Krippe steht, bezieht Ministerialzulagen ohne Grund, als Abgeordneter eine Aufwandpauschale für nicht nachweisbaren Aufwand, als Betriebsrat Sitzungsgelder und Tantiemen, als Bundesbahnbeamter Freifahrten, im Kohlebergbau Heizkostenzuschüsse, als kommunaler Wahlbeamter verbilligte Dienstwohnungen, Höchstgruppierungen und die kurzfristigsten sowie höchsten Pensionsrechte aller öffentlichen Diener sowie Beförderungen nach Dienstalter statt nach Leistung, ist dabei als öffentlicher Angestellter nach 15 Jahren unkündbar und deshalb oft nicht mehr motivierbar.

Vor allem hat sich aber auch eine Feudalschicht in unkontrollierten öffentlichen Institutionen gebildet, wie z.B. in den mit Zwangsgebühren sich refinanzierenden öffentlichen Rundfunkanstalten, welche zum Teil mehr Staatssekretärsgehaltsgruppen bezahlen als die sie tragenden Länder überhaupt Staatssekretäre haben. Ähnlich geht es mit den halböffentlichen Zwangsinstitutionen der Industrie- und Handelskammern und anderen Berufskammern, von denen über 80% der Mitglieder glauben, dass sie die Zwangsbeiträge ohne Gegenleistung bezahlen müssen. Darüber hinaus gibt es vielfältige öffentliche Hilfsinstitutionen wie Fortbildungseinrichtungen, Wasserverbände, Bauhöfe u.a., deren Einkommen öffentlich garantiert sind, deren Leistungsvermögen aber durchschnittlich 30% niedriger als das der privaten Konkurrenz liegt[83].

Ein Sonderkapitel des öffentlichen Feudalismus ist die Kulturschickeria. Abend für Abend wird in hunderten öffentlicher Theater von „öffentlichen Kulturschaffenden" Theater mit Subventionen gemacht, deren Höhe die der Eintrittspreise übersteigt. Oft mit Stücken, an denen nur der Intendant oder der Regisseur Freude haben, die Zuschauer aber vor Grausen wegbleiben[84].

Schon immer war Feudalismus nicht nur ein Schmarotzerleben auf Kosten anderer – vor allem des fleißigen Mittelstandes –, sondern auch eine Macht und Herrschaftskategorie. In diesem Sinne hat der Sozialfeudalismus die „Herrschaft durch Betreuung" geschaffen. Die tabuähnliche Unfehlbarkeit des Fetisch „Sozial" hat nämlich die Kritik an diesem Feudalismus immer wieder abgewürgt[85] und das Nulltarifsystem dieses Feudalismus die Nachfrage ungehemmt steigen lassen.

Die begonnene Weltwirtschaftskrise wird aber wohl auch diesen Sozialfeudalismus hinwegfegen. Wenn nämlich die Leistungsträger selbst verarmen und überdies ihre Zahl durch die Krise und wachsende Arbeitslosigkeit abnimmt, wird es zur Zwangskorrektur auch des sozialverwaltungswirtschaftlichen Feudalsystems kommen, wie wir es jüngst in allen sozialistischen Ländern gesehen haben. Sobald nämlich die Sozialsteuern für die gewachsenen Sozialansprüche nicht mehr von den Leistungsträgern aufgebracht werden können, sorgt der Markt dafür, dass wieder mehr soziale Betreuungsgruppen und mehr Sozialbetreuer für sich selbst sorgen müssen, d.h. in produktive Arbeit wechseln müssen. Dann lebt sich nicht mehr von Sozialbetreuung besser als

---

[83] vgl. Gebhardt, Rainer, Absichts- und Wirkungsanalyse von Leistungsprivatisierungen, Essen 1989 und Hamer/Gebhardt, Privatisierungspraxis, Hannover/Essen 1992, S.221 ff.

[84] vgl. ausf. Hamer, E., Subventionshaie im Kulturbereich, in: Mittelstand, Garant der Marktwirtschaft, Hannover 1987, S.126 ff.

[85] vgl. dazu Hamer, E., Was passiert, wenn der Crash kommt?, S.129 ff.

von produktiver Arbeit, sondern dann muss jeder wieder – wie nach dem letzten Weltkrieg auch – produktive Arbeit leisten oder darben.

4.5 Wenn der Mittelstand die Soziallast nicht mehr finanzieren kann?

Es ist unschwer vorauszusagen, dass der Mittelstand wachsende Sozialleistungen = wachsende Lohnnebenkosten nicht mehr ständig tragen kann, ohne dass es zu Reaktionen kommt. Nach den beiden jetzt bereits üblichen Reaktionen in den beiden Randgruppen, nämlich Verlagerung der Betriebsstätten der Konzerne einerseits und Massenabtauchen der unteren Einkommensgruppen in die Schwarzarbeit andererseits – wird es auch im Mittelstand selbst zu innerbetrieblichen Belastungsreaktionen kommen.

Sie werden

- Betriebsschließungen zur Folge haben, weil mittelständische Anbieter zunehmend die wachsenden Sozialkosten in ihren Preisen nicht mehr unterbringen können, also aus Kostengründen aufgeben müssen,

- Personalabbau erzwingen, weil die Lohnzusatzkosten – Sozialsteuern – nur durch Reduzierung des Faktors Arbeit in den Betrieben erspart werden können

- und die weiter ansteigenden Lohnnebenkosten die Beschäftigung von Mitarbeitern unrentabel machen, also neue Arbeitsformen und Kleinselbständigkeit u.a. erzwingen.

Immer hat steigender Kostendruck zur Folge, dass ein Teil der Unternehmen im Markt diese Kosten nicht mehr erwirtschaften kann, dass es also zu Unternehmensschließungen kommt. Und je stärker die Kosten – insbesondere die Sozialkosten – steigen, desto stärker wird das Unternehmenssterben sein.

Liebe Gäste,
unsere scharfe Kalkulation
beinhaltet:

Steuern
an

Die Schankerlaubnis, Mehrwert-, Einkommens-, Vermögens-,
Hunde-, Grunderwerbs-, Kapitalertrags-, Lohnsteuer-, Gewerbekapital-, Gewerbe-
ertrags-, Kirchen-, Bier- und Sektsteuer, Kfz-Steuer,
Solidaritätszuschlag – Umweltabgabe – Mineralölsteuer

Beiträge
an

Krankenkassen-, Berufsgenossenschaft-, Behindertenabgabe-, Familienausgleichskasse –
Invaliden-, Angestellten-, Arbeitslosen-, Lebens-, Feuer-, Einbruch-, Rechtsschutz-, Unfall-,
Betriebsunterbrechungs-, Alters-, Rentenzusatz-, Haftpflichtversicherung

Gebühren
für

Gas – Wasser – Elektro – Heizung – Telefon – Fax – Mülltrennung – Sondermüll – Müllabfuhr –
Abwasser – Schornsteinfeger – Tanzerlaubnis – Sperrzeitverkürzung – Veranstaltungsgenehmigung –
Straßenreinigung – Zeitung – Radio – Fernsehen – Gema
und außerdem alle Betriebskosten für Getränke, Speisen, Lebensmittel, *Ersatz* Investitionen,
Abschreibungen, Gehälter, Löhne, Reparaturen

Für Ihren Besuch dankt Ihnen
das zuständige Finanzamt und alle Politiker
sowie

Fritz der Wirt und seine Mitarbeiter
(Aus der Speisekarte einer bayerischen Großgaststätte)

122

Verminderung der mittelständischen Betriebe bedeutet aber immer, dass wieder weniger Sozialbeiträge – Sozialsteuern – gezahlt werden als bisher, dass dem steigenden Sozialfinanzierungsbedarf ein sich ständig verminderndes Aufkommen von Sozialsteuern gegenübersteht. Verlust von Mittelstand in Deutschland betrifft damit nicht nur die mittelständischen Unternehmer selbst, sondern auch die Sozialsysteme und alle Transfereinkommensbezieher, welche bisher aus der Leistungskraft des Mittelstandes leben.

Insofern wird sich die bisher betriebene Wirtschaftspolitik zugunsten der Konzerne oder zugunsten der Gewerkschaftsklientel rächen. Wenn beide Gruppen aus der Leistungskraft des Mittelstandes gelebt haben und der Mittelstand dazwischen erdrückt wird und dadurch abnimmt, werden beide Gruppen ebenfalls schrumpfen müssen. Vor allem für die Mehrheit der Transfereinkommensbezieher bedeutet dies, dass sie verarmen werden, je weniger der Mittelstand für sie noch Sozialsteuern zahlen kann.

5. Zwischen Gewerkschaften und Unternehmern herrscht immer noch Klassenkampf

Seit Marx bekämpfen die deutschen Gewerkschaften „den Unternehmer", obwohl sich inzwischen die Unternehmensstrukturen entscheidend verändert haben: Unsere ca. 15.000 Kapitalgesellschaften werden nicht von Unternehmern, sondern von angestellten Managern geführt. Und sie gehören auch nur noch selten Unternehmern, sondern Banken, internationalen Fonds, anonymen Anlegern oder Spekulanten. Die in diesen Großunternehmen hauptsächlich vertretenen Gewerkschaften haben es also gar nicht mit Unternehmern, sondern mit dem internationalen Großkapital und ihrem angestellten Management zu tun.

Dass zwischen diesen Kapitalgesellschaften und der Masse der über 4 Millionen mittelständischen Personalunternehmen fundamentale Unterschiede bestehen, ist bei den Gewerkschaften bisher noch nicht angekommen. Die Gewerkschaft als Kollektivorganisation liegt nämlich auf gleicher Mentalitätswelle mit den beiden anderen Kollektivorganisationen der Kapitalgesellschaften und öffentlichen Institutionen, steht aber dem Personalunternehmen mit seinem selbstverantwortlichen, allein haftenden Inhaberunternehmer verständnislos gegenüber. Eine Kollektivorganisation kann sich eben in die ganz anderen Bedingungen eines Familienunternehmens nur schwer oder gar nicht hineindenken. Dies gilt allerdings nicht allein für die Gewerkschaften, sondern auch für Wissenschaft, Politik und Medien[86].

Neben der Unkenntnis von den Wesensunterschieden zwischen mittelständischen Familienbetrieben einerseits und den anonymen Kapitalgesellschaften bzw. ihren Kapitaleignern und ihrem Management andererseits haben die Gewerkschaften auch bis heute nicht realisiert, dass sie zwar in allen großen Unternehmen, aber letztlich doch nur in einer Minderheit aller Unternehmenseinheiten vertreten sind. In den mehr als 80% Kleinunternehmen sind sie überhaupt nicht, in den meisten Mittelbetrieben ebenfalls nicht vertreten. Sie argumentieren also nur aus der Situation der Großunternehmen, in denen sie im

---

[86] vgl. Hamer, Eberhard, „Wie Unternehmer entscheiden", Stuttgart 1988, und „Was ist ein Unternehmer?", München 2001

Aufsichtsrat vertreten sind oder sogar beherrschenden Einfluss ausüben (z. B. Montanindustrie, VW AG o. a.).

Die Gewerkschaften wollen nach eigenem Verständnis vor allem die
Einkommenssituation ihrer Mitglieder verbessern. Insofern bezieht
sich ihr Kampf heute noch auf die Verteilung des Gewinns zwischen
Kapital und Arbeit.

Diese Frontstellung gibt es aber in mittelständischen Personalunternehmen überhaupt nicht, weil den Mitarbeitern nicht ein anonymes
Kapital, sondern Personen bzw. eine das Unternehmen (oft nur mit
wenig Kapital) tragende Unternehmerfamilie gegenübersteht. Der Inhaber ist nicht anonym, sondern in der täglichen Zusammenarbeit als Person stets präsent, Vorbild, Mannschaftsführer und Vertrauter. Den von
den Gewerkschaften als Arbeitsbasis angenommenen Klassenkampf
zwischen Arbeitnehmern und Kapitalgebern kennt also ein typisches
mittelständisches Familienunternehmen nicht. Der Inhaberunternehmer
ist der auch von den Mitarbeitern anerkannt unverzichtbarste Leistungsträger seines Betriebes – der Anwalt, der Arzt, der Kaufmann, der
gewerbliche Unternehmer o. a., dessen Vorleistung und Notwendigkeit
von jedem Mitarbeiter täglich erlebt wird. Diese andersartige Situation
der personalen Familienunternehmen gegenüber anonymen Kapitalgesellschaften wissen die Mitarbeiter in den Betrieben besser als ihre
Gewerkschaftsfunktionäre einzuschätzen: So haben z. B. in einer Untersuchung des Mittelstandsinstituts Hannover die Mitarbeiter der Kapitalgesellschaften mehrheitlich erklärt, dass sie ausschließlich der Lohn-
höhe wegen in dieser Kapitalgesellschaft arbeiteten. Bei öffentlichen
Institutionen war den Mitarbeitern die Sicherheit höherwertig als mehr
Lohn oder eigene Entwicklungsmöglichkeiten. In den mittelständischen
Personalunternehmen dagegen wussten die Mitarbeiter, dass sie mehr
arbeiten müssen als in Kapitalgesellschaften und weniger Sicherheit
haben als in öffentlichen Betrieben, dass sie aber dort als Person unverzichtbar sind und am meisten gewertet werden. Das „Mannschaftsge-
fühl" der Mitarbeiter untereinander und zu ihrem Chef ist ihre entscheidende Arbeitsmotivation. Die Familienbetriebe haben somit den
stärksten Teamgeist und den höchsten Humanwert – und deshalb den
geringsten Bedarf an gewerkschaftlichem Klassenkampf[87].

---

[87] vgl. Gebhardt/Hamer, „Humanwert der Betriebstypen", Hannover, 2007

Wo die Harmonie zwischen Mitarbeitern untereinander und ihrem Chef so eng ist wie im Familienbetrieb, ist für Klassenkampfparolen und Machtkampf in den Betrieben wenig Resonanz, wollen die Mitarbeiter auch nicht durch Stellvertreter (Gewerkschaftsvertreter) mit ihrem Chef verhandeln, sondern selbst alles direkt und sofort mit ihm regeln.

Das Unverständnis der Gewerkschaften für die Inhaberunternehmer, für ihre Familienbetriebe und für die immerhin zwei Drittel aller dort beschäftigten Arbeitnehmer und die Einseitigkeit, mit welcher die Gewerkschaften das Drittel der in Kollektivorganisationen Beschäftigten vertreten, hat zu folgenschweren Fehlern der Gewerkschaftsarbeit gegenüber dem Mittelstand geführt.

5.1 Gewerkschaftsmacht erzwingt mittelstandsfeindliche Rahmenbedingungen

Die Gewerkschaft ist eine Massenorganisation mit noch fast 7 Mill. Mitgliedern, deren Funktionäre zumeist mit den sozialistischen Parteien verflochten sind. Deshalb jubelte auf einer Mittelstandstagung nach dem Wahlsieg von SPD-Kanzler Schröder die Gewerkschaftsvorsitzende Engelen-Käfer: „Jetzt sind wir an der Macht. Jetzt werden wir endlich die Wirtschaft nach unseren Vorstellungen gestalten – ob Ihnen das passt oder nicht!"[88]. Richtig war an diesem Ausspruch, dass die Gewerkschaft als Organisation, als Funktionärskader und über die ihr nahestehenden Arbeits- und Sozialminister neue Rahmenbedingungen mit neuen gewerkschaftsfreundlichen und unternehmerfeindlichen Bedingungen schaffen konnte und durchgesetzt hat.

- So wurden sofort die Karenztage einer geringeren Bezahlung im Krankheitsfalle aufgehoben. Die Unternehmer mussten also wieder krank gemeldete Mitarbeiter ab dem ersten Tag der Krankmeldung voll bezahlen wie jeden anderen Mitarbeiter, der dafür arbeitete. So kann wieder jeder Mitarbeiter morgens in Selbstdiagnose entscheiden, ob er für den gleichen Arbeitslohn heute zur

---

[88] Mittelstandstagung der Deutschen Mittelstandsstiftung und des Springer Verlages, 2003, Berlin

Arbeit gehen soll oder sich für den gleichen Lohn zu „unwohl" zur Arbeit fühlt. Notfalls findet er auch immer einen „doc holiday", der ihm für sein Unwohlsein einen Krankenschein sogar für eine Woche ausstellt. In den neunziger Jahren haben 60 % der Mitarbeiter bestätigt, dass sie im Schnitt fünf unberechtigte „Scheinkrankheitstage" pro Jahr genommen hätten, die Scheinkrankheit also Massenmissbrauch war[89].

- Ebenso hat die Gewerkschaft durchgesetzt, dass die Betriebsratspflicht von 20 auf 5 Mitarbeiter gesenkt wurde. Gerade diese mittelstandsfeindliche Regelung zeigt das mangelnde Verständnis der Kollektivgewerkschaft für die Arbeitsstrukturen und Arbeitsharmonie von 80 % unserer Kleinbetriebe, in denen der Mitarbeiter sich täglich direkt mit seinem Chef abstimmt, ständig mit ihm in Diskussion steht und in dem ein Betriebsrat von den meisten Mitarbeitern nicht als hilfreich angesehen wird.

- Auch das ausgeweitete Mitspracherecht bei betrieblichen Entscheidungen für den Betriebsrat ist sicher in Kapitalgesellschaften sinnvoll, weil dort Mitarbeiter letztlich mehr Interesse an ihrem Betrieb haben als anonyme Kapitalgeber oder internationale Spekulanten. Bei Inhaberunternehmern aber ist dies ganz anders. Die Unternehmer sind nicht nur Kapitalgeber des Betriebes, sondern sie haften persönlich für alle Fehler und Defizite des Betriebes. Setzt also ein Betriebsrat in der Kapitalgesellschaft falsche Entscheidungen durch, haftet dafür nur anonymes Kapital; – in Personalunternehmen hat der Inhaberunternehmer für alle falschen Entscheidungen des Betriebsrats allein und persönlich zu haften. Soll also ein Betriebsrat bestimmen, wofür nur der Unternehmer haften soll? Nirgendwo sonst haben wir in unserer Rechtsordnung Entscheidungsrechte zu Lasten Dritter!

- Auch die Trennung von einem Mitarbeiter hat die Gewerkschaft zu einem für mittelständische Betriebe oft nicht mehr tragbaren Risiko gemacht.

---

[89] vgl. Hamer, E., Krankheitsmissbrauch (Scheinkrankheit), Hannover 1991

So richtig es ist, die Entlassung in Großbetrieben an die Zustimmung des Betriebsrats und an Abfindungen zu knüpfen; – so falsch ist dies in den Personalunternehmen und insbesondere in den kleinen Familienbetrieben. Hier ist der Mitarbeiter nicht austauschbar wie in Kapitalgesellschaften und deshalb nicht die Variable gegenüber dem Kapital, sondern ist der Betrieb ohne Einsatz und Harmonie gerade dieser Mitarbeiter nicht erfolgreich. Mittelständische Unternehmer trennen sich deshalb immer zuletzt – oft zu spät – von ihren Mitarbeitern mit entsprechend oft untragbaren Abfindungsfolgen. Und weil die Arbeitsgerichte überwiegend zu Abfindungsbörsen geworden sind, ist jede Einstellung eines Mitarbeiters für mittelständische Betriebe wegen der Trennungskosten inzwischen ein latentes Risiko geworden.

- Die Gewerkschaften haben auch bewirkt, bzw. geschehen lassen, dass alle Sozialkosten auf den Hauptproduktionsfaktor der mittelständischen Personalunternehmen – den Faktor Arbeit – aufgeschlagen wurden, dass also die Produktion oder Dienstleistung mit Mitarbeitern sich zu Lasten des Mittelstandes so verteuert hat, dass personalintensive Betriebe keine Wettbewerbschancen mehr haben, wo sie mit kapitalintensiven Produktionen oder Dienstleistungen in Konkurrenz geraten. Dies wurde oben bereits ausgeführt.

- Unter Gewerkschaftseinfluss sind den Betrieben zudem für die Mitarbeiter die Mehrheit aller bürokratischen Pflichten[90] auferlegt worden, so dass auch dadurch wieder die mittelständischen Betriebe überproportional belastet wurden. Die kleinen Betriebe haben die relativ höchsten Sozialbürokratiekosten, weil eben die Sozialpolitik nicht an der Zahl der Personen, sondern an der Beschäftigung überhaupt festmacht. Wer also zwei Mitarbeiter beschäftigt, hat die gleichen Formulare auszufüllen wie derjenige, der zweitausend beschäftigt. Darunter stöhnt im Mittelstand vor allem die Unternehmerfamilie, welche diese unproduktiven Tätigkeiten überwiegend selbst in Feierabend- und Wochenendpflichtarbeit leisten muss, weil Mitarbeiter dafür zu teuer sind[91].

---

[90] vgl. Hamer, E. Bürokratieüberwälzung auf die Wirtschaft, Hannover 1979, S.124
[91] vgl. Hamer, E., Bürokratieüberwälzung a.a.O., S.109ff.

Dass trotz so vieler von den Gewerkschaften durchgesetzter mittelstandsschädlicher Regelungen der Mittelstand immer noch die tragende Basis unserer Wirtschaft, unseres Arbeitsmarktes (66%) und unseres Wohlstandes ist, müsste eigentlich Bewunderung statt Ablehnung unserer Unternehmer bei den Gewerkschaften wecken.

5.2 In kollektiven Tarifverträgen ist der Mittelstand mehrfach Verlierer

Seit langem fordert die Mittelstandsökonomie[92], dass die Gewerkschaften, welche in den Kleinunternehmen ohnehin nicht vertreten sind, letztere auch nicht in kollektive Tarifverträge hineinzwingen dürften. Bei Betriebsbefragungen wurde deshalb eine Aufspaltung der Tarifvertragsbindung nach Betriebsgrößen begrüßt. Was für Großunternehmen mit über 300 Beschäftigten sinnvoll sein mag, ist wiederum für Mittelbetriebe nicht unbedingt angebracht, für Kleinbetriebe aber oft schädlich. 92 % aller Kleinbetriebe – Unternehmer und Mitarbeiter – wollten von Tarifverträgen ausgenommen bleiben[93].

Die Gewerkschaften haben auch eigentlich gar kein Recht, für die Mitarbeiter mittelständischer Unternehmen ebenso zu sprechen wie für die Mitarbeiter der Großfirmen. In Großfirmen sind sie durchweg zu über 50 % vertreten, in Mittelbetrieben noch zu etwa 15 %, in Kleinbetrieben aber unter 3 %, sodass schon aus diesem Grunde einheitliche kollektive Tarifvertragsabschlüsse für alle Betriebsgrößen widersinnig wären.

Hinzu kommt das zahlenmäßige Missverhältnis. Insgesamt machen die Großunternehmen in unserer Volkswirtschaft nicht einmal 2 % aus, die von ihren Inhabern geführten mittelständischen Personalunternehmen dagegen 96,4 %. In den Tarifverhandlungen zwischen Arbeitgebern und Arbeitnehmern dominieren aber in der Regel zu über 80 % Gewerkschaftsvertreter: Denn 50 % der Verhandlungsteilnehmer sind ohnehin Vertreter der Gewerkschaften. Von den anderen 50 % angeblichen Vertretern der Arbeitgeber sind wiederum die meisten Arbeitsdirektoren, die überwiegend auch aus der Gewerkschaft kom-

---

[92] vgl. Hamer, E., Mittelstand und Sozialpolitik, Hannover 1996 S.160.
[93] Niedenhoff, Horst-Udo, Die unbekannte Macht, Köln 1984

men, deshalb ebenfalls Gewerkschaftskompromisse suchen, sodass mittelständische Unternehmer nie sicher wissen, ob diese Arbeitgeber- bzw. Verbandsvertreter wirklich die Interessen der mittelständischen Mehrheit in den Unternehmensverbänden vertreten.

Auch die Auswirkungen von Flächentarifverträgen sind für den Mittelstand selten tragbar:

- Der Arbeitseinsatz am Produkt liegt bei den großen Kapitalgesellschaften unter 40 %. Sie verhandeln also in den Tarifverträgen über Kostenanteile von weit unter 40 %, oft nur unter 10 oder 5 % (Chemieindustrie). Was also für diese kapitalintensiven Großunternehmen als Lohnerhöhung verkraftbar ist, ist meist bei den zu über 40 % bis 80 % mit dem Faktor Arbeit, also mit Mitarbeitern produzierenden oder dienstleistenden mittelständischen Betrieben nicht mehr tragbar. Während also die Großindustrie und Großwirtschaft von jedem Tarifabschluss in ihrer Wertschöpfung nur unterproportional betroffen bleiben, sind die vom gleichen Tarifvertrag erfassten mittelständischen Betriebe überproportional, oft doppelt, dreifach oder bis fünffach so hart von den Kostenfolgen des Tarifvertrages betroffen.

- Ebenso schädlich können sich einheitlich geltende Tarifabschlüsse regional auswirken: Wo mittelständische Firmen sich abseits der Zentren auf dem Lande niedergelassen haben, um dort mit niedrigeren Lohnkosten wettbewerbsfähig zu bleiben, vernichten flächendeckende Tarifvertragsabschlüsse diesen Wettbewerbsvorteil und damit oft die Existenzmöglichkeit solcher Personalunternehmen auf dem Lande oder in Randzonen.

Per Saldo ist also die Gewerkschaft eine Kollektivorganisation,

- welche für Kapitalgesellschaften sinnvoll, für Familienunternehmen aber wegen der persönlichen Haftung der Unternehmerperson fehl am Platze ist,

- welche großwirtschaftsorientiert ist, aber die besonderen Bedingungen des Mittelstandes nicht kennt, nicht berücksichtigt und deshalb den mittelständischen Betrieben, auch trotz guten Willens, intern und extern mehr schadet als nützt

- und welche in den von ihr durchgesetzten Rahmenbedingungen Kollektivmacht anstrebt, die wiederum den individuellen Bedingungen der mittelständischen Personalunternehmen und den Interessen ihrer Mitarbeiter zuwiderlaufen

- und in nicht hinnehmbarer Weise Rechte zu Lasten Dritter – der allein haftenden Unternehmer – beansprucht.

6. Mittelstandsdiskriminierungen durch Konzerne

In der herrschenden Betriebswirtschaftslehre, in Politik, Publizistik und in den Wirtschaftsverbänden geht es immer nur um Kapitalgesellschaften. Dass dieser Betriebstyp zahlenmäßig nur eine kleine Minderheit von nicht einmal 8% aller ca. 4,5 Mio. Unternehmenseinheiten ist, geriet erst durch die neue Mittelstandsökonomie in Kritik.

Alles Interesse konzentriert sich im Wesentlichen auf die nicht einmal 25.000 großen Aktiengesellschaften und von Managern geführten Groß-GmbH's, weil diese nicht nur in der Region die dominierende Rolle spielen, sondern ihre Wünsche bzw. Befehle mit der Macht ihrer bloßen Größe auch gegenüber Verbänden, Verwaltung und Politik durchzusetzen wissen.

Was früher die regierenden Provinzfürsten oder Landesherrn waren, sind heute die Konzerne. In Niedersachsen herrscht faktisch VW auch über die Landesregierung, in Baden-Württemberg Daimler-Benz, in Bayern Siemens, in Hessen die Deutsche Bank usw. Und in Berlin bündeln die Großkonzerne ihre Macht und ihren Einfluss in ihren Verbänden, so dass die Großbanken den Finanzminister regieren statt umgekehrt, die Produktionskonzerne den Wirtschaftsminister usw. Bundeskanzler/in und Außenminister werden wohl mehr von internationalen Finanzmächten regiert. In jedem Falle haben die Konzerne zu sagen, geht es nach ihrem Willen, gestalten sie Staat, Wirtschaft und Gesellschaft nach ihren Bedingungen und nehmen allenfalls Rücksichten auf die zweite Kollektivmacht – die Gewerkschaften –, nicht aber auf die mehr als 95 % kleinen und mittleren privaten Inhaberbetriebe. Insofern haben wir zu Lasten letzterer eine gespaltene Wirtschaft: Die Konzerne haben sich mit der Macht ihrer Größe vielfältige Vorteile gesichert. Und sie haben sich unlautere Wettbewerbsvorteile im Markt verschafft, welche bereits die Existenz hunderttausender mittelständischer Unternehmer gekostet haben und weiter kosten werden[94].

---

[94] vgl. Mechtersheimer, Alfred, Handbuch Deutsche Wirtschaft 2005/6 – Internationale Konzerne kaufen Deutschlands Wirtschaft auf, S.9 ff.

6.1 Von der Markt- zur Machtwirtschaft

Nach dem Kriege hatten die Siegermächte durch „Entflechtung" die marktbeherrschenden Unternehmen (wie z. B. Vereinigte Stahlwerke AG, IG Farben AG u. a.) in mehrere Teile zerschlagen und nationale Monopole aufgelöst. Nach der Theorie der Marktwirtschaft sollte unter den Produzenten, Anbietern und Nachfragern ein „funktionierender Wettbewerb" bestehen, in dem keinerlei Marktmacht, sondern nur Preis und Leistung als Wettbewerbskriterien gelten sollten. Chancengleichheit war das verkündete Grundrecht der Marktwirtschaft. Die Ordnungspolitik sollte dafür sorgen, dass Wettbewerb chancengleich blieb und nicht durch leistungsfremde Kriterien wie z. B. Marktmacht, Korruption oder politische Begünstigung beeinflusst würde. Das Bundeskartellamt sollte über diesen chancengleichen Wettbewerb wachen, Monopole verhindern und Marktmacht ausschalten.

Das Kartellgesetz zeigte sich aber den Tricks der großen Konzerne nicht gewachsen. Insbesondere wurden mit politischer Rückendeckung (oder „Beeinflussung") eine Reihe von Konzerntatbeständen, welche gegen die Chancengleichheit verstoßen, nicht als Diskriminierungen der übrigen Marktpartner gewertet – auch nicht vom Kartellamt – und deshalb den Konzernen eine mehrfache Vorzugsstellung im Markt zugestanden:

- Die Konzerne konnten freie Verrechnungspreise innerhalb der Konzernfirmen festsetzen, also durch die Verrechnungspreise die Marktstellung ihrer Mutter- oder Tochtergesellschaften gegenüber jedem fremden Wettbewerb entscheidend stärken und über die Verrechnungspreise auch die Lieferbeziehungen so gestalten, dass ein Außenstehender keinerlei gleichwertige Wettbewerbschancen zur Konzernbelieferung mehr hatte. Die Folge war, dass die Konzerne in einer rasanten vertikalen Konzentration so viele Produktionsstufen wie möglich aus dem Markt in den Konzern zogen und für den Markt abschotteten.

- Auch horizontal hat ein mittelständischer Einzelkämpfer gegen einen Konzern keine Marktchance, weil letzterer z. B. die Neugründung eines Supermarktes, die Aufnahme eines neuen Produktbereichs oder ganz allgemein im Konkurrenzkampf jederzeit in einzelnen Tochtergesellschaften, Marktbereichen oder Regionen Verluste ausgleichen und demnach mittelständische Einzelkämpfer-Wettbewerber in den Ruin treiben kann. Nicht zuletzt deshalb sind immer mehr Marktsegmente von den Konzernen erobert und vermachtet worden.

- Ebenso wettbewerbswidrig haben Politik und Rechtsprechung die Konditionendiskriminierung je nach Liefermenge hingenommen. Wer größere Abnahmemengen bestellt oder liefert, darf gegenüber allen anderen Kunden Sonderkonditionen durchsetzen, welche Kunden mit kleineren Liefermengen nie bekommen. Konzentrierte Einkaufsmacht bedeutet also Konditionenvorteil gegenüber allen Einzelbestellern, sodass letztere keine gleiche Wettbewerbschance mehr haben und die Märkte horizontal von den Konzernen konzentriert und von selbständigen Wettbewerbern „befreit" wurden.

Inzwischen hat sich seit den fünfziger und sechziger Jahren die ursprünglich chancengleiche Marktwirtschaft durch die vorgenannten – leider legalen – Diskriminierungsmöglichkeiten so vermachtet, dass ganze Bereiche wie der Lebensmitteleinzelhandel, die Automobilzulieferindustrie oder die Ernährungsindustrie zu mehr als 70 oder 80 % konzentriert wurden und ein Marktzugang für einen freien Wettbewerber praktisch nicht mehr möglich ist. Die Marktwirtschaft ist also durch erlaubte Diskriminierungspraktiken der Konzerne zur Machtwirtschaft degeneriert, mit der Folge, dass die großen, mächtigen Konzerne in ihrem Sektor zehntausende oder hunderttausende (Einzelhandel) von mittelständischen Konkurrenten plattgedrückt haben, dass sich die Existenzbedingungen des selbständigen, machtlosen Mittelstandes gegenüber den Konzernen so verschlechterten, dass sie keine Wettbewerbschance mehr behielten. Das Wachstum der Konzerne ist also auf Kosten hunderttausender mittelständischer Existenzen erkauft worden[95].

---

[95] ausf. Hamer, E., Machtkampf im Einzelhandel u. ders. Zulieferdiskriminierung, Hannover 1986 bzw. 1988

6.2 Durch Konzentration zu Monopolen

Die Wettbewerbstheorie ist sich einig, dass Monopole für sich Sondervorteile im Markt durchsetzen und verteidigen können, welche zum Schaden für alle anderen Marktteilnehmer werden. Deshalb sollten Monopole eigentlich verboten sein. Dies hat aber die Großwirtschaft nicht gehindert, immer mehr Marktsegmente direkt oder indirekt zu monopolisieren,

- indem z.B. die kommunalen Gas- und Elektrizitätswerke systematisch aufgekauft, stillgelegt und der Energiemarkt dadurch sogar international monopolisiert wurde oder auch Stromnetze und Versorgungssysteme aufgekauft, konzentriert und monopolisiert wurden.

- Auch Wasser und Abwasser, sogar Abfallsammlung wurden von Konzernen konzentriert und monopolisiert, sodass letztere heute frei über deren Preise bestimmen und Sondergewinne zu Lasten der Verbraucher erzielen können.

- Dass der Treibstoffmarkt formal oligopolisiert, praktisch aber monopolisiert ist, wird schon gar nicht mehr als marktfremd empfunden.

Häufig bedienen sich die Konzerne auch willfähriger Regierungen, um mit Hilfe öffentlicher, nur der Großindustrie nützender Rahmenbedingungen den Mittelstand vom Markt zu fegen:

- Die Ölgesellschaften haben sich lange genug darüber geärgert, dass ein Viertel der Tankstellen frei und deshalb billiger als ihre Konzerntankstellen waren. Sie haben dies mit dem Argument der Benzingasverhinderung in den Griff gekriegt: Um beim Tanken das Entweichen von Benzingasen zu vermeiden, hätte entweder die Autoindustrie einen Tankstutzenfilter für ca. 5 Euro einbauen müssen oder die Tankstellen hätten die Zapfsäulen für ca. 100.000 Euro mit einer Absauganlage umrüsten müssen. Die Ölkonzerne haben den damaligen Umweltminister dazu veranlassen können, den letzteren Weg – Einbau des teuren „Töpfer-Rüssels" – vorzuschreiben und damit zigtausende von kleinen freien Tankstellen zu erledigen, die eine so teure Investition nicht aufbringen konnten.

- Auch die Großproduzenten von Holzfenstern haben einen Weg gefunden, zehntausende von Handwerksbetrieben aus Konkurrenten zu Käufern zu machen: Sie haben – mit welchen „Überredungsmitteln" auch immer – die EU dazu gebracht, dass die Produktion von Fenstern ebenso wie jetzt schon bei Maschinen oder Werkzeug, zertifiziert werden muss. Nun kostet die Zertifizierung in Deutschland bei Kleinherstellern für einflügelige Fenstersysteme einen sechsstelligen Betrag, bei Großproduzenten aber verteilen sich diese Zertifizierungskosten pro Serienfenster auf unter 20 Euro. Der Erfolg: Ein selbständiger Handwerksmeister kann praktisch in Deutschland keine Einzelfenster gegen die Konkurrenz der Großproduzenten mehr bauen, ist nicht mehr wettbewerbsfähig.

- Hunderte weiterer Beispiele hat das Mittelstandsinstitut Niedersachsen (Hannover) in den Studien „Zuliefererdiskriminierung" und „Machtkampf im Einzelhandel" veröffentlicht[96].

Je mehr unsere Wirtschaft konzentriert und monopolisiert wird, desto mehr Sektoren werden mit Minderleistungen zu Mehrpreisen von den Marktführern ausgebeutet, desto mehr verharrscht unsere Volkswirtschaft und verliert sie ihre Dynamik, wird der selbständige Mittelstand eingeschnürt und muss aufgeben.

Unsere Ordnungspolitik hat dabei versagt oder ist durch die Macht der großen Konzerne und Monopole missbraucht worden, den Wettbewerb und den Lebensraum unserer selbständigen mittelständischen Unternehmer zu beschränken. Die Konzerne leben bei uns vom Mittelstand, lassen ihn aber gleichzeitig auch zunehmend weniger überleben.

[96] Hamer, E., Machtkampf im Einzelhandel, Hannover/Minden 1986 und ders. „Zuliefererdiskriminierung", Hannover/Minden 1988,
ebenso: Mechtersheimer, Alfred, Handbuch Deutsche Wirtschaft 2005/6 – Internationale Konzerne kaufen Deutschlands Unternehmen auf

6.3 Globale Ausplünderung aller Marktteilnehmer durch Weltmonopole

Im Zuge der Globalisierung vollzieht sich der Konzentrations- und Monopolisierungsprozess längst über alle Landesgrenzen hinaus. Mit Hilfe der neuen Telekommunikationstechniken spielen nämlich Entfernungsprobleme heute keine Rolle mehr, sondern gelingt es internationalen „global players", in globale Dimensionen vorzustoßen, indem

- Kapitalverflechtungen geschickt durch Treuhandverhältnisse, Fondsgesellschaften oder Banken verschleiert werden und die Konzernverflechtungen damit nach außen hin nicht erkennbar sind,

- Einzelsegmente zusammengehörender Monopolisten scheinbar unter verschiedenen Firmennamen miteinander konkurrieren, letztlich aber konzentriert agieren,

- vor allem entscheidende Kernbereiche global monopolisiert wurden, mit deren Schlüsselfunktion gigantische Machtentfaltung möglich wurde[97]. Die beiden in den USA führenden, die Notenbank FED[98] als Eigentümer indirekt beherrschenden, Finanzgruppen konnten sich darüber praktisch jedes Geld der Welt besorgen und damit auch beliebige Marktsegmente zu Monopolen zusammenkaufen. So finden wir im Rohstoffsektor überwiegend miteinander kapitalverflochtene oder miteinander verbundene oder abhängige Konzerne wie Anglo American, BHP Billiton, Rio Tinto, Shell u.a., die zusammen genommen eine Monopolstellung in den Bereichen Eisen, Kohle, Mangan, Diamanten, Gold, Kupfer und weiteren Bereichen haben. Sie können die Preise damit für die ganze Welt bestimmen, also die Verbraucher der ganzen Welt durch Sondermonopolpreise ausbeuten[99].

Die meisten Menschen wissen gar nicht, wie stark sie durch internationale Monopole bereits ausgebeutet werden. Das gilt ebenso

---

[97] vgl. Hamer, Eike, Monopolisierung in der Globalisierung, in: Der Welt-Geldbetrug, Unna 2007, S.49 ff.

[98] Federal Reserve Bank

[99] vgl. Hamer, Eike, a.a.O., S.50 und Hamer, Eberhard, Der Welt-Geldbetrug, Unna 2007, S.69ff.

für die Nahrungsmittelindustrie (Nestle, Coca-Cola u.a.), für die Rüstungsindustrie, die Luftfahrt, den Welt-Energiemarkt (in Deutschland E.on und RWE), den Markt der Print- und Fernsehmedien (Rothschild), den von der gleichen Hochfinanzgruppe immer stärker weltkonzentrierten Telekommunikationsmarkt u.a.. Zur Zeit läuft wieder ein globaler Monopolisierungsversuch der gleichen Finanzgruppe mit Hilfe von Genmanipulation um Saatgutmonopole, durch welche die Landwirte bereits zu Abgaben gezwungen werden, bevor sie überhaupt säen, und ihnen sogar das Saatgut verweigert werden kann, wenn es dem Monopol nicht passt[100].

Weltmonopole sind für den Mittelstand deshalb besonders gefährlich, weil sie nicht nur Weltmonopolpreise, „weltweite Sonderabgaben auf Produktionsressourcen und Produktionsmittel" erheben, sondern auch entsprechende Rohstoffe bzw. Saatgut oder notwendige technische Nutzungen (Telekommunikation) weltweit zuteilen, verweigern und verteuern, also die Marktteilnehmer weltweit ausbeuten oder sogar ausschließen können.

6.4 Diskriminierungspraktiken der Konzerne im Wettbewerb

Wo Konzerne und mittelständische Personalunternehmen im Wettbewerb auf dem gleichen Markt zusammenarbeiten oder sich gegenüberstehen, herrscht keinesfalls die von den Handelskammern bejubelte „freundschaftliche Kooperation" vor, sondern brutaler Existenzkampf. Im Wettbewerb der Konzernunternehmen mit den Personalunternehmen gibt es nämlich nicht mehr chancengleiche Marktwirtschaft, sondern wird mit der Marktmacht der Großen gegen die Ohnmacht der Kleinen rücksichtslos diskriminiert.

Der Verfasser hat dies am Beispiel des Einzelhandels untersucht. Wir haben in den 40 Jahren von 1960 bis 2000 mehr als 400.000 Einzelhändler verloren, obwohl die Konsumenten diesen weit überwiegend bestätigt haben, dass sie die konsumentenfreundlichste Dienstleistung

---

[100] in Hamer, Der Welt-Geldbetrug, S. 223 Fuchs, Richard, Monopolisierung unserer Nahrung, S. 235 Engdahl, William, Die Saat der Zertörung

erbrachten. Sie sind auch nicht mit Marktgesetzen auskonkurriert worden, sondern allein durch die brutale Marktmacht, mit welcher Großkonzerne sich bei ihren Lieferanten günstigere Konditionen erpressen können, als sie der selbständige Einzelhändler erhält. Zwischen 5 und 17 % Einkaufsdifferenz bedeutet, dass der kleine Konkurrent praktisch keine Wettbewerbschancen gegenüber dem billigeren Großkonkurrenten mehr hat. Dass aber die Konzerne diese Marktmacht einsetzen können, hängt wiederum damit zusammen, dass die Wirtschaftspolitik keinesfalls für Chancengleichheit im Markt gesorgt hat, sondern die Diskriminierungsmöglichkeit der großen Einkaufsmacht der Konzerne zuließ und sogar noch verteidigt hat[101].

Die gleichen Politiker haben auch immer wieder zugelassen, dass die Niederlassung jedes Konzern-Verbrauchermarktes zwischen 30 % und 40 % des bisher dort ansässigen selbständigen mittelständischen Einzelhandels vernichtete und zudem statt des vom Mittelstand beschäftigten Fachpersonals nur noch zu etwa 40 % Billigkräfte in den Konzernbetrieben wiederbeschäftigt wurden. Der Machtkampf im Einzelhandel hat also gezeigt, dass die Konzerne dem selbständigen Mittelstand nicht im chancengleichen Wettbewerb überlegen wären, sondern nur dadurch, dass sie eine ordnungspolitisch falsche, die Chancengleichheit aufhebende, diskriminierende Konditionenspreizung zu eigenen Gunsten mit Marktmacht durchsetzen konnten.[102]

Aber auch wo Konzerne und Mittelstand in direkten Lieferbeziehungen stehen, treten sich nicht Gleichwertige gegenüber, sondern in der Regel ein Mächtiger gegen einen Ohnmächtigen, der letztlich die Bedingungen des Mächtigen zu akzeptieren hat.

1. Das Mittelstandsinstitut Niedersachsen hat die Einkaufsbedingungen der Konzerne untersucht und hunderte von brutal diskriminierenden Bedingungen gegen die mittelständischen Zulieferer

---

[101] vgl. dazu ausf. Hamer, E., Machtkampf im Einzelhandel, Schriftenreihe des Mittelstandsinstituts Niedersachsen, Band 13. Ein vom Mittelstandsinstitut Niedersachsen durch die Mittelstandsvereinigung der CDU initiiertes „Antidiskriminierungsgesetz", welches Mengenrabatte auch als Diskriminierung werten sollte, wurde in zweiter Lesung von der Konzernlobby gekippt.

[102] vgl. dazu ausf. Hamer, E., Machtkampf im Einzelhandel, Schriftenreihe des Mittelstandsinstituts Niedersachsen, Band 13.

gefunden. Deshalb gaben bei einer Befragung 87,1 % aller mittelständischen Zulieferer an, dass sie sich im Geschäft mit den Konzernen diskriminiert fühlten. Die Geschäftsbedingungen der Konzerne verlagern nahezu alle Haftungsrisiken und Pflichten auf die Zulieferer[103].

2. Darüber hinaus fühlten sich 30 % der Zulieferer durch die Zahlungsmodalitäten diskriminiert. Während nämlich ein Lebensmittelkonzern am gleichen Tag durch Verkauf Bareinnahmen hat, leitet er diese Einnahme erst in bis zu 3 Monaten an seine Lieferanten weiter. In der Automobilindustrie beträgt die Forderungslaufzeit durchschnittlich 45 Tage, in anderen Branchen zwischen 6 und 10 Wochen. Insofern wird die gesamte Finanzierungslast auf den Mittelständler abgewälzt, der sich Kapital am schwersten beschaffen kann, weil ihm der Kapitalmarkt hierfür nicht offen steht.

3. An dritter Stelle nannten die Zulieferer die Reklamationsregelungen der Konzerne diskriminierend. Die Konzerne haben nämlich nicht nur die Reklamationszeiten für ihre Zulieferer über das gesetzliche Maß hinaus verlängert, sondern sich auch vorbehalten, dass sie bei Vorfinden eines einzigen Reklamationsteils die Gesamtpartie an den Zulieferer zurückgeben können. Dies gilt selbst für Schönheitsfehler einzelner Teile. Der Mittelständler ist im Falle von Reklamationen nahezu rechtlos. Würde er die Reklamation nicht anerkennen, würde der Konzern das Zulieferverhältnis sofort beenden. Und wer als mittelständischer Zulieferer zu mehr als 30 % Marktanteil bei einem Konzern liefert, kann sich plötzlichen Umsatzausfall nicht mehr leisten, ist also dem Konzern auf Gedeih und Verderb ausgeliefert.

4. An vierter Stelle nannten die mittelständischen Lieferanten „Rabattfantasie" des Konzerneinkaufs diskriminierend. Das Mittelstandsinstitut hat über 60 solcher Rabattschikanen ausgemacht, mit denen die Konzerne direkte und indirekte Einkaufspreissenkungen – oft auch nachträglich – erpressen[104].

---

[103] vgl. Hamer, E., Zuliefererdiskriminierung, Hannover 1988, S.68ff.
[104] Hamer, E., Zuliefererdiskriminierung a.a.O. S.69ff.

5. Inzwischen nehmen die Konzerne sogar für sich in Anspruch, die Produktion des Zulieferers zu beherrschen. In der Automobilindustrie hat der Zulieferer nicht nur das gesamte technische Know how zu dokumentieren und abzuliefern, sondern sich sogar oft einem Konzernkommissar im eigenen Betrieb zu unterwerfen. Dieser kann jederzeit die Produktion umstellen, gar einstellen oder technische Änderungen selbst anweisen.

Wo Macht herrscht, ist immer Machtmissbrauch üblich. Dem Verfasser sind hunderte von Fällen bekannt, wo Einkäufer für sich selbst schamlos Bestechungsleistungen vom mittelständischen Zulieferer gefordert haben und – wenn sie diese nicht bekamen – die Geschäftsbeziehung beendeten. Die Diskriminierungsfantasie der Konzerne und ihrer Einkäufer ist vom Mittelstandsinstitut Niedersachsen in der Schrift „Zuliefererdiskriminierung" in einigen hundert Fällen dokumentiert[105]. Die Fälle würden sich wie Kriminalromane lesen – wenn nicht dahinter immer wieder Schicksale von mittelständischen Unternehmern stünden, die mit solchen Erpressungen geschädigt oder zugrunde gerichtet wurden.

Die offizielle Wirtschaftspolitik und die Parteien verteidigen solchen Machtmissbrauch der Konzerne zur Diskriminierung ihrer mittelständischen Zulieferer als „Vertragsfreiheit" bzw. „Marktausgleich", weil sie nicht sehen wollen oder dürfen, dass dies mit Freiheit und Marktwirtschaft gar nichts mehr zu tun hat, sondern mit brutaler Machtwirtschaft eines mächtigen Konzernabnehmers gegen einen ohnmächtigen mittelständischen Zulieferer. Chancengleichheit – wie sie die Marktwirtschaft als Grundrecht voraussetzt – besteht hierbei lange nicht mehr. Die Forderung des Verfassers, das Antidiskriminierungsgesetz auch auf Wirtschaftspraktiken auszudehnen und Marktmacht auch als Diskriminierungsmacht zu brandmarken, wurde von Mittelständlern im Bundestag zwar eingebracht, aber von der Konzernlobby abgewürgt.

Seit langem gilt also für Konzerne Diskriminierungsfreiheit etwa für willkürliche Preiserhöhung von Rohstoffen oder Vorprodukten,

---

[105] vgl. Hamer, E., Zuliefererdiskriminierung, Schriftenreihe des Mittelstandsinstituts Niedersachsen, Band 19, S.64 ff.

für willkürliche technische Veränderungen, für diskriminierende Geschäftsbedingungen wie Eigentumsvorbehalt u.a. bis hin zu Sicherungshypotheken für die Lieferung von Aggregaten u.a.[106]

Der Mittelstand wird also nicht nur als Zulieferer, sondern auch als Abnehmer von den Konzernen nach Kräften schikaniert, diskriminiert, ausgebeutet und geknechtet. Wer sich als Mittelständler zu stark mit einem Konzern einlässt, ist deshalb immer latent existenzgefährdet, auch wenn er es nicht weiß.

6.5 Lastenüberwälzung von den Großen auf die Kleinen

Die Konzerne stellen die größten Anforderungen an Staat, Verwaltung und Gesellschaft, sind aber gleichzeitig die Gruppe, welche sich der Mitfinanzierung dieser Anforderungen am stärksten entzieht.

Das ist ihnen selbst an sich nicht vorwerfbar, sondern der Politik, weckt aber den Zorn der mittelständischen Unternehmer, welche die von den Konzernen nicht übernommene Last mittragen müssen und dennoch die Steuervermeidungsmöglichkeiten nicht haben, welche für Konzerne üblich sind:

- Die Konzerne haben bei Politikern und in der Gesellschaft Globalisierungsjubel erzeugt. Globalisierung heißt Freiheit des Kapitalverkehrs, der Firmensitze und der konzerninternen Manipulation. Allein dadurch haben nicht nur alle Ölfirmen, sondern auch die anderen „global players" seit Jahrzehnten durch konzerninterne Verrechnungspreise dafür gesorgt, dass die Gewinne weniger im Hochsteuerland Deutschland als in den Steueroasen (Kanalinseln, Bahamas u.a.) anfielen. Die vor Gewinnen strotzenden internationalen Ölgesellschaften etwa und andere global players machen in Deutschland möglichst keine Gewinne.

- Der Metro-Konzern hatte schon früh eine neue Masche gefunden: „Metro International" kassierte für alle deutschen Umsätze im

---

[106] vgl. Hamer, E. Zulieferdiskriminierung a.a.O., S.68ff.

steuerfreien Zug/Schweiz 2% „Marketing-Beitrag" und konnte allein dadurch jährlich mehrstellige Millionenbeträge vor der deutschen Steuer retten.

- Nach Schätzungen des Bundesfinanzministeriums schleusen deutsche Konzerne allein 65 Mrd. Euro jährliche Gewinne am Fiskus vorbei. Neuester Trick: Der internationale Konzern finanziert sein Deutschland-Geschäft über Kredite, die er von seiner eigenen Auslandstochter aufnimmt. Dafür überweist die Konzernmutter Zinsen an die Konzerntochter, weil sie diesen Aufwand hier von den Erträgen abziehen kann. Die Zinseinnahmen werden nämlich nur von der Tochter versteuert. Sitzt sie im steuerfreien Ausland, bleiben sie steuerfrei.

Diese und andere Steuervermeidungsmöglichkeiten der internationalen Konzerne hat der lokal gebundene Mittelstand nicht. Wenn aber ein Unternehmer mal einen Sicherheitsbetrag ins steuerbegünstigte Ausland verlegt, hat er sofort den „roten Reiter" und die gesamte Wucht der Steuerfahndung am Hals. Was eben Konzerne dürfen, ist dem Mittelstand lange nicht erlaubt.

Wenn dagegen Unternehmenssteuerreformen diskutiert werden, geht es regelmäßig allein um die Entlastung der Kapitalgesellschaften; wie bereits oben bei der Steuerbevorteilung der Konzerne beschrieben worden ist[107].

Die größte Dreistigkeit der Konzernbegünstigung hat der ehemalige Finanzminister Eichel/SPD bewiesen. Durch Steuerfreistellung der Erträge aus Beteiligungsverkauf hat er der kleinen Gruppe von ca. 250 Banken und Versicherungen allein eine Steuerentlastung von 30 bis 40 Mrd. Euro verschafft – weil sie ihm versprochen haben, dafür seine Schulden ein weiteres Jahr zu finanzieren.

Es gibt genügend Beispiele. Tatsache ist, dass alle Reformen immer wieder zu Entlastungen der Konzerne geführt haben, der Mittelstand aber dafür wieder mehr belastet wurde und dadurch mehr als 70% des

---

[107] vgl. oben Kap. 2.5, 3.3.3, 3.4.2 u.a.

gesamten Steueraufkommens des Staates einschließlich der Umverteilung tragen muss[108].

6.6 Subventionen für Konzerne

Der Staat ist für die Wirtschaft nicht nur Kassierer für Steuern und Sozialabgaben, sondern auch Spender öffentlicher Leistungen, insbesondere auch Subventionen.

Die schon genannte schichtenspezifische Belastungsuntersuchung im Mittelstandsinstitut Niedersachsen hat eine gleiche Einseitigkeit wie bei der Steuerentlastung der Konzerne bei den Gaben zugunsten der Konzerne festgestellt:
Mehr als 95 % aller gewerblichen Subventionen kommen nur 1% der Kapitalgesellschaften – insbesondere den Konzerngesellschaften – zugute. Insgesamt waren die Subventionen in den vergangenen Jahrzehnten häufig höher als die gesamten Finanzierungsbeiträge dieser Konzerne zu den Staatsfinanzen[109].

Das Subventionsunwesen zugunsten der Konzerne ist ebenso vielfältig wie unübersichtlich. Dazu gehören:

- Verkauf öffentlich verbilligter Grundstücke an Unternehmen[110],

- Bereitstellung vergünstigter und kostenloser Infrastrukturleistungen (Straßen, Energie, Abwasser u.a.)[111],

- Direktfinanzierungen bei Konzernansiedlungen, wie z.B. je eine Mrd. Euro für die Automobilwerke von VW und Opel in den neuen Bundesländern o.a.,

---

[108] vgl. Hamer, E., Wer finanziert den Staat? a.a.O., S.87 ff.
[109] vgl. Hamer, E., Wer finanziert den Staat? a.a.O. S.107 ff.
[110] vgl. Schriftenreihe des Mittelstandsinstituts Niedersachsen, Band 19, Hamer, E., Zuliefererdiskriminierung, Essen 1988
[111] vgl. Schriftenreihe des Mittelstandsinstituts Niedersachsen, Band 19, Hamer, E., Zuliefererdiskriminierung, Essen 1988

- als Forschungshilfen deklarierte Subventionen an Unternehmen, insbesondere rüstungsrelevanter Produktion[112],

- die als angebliche „Gemeinschaftsaufgaben der regionalen Wirtschaftsstruktur" getarnten Einzelförderungen bei der Ansiedlung oder Erhaltung unrentabler Konzernbetriebe[113],

- die in vielfältigen Titeln als „Forschung" getarnten Zuschüsse zu Großprojekten der Konzerne (Atomforschung, Umweltforschung, Technologietransfer u. a.),

- als „Entwicklungshilfe" getarnte öffentlich finanzierte oder geförderte Exportaufträge von Unternehmen[114].

In einer Sonderuntersuchung hat der Bund der Selbständigen (BdS) festgestellt, dass sich zwei Drittel aller deutschen Entwicklungshilfeausgaben auf Umwegen wieder bei deutschen oder amerikanischen Konzernen wiederfanden, dass also die Entwicklungshilfe überwiegend Konzernhilfe ist.[115]

So wandern über 90 % der jährlichen Wirtschaftssubventionen aus Abgaben des Mittelstandes über den Staat an die Konzerne, während von den mittelständischen Unternehmen im Wesentlichen nur die Landwirtschaft – wieder zu 70 % nur Großbetriebe – Subventionen bekommt – diese aber nur, weil damit politisch die Lebensmittelpreise subventioniert werden sollen[116]. Das immer wieder behauptete Bild stimmt also nicht, dass die großen Unternehmen die kleinen unterhielten. Längst haben die Abgaben der Kleinen die Subventionen an die Großunternehmen zu finanzieren, leben also die Konzerne auch damit auf Kosten des Mittelstandes.

---

[112] vgl. Bund der Selbständigen (Schäfer), Droge Subventionen, Dortmund 1996
[113] vgl. Bund der Selbständigen (Schäfer), Droge Subventionen, Dortmund 1996
[114] vgl. Bund der Selbständigen (Schäfer), Droge Subventionen, Dortmund 1996
[115] vgl. Bund der Selbstständigen (Schäfer/Laake), Droge Subventionen, 1996.
[116] vgl. Hamer, E., Wer finanziert den Staat? S. 108 ff

7. Wie Banken den Mittelstand bedienen

Jeder, der ein Unternehmen führt oder privates Vermögen hat, braucht schon für den Zahlungsverkehr eine Bank. Ein Unternehmer aber braucht darüber hinaus auch die Bank als Kreditgeber, Zwischenfinanzierer oder für kürzere oder längere Anlagen seiner Finanzguthaben.

In den letzten 20 Jahren haben sich die bis dahin meist festen Beziehungen zwischen dem Mittelstand und seiner Hausbank einmal durch die neuen Rahmenbedingungen (Basel II), zum andern aber auch über krisenbedingte Änderungen innerhalb der Bankenlandschaft und durch zunehmende Konkurrenz erheblich verändert. Das Verhältnis zwischen den mittelständischen Unternehmern bzw. dem vermögenden Mittelstand und seiner Bank ist nicht mehr ungetrübt, ist nicht mehr, wie es einmal war.

7.1 Die treue Hausbank?

Traditionelle monetäre Begleiter und Dienstleister für die mittelständischen Unternehmen sind die Volksbanken und Sparkassen, weil sie vor Ort sind, weil man sich kennt und weil man in der Regel auch langjährig miteinander gewachsen ist. Beide Regionalbankentypen haben große Verdienste um die Entwicklung der mittelständischen Wirtschaft gehabt und haben dies auch noch heute.

Volksbanken und Sparkassen sind in ihren Konditionen aber nicht immer die günstigsten Banken. Ihre Zahlungs-, Guthaben- und Kreditkonditionen sind wegen des vielen Kleingeschäfts im Markt kostenträchtig und deshalb meist teurer als bei manchen Konkurrenten.

Schon die größeren mittelständischen Firmen werden deshalb zunehmend von Großbanken umworben, welche früher ihr Geschäft mit den großen Kapitalgesellschaften gemacht haben, daran aber nun immer weniger verdienen konnten, weil diese inzwischen selbst internationale Finanzierung betreiben, also die Bank für viele lukrative Finanzgeschäfte nicht mehr brauchen. Deswegen versuchen die Großbanken nun auf den Mittelstand als rentablere Kundengruppe auszuweichen, geben sich auch als „Mittelstandsbank" aus.

Hier kommen aber zwei Partner zusammen, die völlig unterschiedliche Mentalitäten haben und sich nicht verstehen. Ein mittelständischer Unternehmer braucht das Vertrauen seiner Bank und zu seiner Bank. Die Großbanken dagegen sind gewohnt, nicht mit Vertrauen, sondern ausschließlich in Konditionen und Renditen des Geschäftes zu denken.

Der Konflikt zeigt sich an den von den Großbanken für alle Unternehmen eingeführten und geltenden Bewertungsregeln des Basel II-Abkommens. Die Großbanken bewerten demgemäß ein Unternehmen vor allem nach dem in ihm vorhandenen Sachvermögen und nach seinem Gewinn. Diese Kategorien sind typisch und richtig für Aktiengesellschaften, nicht aber für Personalunternehmen. Ein Familienbetrieb, der hohen Gewinn ausweist, verliert entsprechend durch Steuern hohe Liquidität. Er wird also zweckmäßigerweise vor allem stille Reserven ansammeln und wenig Gewinn ausweisen. Und auch beim Betriebsvermögen wird durch Abwertung eine steuerliche Gewinnminimierung versucht. Was also für eine Bewertung nach Basel II richtig wäre, ist im Personalunternehmen falsch. Da aber Großbanken die für Kapitalgesellschaften richtigen Kategorien auch für Personalunternehmen anwenden, muss dies zu gegenseitigen Missverständnissen, zu Fehlern und Konflikten führen. Das kapitalgesellschaftliche Denken der Großbanken taugt eben für Personalunternehmen nicht.

Ebenso widerspricht die Organisationsstruktur der Großbanken den Personalkriterien des Mittelstandes. Häufiger Mitarbeiterwechsel, mangelnde Entscheidungskompetenz sowie Arroganz der Großbankenmitarbeiter lassen persönliche Vertrauensbeziehungen nicht entstehen. Kommt es zu Schwierigkeiten, zeigt sich, dass die Bank oft nur in Worten für den Kunden da ist. In Wirklichkeit ist es umgekehrt.

Die Zeiten, in denen die Hausbank Freund des Unternehmens und Unternehmers war, sind zumeist vorbei. Das Bankengeschäft ist gegenüber dem Mittelstand immer brutaler geworden, wobei zuzugeben ist, dass auch manche Banken in der begonnenen Krise ihre Kunden nicht mehr so wohlwollend behandeln können, wie dies bisher üblich war, weil sie selbst unter Rendite- und Liquiditätsdruck geraten sind.

Dass dennoch nahezu alle Banken heute vor allem das Geschäft mit dem Mittelstand suchen, zeigt immerhin, dass offenbar hier noch die größten Margen und Renditen von den Banken erwartet werden – was umgekehrt heißt, dass der Mittelstand von den Banken zu schlechteren Konditionen finanziert wird als Staat oder Großwirtschaft.

7.2 Kredit bekommt nur, wer ihn nicht braucht

Der Unterschied zwischen dem früheren und heutigen Bankenverhalten zeigt sich vor allem im Kreditgeschäft. Die Zeiten, in denen ein „königlicher Kaufmann" durch Anruf bei seiner Bank einen Kredit bekommen konnte, sind vorbei. Heute gibt es Kredit nur noch, wenn zuvor ausreichende – meist überhöhte – Sicherheiten gestellt werden können. Dabei gelten Abtretungen oder Verpfändungen des Umlaufvermögens nur als sekundäre Sicherheiten. Primäre Sicherheit ist ein Grundpfandrecht, eine Grundschuld auf das Firmengrundstück oder, – wenn dieses nicht vorhanden ist oder nicht ausreicht – darüber hinaus auf das private Wohnhaus des Unternehmers.

Wer dagegen kein Grundpfandrecht als Sicherheit hinterlegen kann, bekommt in der Regel auch keinen längerfristigen Kredit. Dies hat mangels eigener Grundstücke in den neuen Bundesländern hunderttausende von Existenzgründungen verhindert.

Neben dem dinglichen Pfandrecht verlangen die meisten Banken für den Mittelstand aber auch persönliche Schuldübernahme des Inhaberunternehmers – also Haftung mit seinem Privatvermögen. Insofern ist jeder mittelständische Unternehmer mit Kredit seiner Bank verhaftet – im Unterschied zu Managern, die persönlich nicht für Kredite ihrer Gesellschaften haften. Der Unterschied wird deutlich bei Zahlungsschwierigkeiten. Der Manager wird von Zahlungsschwierigkeiten seiner Firma nicht persönlich betroffen. Dem Unternehmer dagegen drohen sofortige Kreditkündigung, zum Teil sogar außerordentliche Kündigung der Gesamtkredite und persönliche Haftung, sodass ein Unternehmer mit Kredit in ständiger Existenzgefahr lebt und im Notfall nicht nur seine Firma, sondern auch sein Privatvermögen an seine Bank verliert.

Die im Jahre 2008 ausgebrochene Kreditkrise hat Millionen Unternehmern und Privatleuten gezeigt, wie sehr Kreditrisiko Existenzrisiko ist.

Man muss fairerweise zugeben, dass die Banken an der Kredit-vergabe relativ wenig verdienen und zunehmende Ausfälle haben. Daher erklärt sich die Zurückhaltung fast aller Banken bei der Kredit-vergabe. Andererseits wissen die Banken genau, dass der Mittelstand für einen Kredit praktisch nur seine Hausbank hat, sodass Kredite für den Mittelstand durchschnittlich 0,8 (mittel) bzw. 1,6 % (klein) teurer als die der Großkunden sind, wenn sie überhaupt gegeben werden[117].

7.3 Wie zuverlässig verwaltet die Bank Finanzvermögen?

Seit die Banken an Finanzgeschäften mit den Konzernen und mit dem Staat nur noch geringfügig verdienen, ist ihr rentabelster Geschäfts-zweig die Vermögensverwaltung für den selbständigen und nichtselb-ständigen Mittelstand geworden. Mit Hilfe der Vermögensverwaltung kann nämlich eine Bank nicht nur kräftige Provisionen für die Ankäufe, Wiederverkäufe und den sonstigen Handel mit Finanzprodukten erzie-len, sondern auch eigene Fonds und Finanzprodukte in das Anlagepor-tefeuille ihrer Kunden, also in den Markt drücken. Dabei war es in den vergangenen 20 Jahren der Scheinblüte und monetären Explosion fast egal, was die Banken empfahlen: Alle Werte stiegen nominal und gau-kelten deshalb dem Kunden vor, er sei durch Wertsteigerung seiner Finanzanlagen reicher geworden. Erst in der derzeitigen Finanzkrise zeigte sich, dass viele von den Banken empfohlene Finanzanlagen ihren Preis nicht wert waren – „Schrottanlagen" –, zusammengebro-chen sind oder noch dabei sind zusammenzubrechen. Verdient hat jedenfalls an der Vermögensanlage immer die Bank; – dass der Kunde auch gut bedient war, ist im zusammenbrechenden Finanzmarkt schon seltener festzustellen.

Wenn man bedenkt, dass in den letzten 35 Jahren bei nur vierfach gestiegenen Realwerten sich das monetäre Finanzvolumen der Welt vervierzigfacht hat – mit entsprechenden Höherbewertungen aller Finanzprodukte, – wird die begonnene Weltwirtschaftskrise diese Finanzblase weithin korrigieren, könnten also die Finanzanlagen – auch Aktien sind kein Sachwert, sondern eine Finanzanlage – noch

---

[117] unveröff. Umfrage Mittelstandsinstitut Niedersachsen, 2008

mehr als die Hälfte ihres Kurswertes verlieren, wird also das Finanzanlageportefeuille der Mittelständler so zusammenschrumpfen, dass sie weder von dessen Erträgen leben noch ihr Alter davon sichern können. Dann werden die verarmten Finanzanleger ihrer vermögensverwaltenden Bank die Vorwürfe der Verluste machen, statt sich an die eigene Brust zu schlagen, dass sie sich nicht selbst ausreichend um die Vermögensverwaltung gekümmert haben.

Wer sich nicht ständig selbst um sein Vermögen kümmert, sondern dies Banken überlässt, wird selten langfristigen Erfolg damit haben. Insofern ist der Anleger selbst Ursache der Verluste, auch wenn eine Bank diese durch falsche Disposition erzielt hat.

8. Finanzgeier umkreisen den Mittelstand

Neben den Banken, welche schon für den Zahlungsverkehr des Unternehmens und evtl. für dessen Kredite notwendig sind, haben sich im explodierenden Finanzmarkt der vergangenen 30 Jahre vielfältige Finanzmakler, Finanzorganisationen, Finanzberater, Finanzanleger usw. eingerichtet, welche den Unternehmen und Unternehmern alle „gute Dienste" zur Verfügung stellen wollen, in den meisten Fällen aber nur eigen- statt fremdnützig operieren.

Eine 30jährige riesige Finanz-Scheinblüte hat es allen, die sich in diesem Markt tummelten, leicht gemacht, Scheingewinne zu produzieren und nicht nur selbst davon gut zu leben, sondern auch den betreuten Unternehmern und Finanzvermögensbesitzern nominelle Gewinne zu bescheren.

Seit aber die Finanzblase zu platzen begonnen hat, zeigen sich zunehmend immer größere Fehler der Finanzindustrie und Verluste für diejenigen, welche sich auf Ratschläge von Finanzhelfern verlassen haben. Die Korrektur der Scheingewinne zieht aber nicht nur Scheinverluste, sondern immer häufiger auch Realverluste und Zusammenbrüche mittelständischer Unternehmen und des Vermögens von Privatanlegern nach sich[118].

8.1 Private Equity – Helfer oder Räuber?

Einer der stürmischsten Wachstumsbereiche im Finanzmarkt war das „Private Equity"- Geschäft der Finanzinvestoren, welches sich ursprünglich erst auf Kapitalgesellschaften, danach aber auch auf die mittelständischen Personalunternehmen richtete. Solche Finanzbeteiligung ist für einen Inhaberunternehmer in Ausnahmefällen nützlich, wenn er
- Familienmitglieder auszahlen muss,
- vor einem Wachstumssprung steht, den er nicht allein finanzieren kann,

---

[118] vgl. Hamer, Eberhard und Eike, Was passiert, wenn der Crash kommt?, München, 10. Aufl. 2008, S.144

153

- sich mit seiner Firma in vorübergehenden Finanzierungsschwierigkeiten befindet oder
- überhaupt die Firma aus Altersgründen oder mangels Familiennachfolge abgeben will.

Selbst bei honorigsten Finanzanlegern verliert aber ein Inhaberunternehmer in der Regel mehr als er gewinnt, zumindest seine Unabhängigkeit. Der Grad künftiger Abhängigkeit hängt vom Grad der finanziellen Beteiligung ab. Je höher der Beteiligungsanteil an der Firma ist, desto stärker wird die Abhängigkeit des Unternehmers vom Investor:

- Der Unternehmer wird künftig in seinen Entscheidungen beschränkt. Er muss rückfragen, kann nicht mehr alleine bestimmen.

- In den meisten Fällen haben die Investoren Mitwirkungsrechte, dass sie den Unternehmern zusätzliche Verschuldung, Verringerung der Werte oder Abgabe realer Sicherheiten untersagen oder Mitsprache für langfristige Verträge abfordern können.

- Der Unternehmer muss künftig unterschiedlich intensive und regelmäßige Informationspflichten gegenüber dem Investor erfüllen, Bilanzen den Wünschen des Investors anpassen u.a.

- Der Investor kann die Beteiligung an Dritte verkaufen. Wird er selbst übernommen, hat der Unternehmer in beiden Fällen neue, unerwünschte Partner im Betrieb.

- Letztlich wird mit jeder Fremdbeteiligung der Familienbetrieb strukturell in Richtung Kapitalgesellschaft verändert, ist die Familie im Betrieb nicht mehr allein, nicht mehr souverän, meist sogar auf Abruf[119].

Im explodierenden Beteiligungsmarkt war aber vor allem der Anteil unseriöser Beteiligungsgesellschaften und Investoren gewachsen. Die unseriösen Private-Equite-Geier wollen dem Unternehmer und Unternehmen nicht eigentlich helfen, sondern versuchen mit Finanz-,

---

[119] vgl. dazu Hamer, Eberhard, Wie finanziere ich meinen Betrieb? Volksbankenverband, 3. Aufl. 1990

Steuer-, Gestaltungs- oder Vertragstricks die beteiligte Gesellschaft zu eigenem Gewinn in die Hand zu bekommen und abzustrippen. Das Mittelstandsinstitut Hannover bekommt monatlich Hilfsbitten mittelständischer Unternehmer, die von unseriösen Finanzgeiern – meist Fonds – über den Tisch gezogen, in Schwierigkeiten geraten und oft nicht mehr zu retten sind. Ein großer Teil der Finanzinvestoren sind also für den Mittelstand Räuber im Finanzmarkt.

8.2 „Heuschrecken"-Alarm auch im Mittelstand

Inzwischen warnt sogar die Politik vor „Räuberfonds", weil durch zunehmende Bankenregulierung sich die zweifelhaften Anlagegeschäfte immer stärker in nichtregulierte Fondsgesellschaften verlagert haben. Rund 9.000 Hedge-Fonds mit mehr als 1,3 Billionen Dollar Anlagegeldern haben weltweit mehr als 10 Billionen Dollar Anlagegelder platziert, steigen damit z.B. durch Aufkauf von Firmenkrediten oder Streubesitzbeteiligungen in Unternehmen ein und wollen dann dadurch Supergewinne erzielen, dass sie über Börsengang, Firmenaufspaltung oder Zusatzkreditaufnahmen sowie durch noch dubiosere Refinanzierungen Firmen regelmäßig abstrippen, aussaugen oder zerschlagen. Von in einem Jahr untersuchten ca. 15.000 Beteiligungsfällen an mittelständischen Unternehmen verfolgten die meisten Beteiligten nichts anderes als das Ausschlachten dieser Firmen[120]. Oft werden auch hoch überschuldete Räuberfonds mit gesunden mittelständischen Personalfirmen verschmolzen und werden letzteren, nachdem man sie zur Kapitalgesellschaft gemacht hat, die Schulden und oft auch der Kaufpreis aufgelastet. Oder es werden die stillen Reserven des Beteiligungsunternehmens bis zur Illiquiditätsgrenze an den Räuberfond ausgezahlt. Dazu werden dann auch noch angeblich „überflüssige Aktiva" wie Firmengrundstücke, Beteiligungen, Patente oder Forderungen separat verkauft, die mittelständische Anlagefirma also bis auf die Knochen abgestrippt und zugunsten des Räuberfonds abkassiert.

Wer sich einmal mit solchen Geiern eingelassen hat, kommt selten wieder aus ihren Fängen und verliert zumeist seinen Betrieb und sein Vermögen.

---

[120] vgl. Mechtersheimer, A., Strategie der „Heuschrecken", Deutsche Wirtschaft, 2007

8.3 Das Geschäft mit der Gier

Weil die beiden mächtigsten Finanzgruppen der Welt die ihnen gehörende Federal Reserve Bank (FED) zum Geld-Drucken als ihren Goldesel missbraucht hatten, haben sich erst die Weltgeldmenge, dann alle Finanzanlagen und Finanztitel, Börsen und Aktien und schließlich auch solche unsoliden Finanzprodukte wie die nach den Erfahrungen der ersten Weltwirtschaftskrise verbotenen Hedge-Fonds polypenartig vermehrt. Auf diese Weise hat der Finanzsektor inzwischen ein Eigenleben mit ungeheuren nominellen Wachstumsraten geführt, bei denen jeder, der irgendwelche Finanztitel besaß, an der Geldvermehrung teilhatte und sich Banken, Finanzinstitute, Anlagegesellschaften, Fonds und Privatspekulanten gegenseitig darin überboten, immer neue – windige – Anlagemöglichkeiten zu erfinden, auszuprobieren, zu vertreiben und damit Gewinne zu produzieren. Die ganze Finanzindustrie tanzte in der Finanzblase wie ums goldene Kalb mit steigender Hektik, steigender Hemmungslosigkeit, mit steigender Gier und mit wachsender Blindheit[121].

Als der Verfasser mit Mitarbeitern des Mittelstandsinstituts im Jahre 2002 den großen Finanzkollaps und die daraus folgende Weltwirtschaftskrise im Voraus beschrieb[122], wurde dies von Bankern, der Finanztheorie und den Spekulanten als Schwarzmalerei verlacht. Inzwischen zeigt sich das Platzen der Finanzblase, und es werden Millionen von Geschädigten hinterlassen, welchen angebliche „Finanzexperten" wertlose Finanzprodukte angedreht haben, die sich zunehmend verflüchtigen.

In der ersten Weltwirtschaftskrise um 1930 haben sich die Finanzwerte um etwa 90% verflüchtigt, die Sachwerte blieben aber mit Abwertungen von „nur" 50% stabiler. Wer also auch jetzt in boomende Scheinwerte der Finanzprodukte investiert hatte und nicht rechtzeitig ausgestiegen ist, wird nun wieder arm. Tausenden von Fondsanteilsbesitzern ist dies inzwischen bereits bitter klar geworden. Weder die versprochenen Renditen noch die Werthaltigkeit waren gesichert. Viele Anleger stehen schon bald mit ihren Fonds, mit ihren Aktien- und

---

[121] vgl. Hamer, Eberhard u. Eike, Der „Welt-Geldbetrug", Hannover/Unna 2005
[122] Hamer, Eberhard u. Eike, Was passiert, wenn der Crash kommt? –
    Wie sichere ich mein Unternehmen und mein Vermögen? Olzog Verlag München, 2002

Rentenportefeuilles, vor allem aber mit Derivaten und ähnlichen unsoliden Finanzprodukten mit leeren Händen da.

Sie werden dann die Anlageinstitutionen und Anlageberater verfluchen, welche ihnen die scheinbar so rentablen Luftwerte angedreht haben, weil die Anleger selbst nicht zugeben wollen, dass es eigene Gier war, welche sie aus sicheren Sachwerten und aus soliden Banken in die überbordende, unsolide Finanzindustrie getrieben hat. Lediglich in den USA beginnen die Gerichte und die Finanzaufsicht, die Banken zur Rückhaftung für „Schrottanlagen" zu zwingen; die bankenfreundliche deutsche Justiz und Bankenaufsicht sieht darin immer noch „Vertragsfreiheit".

Während der ersten Weltwirtschaftskrise der dreißiger Jahre hat sich für den größeren Teil des Mittelstandes das Finanzvermögen verflüchtigt, und er ist verarmt. Dies wird nun in den nächsten Jahren wieder geschehen. Die Geschäfte mit der Gier der Menschen gehen auf Dauer nicht gut. Wer in der Krise die Finanztitel – den Schwarzen Peter – noch als letzter hält, bleibt auf dem größten Scherbenhaufen sitzen.

Im Mittelstandsinstitut Hannover ist in den neunziger Jahren eine Untersuchung mit der Frage gelaufen, warum die am besten verdienenden Freien Berufe sich am wenigsten selbst um die Sicherung des erarbeiteten Vermögens kümmern. Ergebnis: Wer viel Geld verdient, geht um so leichtsinniger damit um, überlässt die Verwaltung meist fremden „Experten" oder Scharlatanen und verliert wiederum durch diese mehr als andere Berufsgruppen[123].

Im Finanzsektor geschieht also die Entreicherung entweder durch Finanzgeier oder/und durch die eigene Gier und Nachlässigkeit.

---

[123] vgl. Hamer, Eberhard, Selbständige mühen sich ums Verdienen, nicht aber um die Verwaltung ihres Vermögens, in: Mittelstand u. Sozialpolitik, Schriftenreihe des Mittelstandsinstituts Niedersachsen, Hannover, Band 31, S.84 ff.

9. Versicherungen verdienen am Mittelstand doppelt

9.1 Der Mittelstand braucht am meisten Versicherung

90 % unserer Erwerbstätigen üben abhängige Beschäftigung aus, für welche gesetzliche Zwangsversicherungen aus den Zahlungen der Arbeitgeber das Renten-, Kranken-, Pflege-, Unfall-, Haftpflicht- und sonstige Existenzrisiken abdecken. Nur der selbständige Mittelstand hat alle Risiken selbst ohne staatliche Absicherung und Hilfe zu tragen, muss diese also vor allem im Anfang seiner Tätigkeit, solange er noch kein Vermögen angespart hat, aus Versicherungen abdecken. Der selbständige Mittelstand ist also von allen gesellschaftlichen Gruppen am meisten auf private Versicherungen angewiesen, weil er die meisten Risiken abzudecken hat.

9.2 Die Versicherung gewinnt immer

Die ca. 4,1 Millionen selbständigen Unternehmer stehen im Versicherungsmarkt wenigen Anbietern gegenüber, deren Prämien weithin angeglichen sind, bei denen aber erhebliche Unterschiede im Versicherungswert bestehen, in dem, was tatsächlich mit der Prämie versichert ist. Dies können die meisten Unternehmer umso schwerer erkennen, als die Versicherungen Differenzen in seitenlangem „Kleingedruckten" versteckt haben. Deshalb hat eine Untersuchung des Mittelstandsinstituts Hannover mit privaten Versicherungsmaklern ergeben, dass die von diesen Maklern mit dem Mittelstand abgeschlossenen Versicherungen in fast 60 % der Fälle zu hohe Prämien abforderten, also die gleiche Versicherungsleistung oft sogar bei der gleichen oder einer anderen Versicherung zu einer niedrigeren Prämie zu haben gewesen wäre, wenn sich der Unternehmer selbst oder ein Dritter mit dem Preis-Leistungs-Verhältnis sachkundig beschäftigt hätte[124].

Die höchsten Renditen erzielen die Versicherungen in langfristigen Verträgen: Lebensversicherungen, Rentenversicherungen.

---

[124] unveröff. Untersuchung zum Versicherungsmarkt 2007 im Mittelstandsinstitut Niedersachsen

Bei Lebensversicherungen ist die Prämie darauf abgestimmt, dass der plötzliche Versicherungsfall abgedeckt wird. Wenn dann die Versicherung langfristig gelaufen ist, hat die Versicherungsgesellschaft nicht nur die kumulierten Prämien für die Versicherungssumme kassiert, sondern darüber hinaus auch noch einen Inflationsgewinn. Je höher nämlich unsere Inflation ist, desto günstiger sind die Geschäfte der Lebensversicherungsgesellschaften, weil sie harte Beiträge einnehmen und später trotz Verzinsung inflationsaufgeweichte Festbeträge zurückzahlen müssen. Dieser Inflationsvorteil der Versicherungen ist zugleich der Inflationsverlust der Kunden. Sie zahlen werthaltige Beträge ein und bekommen später inflationsentwertete Kapitalbeträge zurück. Bei einer Inflationsrate von nur 3 % macht dies in 10 Jahren schon über 30 % Wertverlust aus.

Noch ungünstiger sind für den selbständigen Mittelstand Rentenversicherungen. Zwar trägt er auch hier wiederum ein Sonderrisiko gegenüber anderen – rentengesicherten – gesellschaftlichen Gruppen. Wer aber sein späteres Altersrisiko durch Kapitalbeträge absichert, zahlt wiederum harte Beiträge gegen nach 30 Jahren bis 90 % inflationsentwertete Rückleistungen und ist dabei noch nicht einmal sicher, ob die Versicherung, die wiederum den größten Teil ihres Vermögens in Finanzanlagen oder Finanzfonds angelegt hat, nach der Finanzkrise überhaupt noch zahlungsfähig ist. Wenn eine Versicherung ihre Gelder schlecht angelegt und teilweise verloren hat, wird sie diese Verluste auch an ihre Versicherten weitergeben, sogar mit staatlicher Genehmigung (Zinssenkung).

Der Abschluss von Versicherungen ist also zwar für die besonderen Lebenslagen des selbständigen Mittelstandes notwendiger als für andere Gesellschaftsgruppen; deshalb hat der Mittelstand mehr Versicherungen als andere Gruppen und zahlt im Schnitt monatlich mehr Beiträge als andere. Die Versicherungen verdienen damit am Mittelstand mehr als an anderen gesellschaftlichen Gruppen, was den sarkastischen Satz rechtfertigt: Versicherung ist vertraglich gesicherte Bereicherung des Versicherers durch Entreicherung des Versicherten.

9.3 Im Schadensfall ist die Versicherung plötzlich Gegner

Wurde eine Sachversicherung abgeschlossen, so ist eine Dauergeschäftsbeziehung entstanden, welche die meisten Versicherungen sogar durch jährliche Preiserhöhungen zu Gewinnsteigerungen für sich ausnutzen. In mehr als 95 % der Versicherungsfälle tritt aber kein Risiko auf, hat also der Unternehmer nach eigener Ansicht „umsonst bezahlt".

Kommt es dagegen zum Risiko, tritt ein Unfall, ein Brand oder ein Maschinenschaden ein, dann lernen die meisten Unternehmer zum ersten Mal das Kleingedruckte ihres Versicherungsvertrages schmerzhaft kennen, – wird ihnen nachgewiesen, was die Versicherung alles nicht zahlen muss, welche Höchstbeträge sie nur zu zahlen hat und welche Abschläge sie zu Lasten des Versicherten machen darf.

Ein Beispiel von vielen: Eine Tischlerei war mit hoher Prämie zum Neuwert versichert. Als es dann zum Brand kam, ging das Geschachere zwischen Versicherung und Unternehmer um jede Einzelposition los:

- Die Kosten des Restabbruchs, des Aufräumens und der Entsorgung waren nur bis 5 % der Versicherungssumme versichert.

- Die Versicherungssumme als solche wurde als „Unterdeckung" gegenüber den bisherigen Preissteigerungen behauptet, sodass nur ein Bruchteil des Schadens zu bezahlen wäre.

- Die zum Neuwert hoch versicherten Maschinen waren gebraucht gekauft und wurden deshalb nur mit den Gebrauchtwerten ersetzt.

- Die Versicherung schickte eigene Sachverständige her, um nachzuweisen, dass nicht alle möglichen oder vorgeschriebenen Feuersicherungsmaßnahmen und Einrichtungen vorhanden gewesen wären, also mindestens teilweises Eigenverschulden des Unternehmers den Schadensersatz mindere.

- Schließlich wurde nur ein Teilbetrag des Schadens als Vergleichssumme angeboten und darauf hingewiesen, dass in dem Falle einer Ablehnung eine Klage des Unternehmers jahrelang dauere und somit den Wiederaufbau der Tischlerei völlig ausschließe.

Die meisten Sachversicherungen decken also nur formal die Wagnisrisiken des Unternehmens ab. Im Falle des Eintritts solcher Risiken ist die Versicherung selbst wiederum ein Risiko, weil ihre Zahlungsbereitschaft durch das Sieb ihrer juristischen Sachbearbeiter und Sachverständigen gefiltert wird.

Zwar zahlen die Mittelständler jährlich mehr als 30 Mrd. Versicherungsbeiträge; – beruhigt schlafen können sie dennoch nicht, denn in den meisten Fällen wird damit ihr Risiko, wenn es wirklich ernst wird, doch nicht abgedeckt.

10. Berater sind hilfreich, nutzlos oder gefährlich, jedenfalls teuer

Unser kompliziertes Steuersystem ist von einer Privatperson und insbesondere von im täglichen Kampf stehenden Betriebsinhabern nicht mehr zu beherrschen. Deshalb brauchen die Unternehmer zu über 90 % einen Steuerberater.

Darüber hinaus ist auch unser Rechtssystem so kompliziert und voller Fußangeln, dass Hilfe von Rechtsanwälten sogar schon bei einfachen Mietfällen notwendig ist.

Auch in anderen Fällen können Spezialberater hilfreich sein:

- Versicherungsmakler können meist günstigere Konditionen bei Versicherungen aushandeln als Privatleute.

- Die Mehrzahl der Berufsgenossenschaftsbescheide sind fehlerhaft. Ein Spezialberater ist inzwischen in der Lage, diese Fehler nachzuweisen und zu korrigieren[125].

- Auch für Patente, Kapitalverträge und technische Probleme wird regelmäßig Beratung von Spezialisten gebraucht.

Insofern bedienen sich die meisten Unternehmer mit Erfolg für ihre speziellen Probleme mindestens eines Spezialberaters.

Immerhin machten 2006 = 68.500 Berater in ca. 14.000 Beratungsfirmen von unseren Unternehmern einen Umsatz von mehr als 13,2 Mrd. Euro[125a].

Neben durchschnittlich 1,3 ständigen Beratern – meist Steuerberater und Rechtsanwalt – beschäftigen die Unternehmer jährlich durchschnittlich noch 1,1 zusätzliche Berater, deren Dienste nützlich erschei-

---

[125] BeGe Consulting GmbH in Luhden bei Bückeburg, die ohne festes Honorar nur für Erfolgsanteile berät.
[125a] so BDU-Mitteilungen (Bundesverband Deutscher Unternehmensberater) v. 27.2.2006

nen – aber häufig eher unnütz sind. Viele Berater sind nämlich in ihrem Nutzen für den Betrieb vom Unternehmer vorher schwer einschätzbar und deshalb häufig mehr Blutsauger als Blutspender[126]. Bei einer Befragung über den Nutzen der Berater[127] erklärten die Unternehmen, dass sie im Schnitt knapp 2 (1,7) Sonderberater jährlich gehabt hätten, mit dem vernichtenden Ergebnis, dass deren Beratung

- zu 62 % „das Geld nicht wert" gewesen sei,

- zu 23 % als „möglicherweise nützlich" bezeichnet wurde und

- nur zu 15 % als „nützlich" eingestuft wurde.

10.1 Beratungsfehler bleiben Kosten des Unternehmens

Bei den meisten großen Firmen werden internationale Beratungsfirmen von den Großbanken eingeschleust, vor allem solche Beraterfirmen, an denen die Bank selbst beteiligt ist. Dadurch kann die Bankengruppe nicht nur indirekt ein Sonderhonorar aus der Firma ziehen, sondern werden auch der Bank wichtige Informationen über die Firma verschafft, die sie sonst nicht bekäme und die sie nicht immer zu einem sauberen Zweck verwendet[128].

Vielfach werden die großen Beratungsgesellschaften in den Firmen auch nur deshalb tätig, weil sie mit einem bestellten Gutachten die Notwendigkeit von Entlassungen begründen sollen, also scheinbar neutrale Argumentationshilfe für das Management gegenüber dem Betriebsrat, dem Aufsichtsrat und den Gewerkschaften leisten sollen. Auch eine Reihe von größeren Mittelstandsbetrieben hat sich nach eigenen Angaben solcher teuren Argumentationshilfe bedient.

Das Mittelstandsinstitut Niedersachsen hat in den letzten 20 Jahren in mehreren Sonderuntersuchungen festgestellt, dass die Beratung mittelständischer Inhaberunternehmer durch die großen Beratungs-Kapi-

---

[126] vgl. Prochnow, Erik, Gefürchtet, aber unverzichtbar: Der Unternehmensberater, in: Impulse 2/00, S.54ff.

[127] Mittelstandsinstitut Niedersachsen, Befragung 2005 unveröff.

[128] ausf. Hamer, Eberhard, Beratung als trojanisches Pferd? in: Marktwirtschaft durch Mittelstand, Essen 1990, S.34ff.

talgesellschaften in der Regel nicht nur zu teuer, sondern auch nutzlos war, weil die in den Kategorien der Kapitalgesellschaften denkenden Mitarbeiter dieser Beratungsfirmen sich in die ganz anderen Strukturen, Funktionen und Bedingungen eines Personalunternehmens überhaupt nicht hineindenken konnten. Die Beratungen waren zwar theoretisch für den Fall von Kapitalgesellschaften richtig, in der Umsetzung für Personalunternehmen aber unanwendbar, falsch und sogar gefährlich, weil sie mit den begrenzten Mitteln, Kräften und Ressourcen eines Familienbetriebes weder durchführbar noch rentabel gewesen wären[129].

Die Stundenpreise der Mitarbeiter der großen Beratungsgesellschaften sind jedoch so hoch, dass sich deren Beratungstätigkeit meist schon aus Kostengründen bei mittelständischen Unternehmern verbietet.

Zudem setzen die großen Beratungsgesellschaften im Mittelstand gewöhnlich die unterste Kategorie ihrer Mitarbeiter – oft unerfahrene Hochschulabgänger – ein, welche nur die Standardprogramme der Beratungsgesellschaft weiterverkaufen können und sollen.

Flächendeckend gilt für die Mitarbeiter der großen Beratungsgesellschaften, dass sie keinerlei mittelstandsökonomisches Wissen über Inhaberbetriebe haben und deshalb ihre für Kapitalsgesellschaften an sich richtigen betriebswirtschaftlichen Aussagen für Familienbetriebe nicht passten, unanwendbar und deshalb falsch waren.

Die vorgenannten Untersuchungen brachten aber auch zutage, dass technische Beratungen über Produktverbesserungen, Verbesserungen der Produktionsart u.a. in der Regel für Familienbetriebe am wertvollsten waren und dass generell eine Beratung umso zielführender war, je stärker der Unternehmer dem Berater vorher konkrete Aufgabenstellung, Erfolgsziele und Auftragsdauer vorgeschrieben hat. Wo den Beratern freie Hand gelassen wurde, war die Beratung zumeist teuer und enttäuschend.

---

[129] dazu ausf. im gleichen Sinne Parkinson, Northcote, Die nerzgefütterte Mausefalle, Düsseldorf 1973, Kap.5: Die Unternehmensberater: „Die Wirksamen sind Ein-Mann-Betriebe. Die Institutionalisierten sind verheerend. Sie vergeuden Zeit, kosten Geld, wirken auf ihre besten Leute demoralisierend und ablenkend und lösen keine Probleme. Es sind Leute, die sich Ihre Uhr ausleihen, um Ihnen mitzuteilen, wie spät es ist und sich dann damit aus dem Staube machen", S.95

10.2 Die Marketingtricks der Berater

Im Schnitt wurden vom Mittelstandsinstitut befragte Unternehmer jährlich von bis zu 34 unterschiedlichen Allgemeinberatern angegangen. Viele Berater priesen sich als Spezialisten für Marketing, Werbung, Management, Motivation, Unternehmensstruktur, EDV-Organisation, Vermögensanlagen u.a. an und brachten auch seitenweise angebliche Referenzlisten ihrer Beratungen. Die meisten dieser Berater taugten dennoch für die Bedingungen eines Personalunternehmens nicht. Besonders deutlich war dies mit 23 % Organisationsberatern, welche aus Konzernen kamen und die ganz anderen Strukturen, Organisationen und personellen Bedingungen im Inhaberbetrieb meist selbst nicht kennen und deshalb zwangsläufig falsche Ratschläge erteilen oder erteilt hätten.

Im Beratungsmarkt tummeln sich nämlich viele entlassene Angestellte von Kapitalgesellschaften, die vorher in einem Spezialgebiet gearbeitet haben und nun ihr oft längst unbrauchbar gewordenes Spezialwissen dem Mittelstand verkaufen wollen, ohne zu merken, dass es in den mittelständischen Unternehmen überhaupt nicht anwendbar, nicht nützlich, oft sogar schädlich ist[130].

Die sich auf den Mittelstand stürzenden Berater versuchen sich vor allem dadurch interessant und „modern" zu machen, dass sie amerikanische Begriffe verwenden, um ganz banale Vorgänge oder Erkenntnisse damit beratungswert zu machen:

Einfache Verschlankung des Unternehmens heisst dann „Total Quality Management", „Management-Ingenieuring", „Lean-Management", „Reengeneering", „Corporate Culture", „Menpowerment" o.a. Da die Berater auch den Unterschied zwischen Manager und Unternehmer nicht kennen, versuchen sie sich selbst ebenfalls mit amerikanischen Begriffen wie „Key Account Manager", „Committment", „Kreativität-Management", „Kaizen" u.a. interessant zu machen.

---

[130] Sohn, Gunnar, Managementberatung in Deutschland – Scharlatane und Hohepriester, S.17ff.und ders. Wie Management-Gurus Unternehmen abzocken, in: Der Selbständige 6/99

Fazit:

- Jede Beratung kostet zwar sicheres Geld, hat aber unsicheren Erfolg.

- Die meisten Berater sind für die Kategorien des Mittelstandes untauglich, weil sie diese nicht kennen (aus anderen Kategorien kommen).

- Es liegt aber vor allem an jedem Unternehmer selbst, ob die Beratung zur Abzocke oder zum Erfolg wird: Er muss selbst das konkrete Ziel, die Zeit, den Erfolg und den Preis vorgeben. Akzeptiert der Berater dies nicht, liegt der Verdacht nahe, dass der Berater unqualifiziert abkassieren will.

- Die rentabelste Mittelstandsberatung ist solche, welche nur aus dem konkreten Erfolg (Ersparnis) bezahlt werden muss.

- Überwiegend positiv sind erfahrungsgemäß spezialtechnische Beratungen für den Mittelstand[130a].

[130a] Verschiedene Befragungen im Mittelstandsinstitut Niedersachsen (Hannover) vor allem in den Jahren 1990-2005.

11. Verbände: meist Konzernlobby auf Mittelstandskosten

Jeder Unternehmer ist Zwangsmitglied einer Kammer und darüber hinaus oft noch freiwilliges Mitglied eines Fachverbandes, eines Arbeitgeberverbandes oder eines speziellen Mittelstandsverbandes[131]. Alle Verbände haben die Aufgabe der Vertretung ihrer Mitglieder gegenüber Politik, Verwaltung und Gewerkschaft nach außen hin; nach innen müssen sie ihre Mitglieder bei der Stange, bei Laune und natürlich zahlungswillig halten.

Die größten Wirtschaftsverbände haben sich zu einem „Gemeinschaftsausschuss der deutschen gewerblichen Wirtschaft" zusammengeschlossen. In ihnen dominieren die drei großen Wirtschaftsverbände BDI (Bundesverband der Deutschen Industrie), BDA (Bundesverband Deutscher Arbeitgeber) und DIHK (Deutscher Industrie- und Handelskammer-Tag). Großen Einfluss hat allerdings auch der Bundesverband Groß- und Außenhandel und der Zentralverband des Deutschen Handwerks (ZDH). Sie stützen vor allem bürgerliche Parteien und bürgerliche Regierungen, verlangen aber auch von ihnen personelle und politische Gegenleistungen.

Dagegen sind die Gewerkschaften personell, finanziell und ideell mit den sozialistischen Parteien verflochten.

Gegenüber diesen Industrieverbänden und Gewerkschaften haben die wenigen speziellen Verbände des Mittelstandes bisher nur eine geringe Bedeutung gehabt, zumal sie unter sich zersplittert sind und keine Partei sich als ihre spezielle Interessenvertretung empfindet.

11.1 Verbändelandschaft und Mittelstand

Der sich in den letzten 20 Jahren weltweit und auch bei uns vollziehende Wandel von der Demokratie zur Plutokratie hat auch der Wirtschaft ein immer stärkeres Gewicht gegenüber der Politik gebracht, insbesondere zugunsten der Zentralverbände von Wirtschaft und Gewerkschaften.

---

[131] vgl. Hamer, Eberhard, Das mittelständische Unternehmen, Stuttgart 2001, S.57 ff.

Der SPD-Funktionär Peter Glotz sah mit Recht, dass früher viele Vertreter der Wirtschaft sogar häufig „ein wenig nervös" gewesen seien, wenn sie bei Konrad Adenauer, Ludwig Erhard, Franz Josef Strauß, Herbert Wehner oder Helmut Schmidt hätten antreten müssen. „Wenn heute Minister zu von Pierer, Schremp oder Allianz-Boss Schulte-Noelle müssen, sind erstere es, denen die Nerven flattern"[132].

Die Lobbyaufgabe hat immer im Vordergrund der Verbandsarbeit gestanden. Man musste als Verbandspräsident „den Draht zur Regierung haben", bei der Regierung beliebt sein, die entscheidenden Leute kennen und mit entscheidenden Politikern gemeinsame Erlebnisse gehabt haben[133]. Wer sich allerdings zu stark zu einer Seite bekannte, konnte sich bei Regierungswechsel selbst ins Abseits bringen. Deshalb hat sich ein bekannter BDI-Funktionär, welcher erst massiv im Wahlkampf für die CDU geworben hatte, im Fernsehen schon wenige Minuten nach dem SPD-Sieg angebiedert, er sei immer schon Anhänger von SPD und Schröder gewesen. Derselbe Konzernlobbyist bekennt sich nun plötzlich zum Mittelstand, nachdem seine alten Konzernfreunde ihn nicht mehr brauchen und haben wollen.

---

[132] zit., nach „Die Welt" 20.11.2002

[133] dazu Hartwig, Karl-Hans, Selbstbindung und Verantwortung von Gruppen und Verbänden, in:
Grundtexte zur Sozialen Marktwirtschaft, Bonn 1994, S.759 ff. sowie Gillies, Peter, Manager sind sprachlos, in: Rhein.Merkur 47/02, S.11
Zu den in Berlin registrierten 2.163 (22.1.10) Lobbyverbänden gehören z.B.
Kerntechnische Gesellschaft e.V.
BDEW Bundesverband der Energie- und Wasserwirtschaft e.V.
Bundesverband Solarwirtschaft e.V.
Bundesverband WindEnergie e.V.
Bundesvereinigung der Firmen im Gas- und Wasserfach e.V.
Bundesverband der Pharmazeutischen Industrie e.V.
Bundesverband der Arzneimittel-Hersteller e.V.
Deutsche Pharmazeutische Gesellschaft e.V.
Bundesverband Deutscher Kapitalbeteiligungsgesellschaften
Verein zur Förderung und Verwertung von gentechnisch verbesserten Getreideprodukten e.V.
Deutscher Zigarettenverband e.V.
Verband der Ersatzkassen e.V.
AOK-Bundesverband
Lesben- und Schwulenverband in Deutschland e.V
Bundesvereinigung Sadomasochismus e.V.

Die Verbandsbildung in der Wirtschaft ist eine logische Antwort auf die Massendemokratie, in welcher der Einzelne keine Macht mehr hat, nicht mehr seine Meinung zu Gehör bringen kann, wenn er nicht als Vertreter einer wichtigen Gruppe auftritt. Dies hat sich von den Kirchen über die Gewerkschaften bis zu den Wirtschaftsverbänden fortgesetzt. Die Frage ist nur: Wen vertreten die Wirtschaftsverbände wirklich? Wessen Interessen setzen sie durch? Hier hat die Mittelstandsforschung in 20 Jahren in laufenden Befragungen bei Politikern, den Verbänden selbst und ihren Mitgliedern die überwiegende Antwort bekommen, dass die Verbände zwar mit der Masse ihrer mittelständischen Mitglieder politisch hausieren gehen, aber im Grunde zumeist nur die Minderheitsinteressen der in ihnen herrschenden Konzerne vertreten[134]. Das ist nicht immer Vorsatz, sondern oft aus der Sache bedingt: Die Konzerne stellen in den Verbänden für das jeweilige politische Thema die Spezialisten ab und besetzen mit ihren Funktionären auch die Verbandsspitzen. Entsprechend wird von diesen Verbandsvertretern verfolgt, was für ihre Konzerne gut ist; – dass die Masse ihrer ganz andersartig strukturierten Personalunternehmen (Familienbetriebe) ganz andere Bedingungen, Notwendigkeiten und Interessen hat, wird meist nicht einmal erkannt. Wenn also die Politik „das Gespräch mit der Wirtschaft", also mit den Wirtschaftsverbänden über Steuererhöhungen oder Steuersenkungen o.ä. sucht, werden von den Verbandsvertretern sofort die Interessen der Konzerne präsentiert und als Interessen der Gesamtwirtschaft dargestellt. Deshalb zahlt der Mittelstand höhere Spitzensteuern, blieb bei vielen Steuerentlastungen ausgeschlossen, wurde mit Bürokratie eingeschnürt und mit Sozialabgaben überlastet, während die Konzerne immer wieder durch Verbandsinitiativen entlastet, bevorteilt, gehätschelt und subventioniert werden.

Während also nach außen die meisten Verbände eine einseitige Politik zugunsten der Konzerne betrieben, wurde nach innen in den Verbänden um so lauter Mittelstandstreue beschworen.

---

[134] dazu Rogowski, Michael, (BDI-Präs.), Konflikte wagen, in: Impulse 3/03, S.136

11.2 Kosten ohne Gegenleistung

Die Legitimation der Verbände nach innen hängt nämlich von der Zustimmung ihrer Mitglieder ab. Diese beträgt nur bei den speziellen freiwilligen Mittelstandsverbänden 100 %. Wer einen freiwilligen Verband nämlich nicht mehr als seine Vertretung ansieht, kann austreten.

Bei den gewerblichen Fachverbänden besteht ebenfalls ein hoher Zustimmungsgrad von mehr als 85 %, weil die Mitglieder in diesen Fachverbänden einen fachlichen Nutzen für sich selbst sehen. Deshalb sind sie Mitglied geworden, deshalb bleiben sie Mitglied, deshalb zahlen sie freiwillig für den Fachverband. Wer diesen Nutzen nicht mehr empfindet, kann immerhin den Verband verlassen.

Problematischer sind für den Mittelstand die Arbeitgeberverbände. In ihnen fühlt der Mittelstand sich selten vertreten, weil er mit seiner individuellen Produktion und der Dominanz des Faktors Arbeit ganz andere Bedingungen als die Kapitalgesellschaften hat. Deshalb haben die Arbeitgeberverbände große Mühe, mittelständische Mitglieder überhaupt bei der Stange zu halten. Im Osten hat längst eine Massenflucht aus diesen Verbänden stattgefunden, weil der Mittelstand daraus nur Kosten, aber keinen Nutzen sah.

Die größte Kritik des Mittelstandes bezieht sich aber auf die Zwangsverbände der Kammern. Noch in keiner Befragung haben die Kammern eine Zustimmungsrate von 20 % ihrer Zwangsmitglieder erreicht. Meist liegt die Ablehnung zwischen 85 und 90 %[135], weil der Mittelstand keinen Nutzen, sondern nur Kosten für sich selbst in diesen Kammern sieht.

Die Kammern selbst behaupten zwar immer, eine Fülle von Angeboten an den Mittelstand zu richten. Diese lassen sie sich aber zusätzlich und marktgerecht bezahlen. Im Übrigen haben in der Kammer vor allem die Konzernmitglieder zu sagen, stellen gewöhnlich den Präsidenten, bestimmen den Geschäftsführer und letztlich die Politik der Kammer, sodass z. B. die IHK's Hannover und Braunschweig als

---

[135] Umfragen alle 10 Jahre vom Mittelstandsinstitut Niedersachsen, gleiche Ergebnisse der Mittelstandsverbände z.B. Bund der Selbständigen NRW

verlängerter Arm von VW gelten, die Kammer München als Arm von Siemens und BMW und die Kammer von Stuttgart als Arm von Daimler-Benz usw. .

Als in der Krise 1977 die Großunternehmen plötzlich in Verluste gerieten und ihre hohen Kammerbeiträge nicht mehr zahlen wollten, eilten die Kammerfunktionäre zu dem aus ihren Reihen stammenden Wirtschaftsminister und setzten durch, dass die Kammerfinanzierung zu Lasten des Mittelstandes „gerechter verteilt" wurde. So müssen seitdem 1,5 Mio. Kleinstunternehmer, wie z. B. jeder Taxifahrer und jede Frittenbude IHK-Beiträge zahlen, ein Großkonzern wie VW aber damals nicht mehr 800.000,– DM, sondern nur noch 800,– DM „Höchstbetrag". Die Last der Kammern ist also wiederum auf den Mittelstand abgewälzt worden.

Nur die speziellen Mittelstandsverbände vertreten die speziellen Interessen des Mittelstandes, die Übrigen zumeist die Interessen der in ihnen herrschenden Konzerne. Auch das Verbandswesen ist also zumeist „Konzernvertretung auf Mittelstandskosten".

12. Eigennützige Gemeinnützigkeiten

Wer Spenden gibt, gilt bei sich selbst und in der Öffentlichkeit als „Gutmensch". Und Unternehmer scheinen besonders geneigt, von ihrem schwer verdienten Gewinn gemeinnützige Spenden zu geben, zumal sie damit z. T. Steuern sparen können. Etwa 3.000 karitative, soziale, kulturelle, wissenschaftliche und politische Organisationen haben sich deshalb – zum Teil sehr feudal – auf Spendensammeln eingerichtet. Sie können immerhin mehr als 3 Mrd. Euro Spenden in der Bundesrepublik einbetteln. Das Geschäft lohnt sich, denn die Kosten der Spendenbettelei kommen mehrfach durch Spenden wieder herein.

Wer Mitleid hat, kann für alle sachlichen und persönlichen Notfälle des Lebens spenden: für Arme, Kranke, Gelähmte, Blinde, für Notfälle in Afrika, Indien, Südamerika, für die Unterstützung der grünen Umweltpolitik, des Tierschutzes u. a. Mehr als tausend verschiedene Zwecke werden von der dreifachen Anzahl gemeinnütziger Organisationen bearbeitet, dafür mit großem Werbeaufwand das Mitleid für Spenden erregt und die Organisation erhalten.

In vielen Organisationen werden aber bis zu 70 % der Einnahmen für Verwaltung und Funktionäre ausgegeben, kommt also nur ein Rinnsal der Spenden überhaupt beim eigentlichen Zweck an. Selbst in kirchlichen Missionsgesellschaften – deren Funktionäre angeblich ehrenamtlich tätig sind – gab es Bürokratien, die mehr als 60 % der Spenden für teure Auslandsreisen, Funktionärstagungen oder Verwaltungstätigkeiten verbrauchten. UNICEF musste sich sogar den Vorwurf des Betruges und der Unterschlagung von Spendenmitteln vorwerfen lassen. Gemeinnützigkeit wird also massiv missbraucht, um eigennützigen Gemeinnützigkeitsfunktionären eine Existenz und ein Luxusleben zu finanzieren[136].

Es gibt bisher keine Statistik, von wem die Spenden hauptsächlich eingetrieben werden. Einzeluntersuchungen in „gemeinnützigen" Organisationen haben jedoch ergeben, dass mehr als 65 % der Spenden aus dem Mittelstand stammen, dass also die gemeinnützigen Funktionärsorganisationen sich vor allem aus dem Mittelstand finanzieren.

---

[136] z.B. ein Maserati als Dienstwagen des Geschäftsführers (HAZ 23.02.2010) der Treber Hilfe des Diakonischen Werkes

Der Mittelstand hat selbst nichts davon, als das gute Gewissen, er habe etwas „Soziales" getan. Letztlich wird er aber unter dem Vorwand der Gemeinnützigkeit oft betrogen und ausgebeutet, weil er nicht weiß und keine Rückmeldung darüber bekommt, was überhaupt nur am Ziel ankommt, in welchem Maße die angeblichen Gemeinnützigkeiten letztlich Eigennützigkeiten der Organisationen und ihrer Funktionäre sind, der Spendenzweck also Vorwand für Funktionärsexistenz ist.

13. Plünderung des Mittelstandes durch organisierte Kriminalität

Unterhalb der öffentlichen Abgaben (Steuern, Beiträge, Gebühren, Sozialabgaben) ist in den letzten 30 Jahren eine neue Ebene – privater – Zwangsabgaben entstanden, gegen welche sich die Unternehmer der betroffenen Branchen immer weniger wehren oder behaupten können. Es sind die Zwangsabgaben global operierender, hoch organisierter, strategisch und flächendeckend operierender brutaler Verbrecherbanden, welche nicht nur den deutschen Mittelstand, sondern die ganze Gesellschaft mit Drohung, Raub, Erpressung, Zerstörung und Körperverletzung bis zum Mord erpressen.

Wiederum leidet aber der Mittelstand besonders unter dieser Form räuberischer Ausbeutung:

- Der Kampf der internationalen organisierten Kriminalität gegen Großunternehmen wird strategisch durch Kapital, Finanz- und Übernahmetricks geführt. Hierbei sind die internationalen Verbrecherorganisationen meist nur Helfer, um Informationen illegal zu beschaffen, Börsenkurse zu manipulieren oder Widerstände renitenter Vorstandsmitglieder zu beseitigen, wie z. B. die von der amerikanischen Regierung, dem CIA und einer willigen deutschen Justiz bewirkte Diffamierung, Kriminalisierung und Entfernung des gesamten Siemens-Vorstandes, als dieser den Übernahmewünschen der maroden General Electric Corp. zu widerstehen wagte. General Electric wollte sich mit der „gesunden Siemens" aus ihren finanziellen Schwierigkeiten retten und konnte deshalb den Widerstand des Siemens-Vorstandes nicht dulden. Ähnliche Beispiele gibt es nahezu monatlich.

- Die internationale Kriminalität hat gegen den selbständigen Mittelstand aber noch eine zusätzliche, familiäre Dimension: Die Erpressungen betreffen nämlich nicht nur das Unternehmen selbst oder seinen Inhaberunternehmer, sondern auch dessen Familie. Deshalb fürchten die mittelständischen Unternehmer diese internationale Kriminalität oft noch mehr als die staatliche Ausbeutung. Ganze Branchen werden inzwischen durch das Abkassieren von internationalen Verbrecherorganisationen in ihrer Existenz noch stärker bedroht als durch staatliche Abgaben[137].

13.1 Deutschland – Drehscheibe der internationalen Verbrecherbanden

Für die romanischen Länder ist die organisierte Kriminalität längst Gewohnheit. Deshalb haben sich ihre Unternehmer damit eingerichtet, machen entweder mit oder zahlen selbstverständlich.

In Deutschland dagegen wird noch heute die private organisierte Kriminalität (OK) nicht als selbstverständlicher Bestandteil der Wirtschaft gesehen, sondern eben als Räuberbanden. Nach dem Krieg stürzten sich alle internationalen Räuberbanden auf diesen noch freien Markt, zumal die Zentrallage Deutschlands in Europa für die Ausbreitung von Verbrecherbanden in Europa eine besondere logistische Bedeutung hatte.

So strömten zuerst die Geheimdienste der Besatzungsmächte nach Deutschland und bedienen sich noch heute mit unbeschränkten Abhör- und Interventionsrechten der deutschen Technologie, der deutschen Medien, Finanzinstitutionen, Import- und Exportfirmen u.a.; sie benutzen dazu auch weitere angeblich gemeinnützige Organisationen, gesellschaftliche Gruppierungen, Vereine und Institute als Tarnvehikel.

Danach drangen die südamerikanischen sowie die süd- und osteuropäischen, schließlich sogar die chinesischen Drogen-, Menschenhandels- und Erpressersyndikate in Deutschland flächendeckend vor. Vor allem seit der Wiedervereinigung ist die Bundesrepublik zum Eldorado und Tummelplatz der internationalen Verbrecherorganisationen geworden. Nirgends sind nach Angaben des italienischen Geheimdienstes die Mafiaeinnahmen aus Drogen, Geldwäsche, Einbruch, Schutzgeldern und anderen Erpressungen so leicht zu erzielen und so gut angelegt wie in Deutschland. Der Staat schützt nämlich erst nach der Tat – wenn überhaupt. Er schützt inzwischen so wenig, dass in Deutschland in jeder Stunde 23 Einbrüche geschehen, 20 Kraftfahrzeuge gestohlen werden, täglich 17 Personen vergewaltigt und 8 Personen ermordet werden[138]. Durch Ladendiebstahl verliert der Einzelhandel jährlich 2

---

[137] ausf. Hamer, Eberhard, Die vierte Ebene der Abgaben, in: Mittelstand und Sozialpolitik, Regensburg 1996, S.179 ff.

[138] vgl. Kummer, Jochen, „Ausländerkriminalität", und StA Fäkinhäuer, Berlin Interview „Der Selbständige" 4/96

Mrd. Euro = 0,75 % seines Jahresumsatzes. Die Aufklärungsrate liegt weit unter 50 %. Während also die Angst des besitzenden Bürgertums und der selbständigen Unternehmer vor der internationalen Kriminalität steil ansteigt, sinkt der Schutz des Staates in diesem Bereich ständig ab. Der Staat verfolgt Übertretungen harmloser Bürger inzwischen konsequenter als die Verbrechersyndikate.

13.2 Die Netzwerke der Verbrechersyndikate ziehen sich immer stärker zu

Ganze Branchen werden inzwischen von ausländischen Verbrechersyndikaten beherrscht. Etwa zwei Fünftel der Gastronomie in Deutschland sind bereits von Syndikaten betrieben bzw. werden illegal abkassiert. Angefangen hat dies mit der zu 99 % schutzgeldpflichtigen Italiener-Gastronomie. Mit größter Brutalität werden die Chinalokale zu 100 % von den Triaden-Banden geführt bzw. abkassiert, die Jugoslawenlokale von jugoslawischen Banden, die griechischen Lokale von Albanern oder Jugoslawen, die Thai-Lokale von Vietnamesen. Auch deutsche Lokale können sich immer weniger gegen „Schutzgeld"-Erpressungen wehren, stehen sogar oft im Kreuzfeuer unterschiedlicher Banden. Da die Gastronomie auf freien Publikumsverkehr in ihren Lokalen angewiesen ist, kann sie sich praktisch auch nicht dauerhaft schützen. Über 40 % der gesamten Gastronomie in Deutschland sollen bereits schutzgeldpflichtig sein, haben also zu den öffentlichen Abgaben noch regelmäßige private „Kriminalitätsgebühren" zu zahlen.

Dass im Rotlicht-Milieu Menschenhandel und Drogenhandel längst nur noch von Verbrecherorganisationen betrieben werden, ist gleichsam schon „Geschäftsvoraussetzung". Inzwischen beherrschen internationale Syndikate über lokale Verbrecherorganisationen ganze Geschäftsviertel, in denen ihre Willkür mehr gilt als alle Gesetze.

Dazu werden immer weitere Branchen unterwandert und entweder als Stützpunkt oder als Geldwaschanstalt oder als Schutzgeldquelle benutzt, wie z.B. Spielhallen, Fitness-Studios, Eisdielen, Autoreparaturwerkstätten o.a. Auch in einzelnen dieser Branchen liegt der Kriminalitätsanteil bereits über 60 %[139].

Sogar die Bauwirtschaft, der Einzelhandel, das mittelständische Transportgewerbe und Speditionen werden immer öfter mit Schutzgeldern abkassiert.

Auch die besitzenden mittelständischen Privathaushalte sind zunehmend Raubobjekte:

- Zigeunerbanden werden kurzfristig importiert und auf ganze Stadtteile angesetzt. Sie wechseln sofort, wenn „das Soll erreicht ist". Dabei bedienen sie sich vor allem Kinderbanden, welche extra zu diesem Zweck dressiert, importiert und als „fliegende Kolonnen" ständig verlegt werden, weil sie als Minderjährige straffrei bleiben.

- Auch südamerikanische Syndikate schicken ausgebildete Einbrecherbanden in Kompaniestärke nach Deutschland, die wenige Tage nach ihren Taten wieder verschwinden.

- Albaner, Jugoslawen, Polen und Russen kommen abends mit Pkw's oder Bussen und verschwinden ebenfalls schon gleich oder wenige Tage nach ihrem Einsatz wieder ins Ausland. Die Statistik spricht dabei von „Kleinkriminalität". Diese ist aber inzwischen so stark, dass in manchen Villenvororten im Durchschnitt alle 5 Jahre mit Einbruch und Verlust wertvoller Einrichtung gerechnet werden muss[140].

Polnische, russische, italienische, südamerikanische und israelische Mafiaorganisationen oder die berüchtigte Scientology-Mafia unterhalten in Deutschland weitreichende Scheinfirmennetze besonders in den Räumen Frankfurt, Mannheim, Kempten, über die sie nicht nur ihre Kriminalität steuern, sondern auch Diebesgut verteilen und zwielichtige Finanzgeschäfte bis hin zur Geldwäsche betreiben. Holding-Gesellschaften der Scheinfirmennetze sind in den Steueroasen Luxemburg, der Schweiz, den Kanalinseln, Bahamas o. a. errichtet und unterhalten auch in Deutschland Armeen von Strohmännern aus Bankenvertre-

---

[139] Kummer, Jochen, Ausländerkriminalität
Hamer, Eberhard, Die vierte Ebene der Abgaben, in: Mittelstand und Sozialpolitik, Regensburg 1996, S.179 ff.
[140] vgl. Jungholt, Thorsten, Bedrohung durch die Mafia wächst, Die Welt, 28.8.2008

tern, Anlageberatern, Rechtsanwälten, Steuerberatern und ähnlichen vertrauensgeschützten Hilfsgruppen. Immer wieder wundert man sich, dass plötzlich bisher unbedeutende „Selbständige" über viele Millionen- oder sogar Milliardenbeträge verfügen und investieren können[141].

Die organisierte Kriminalität hat nach Meinung der italienischen Sonderstaatsanwälte allein in Europa mehr als 400 Mrd. Euro jährlich aus solchen illegalen und kriminellen Geschäften anzulegen. Dies wird direkt durch eigene Geldwaschfirmen erledigt, z.B. durch eigene Banken oder indirekt durch Fonds, Finanzinstitute, Lebensversicherungen, Touristikunternehmen, Reedereien, Fluggesellschaften, Im- und Exportfirmen u.a.[142].

Bevorzugte Anlagen für die gewaschenen Schwarzgelder sind der Kauf von Aktienmehrheiten und Beteiligung an Firmen (Private Equity), daneben Anlage in Immobilien. In Städten wie Leipzig, Dresden und anderen – nicht nur in den neuen Bundesländern – haben sich internationale Bandennetzwerke als größter Investor breitgemacht und konnten damit nicht nur eigenes Schwarzgeld in Weißgeld waschen, sondern auch noch öffentliche Ostzuschüsse aus den Taschen des deutschen Steuerzahlers für die Geldwäsche nutzen[143].

Besonders undurchsichtig sind die asiatischen kriminellen Organisationen[144]

- die „Sun Yee-On-Triade" aus Hongkong betreibt mit mehr als 30.000 Mitgliedern Kreditwucher, Prostitution, Geldwäsche, Schmuggel, illegale Einwanderung und Geldfälschung überall in Westeuropa,

- die „Yakuza" aus Japan haben in Europa 100.000 Mitglieder und betreiben Geldfälschung, Finanzbetrügereien, Anlagebetrug u.ä. im großen Stil.

---

[141] Ulfkotte, Udo, Industriespionage in der Bundesrepublik, in: Der Selbständige 4/07, S.8 ff

[142] ausf. Kummer, Jochen, Ausländerkriminalität, Ullstein-Report 193, S.187

[143] Raith, Werner, Das neue Mafia-Kartell, Wie die Syndikate den Osten erobern, Hamburg 1996 und: Profirma 1/2006: Das (un)heimliche Geben und Nehmen

[144] Dazu: privatdepesche: 14.2.07: Chinesen spionieren den Mittelstand aus – Weltweiter Wissensklau

- Das kolumbianische Kokain-(Schnee)-Kartell hat sich mit dem Cali-Kartell verbunden und sein Geschäft dadurch vom Rauschgift auf alle Arten von Finanzbetrug ausgedehnt.

Deutschland ist weiterhin auch der bevorzugte Tummelplatz ausländischer Geheimdienste, die vor Erpressung, Raub, Mord (Barschel), Wirtschaftsspionage und anderen kriminellen Delikten nicht zurückschrecken und sogar durch Besatzungsrecht Bespitzelungsfreiheit und Immunität haben. Allein der US-CIA soll in Deutschland über mehr als 10.000 Agenten verfügen. Die Gesamtzahl der staatlichen, halbstaatlichen und indirekt staatlichen Geheimagenten dürfte in Deutschland über 30.000 betragen. Was sie vor allem so gefährlich macht, ist ihr zum Teil hoher Rang in Wirtschaft, Gesellschaft und Politik und die sich daraus ergebenden Steuerungsmöglichkeiten[145].

13.3 Folgen für den Mittelstand

Oben wurde bereits für die Gastronomie erwähnt[146], dass ein selbständiger Gastwirt oder Hotelier einem gezielten Bandenangriff praktisch schutzlos gegenübersteht. Dies gilt auch für Transportunternehmer, welche allein mit der Drohung, ihr Lkw käme nicht wieder, wenn sie nicht zahlten, nicht mehr schlafen können. Dabei nimmt die Brutalität der Verbrecherbanden gegenüber Vermögen und Personen ständig zu, je stärker eine Branche bereits durchsetzt und von der kriminellen Organisation beherrscht ist[147]. Dies bedeutet, dass immer mehr Branchen in Deutschland für einen Existenzgründer oder freien Unternehmer verschlossen werden, dass neben der Vermachtung durch die Konzerne auch die Machtkartelle der organisierten Kriminalität den Überlebensraum des selbständigen Mittelstandes ständig reduzieren.

Das Problem unseres Rechtssystems liegt darin, dass Polizei und Justiz – wenn überhaupt – erst nach der Tat tätig werden, dass aber die Bedrohung, so konkret sie schon ist, für staatlichen Eingriff meist nicht ausreicht. Der Mittelstand bleibt also gegen die organisierte Krimina-

---

[145] Faber, Walter, NGO's, in: Magazin 2000 plus 239, S.42
[146] oben Kap. 12, S.
[147] vgl. Kummer, Jochen, Ausländerkriminalität a.a.O., S.194 ff.

lität vom Staat meist ungeschützt. Und wenn die internationalen Banden zugeschlagen haben, reicht die nationale Verfolgungsmacht des Staates meist nicht mehr aus. Im Gegensatz zur Verfolgung von Verkehrsvergehen bringt zudem die Verfolgung der internationalen Banden dem Staat weder Erfolg noch Geld.

Und wenn nun in der sich verschärfenden Weltwirtschaftskrise auch bei uns wieder Massenarbeitslosigkeit und Armut entstehen, wird die Notlage des – vor allem immigrierten – Prekariats weitere Vermögensangriffe auf alle diejenigen provozieren, die noch etwas haben, bei denen noch etwas zu holen ist. Das war in der ersten Weltwirtschaftskrise so und wird in der zweiten jetzt ebenso werden. Dem Mittelstand stehen also für Betrieb und Vermögen sogar noch gefährlichere Zeiten als heute bevor[148].

---

[148] vgl. Hamer, Eberhard u. Eike, Was passiert, wenn der Crash kommt?,10.Aufl., München 2008

14. Und wenn der Mittelstand ausblutet?

Die vielen öffentlichen Hände und privaten Räuber, welche nach den Erträgen der mittelständischen Firmen und nach dem Vermögen unserer Bürger greifen, haben immerhin zur Folge, dass die Eigenkapitalausstattung unserer mittelständischen Betriebe mit durchschnittlich nur noch 17 % im Westen und sogar nur 10 % im Osten so gering ist, dass die Betriebe mit 83 bzw. 90 % Fremdkapital für eine große Krise nicht mehr gewappnet sind. Machen sie 10 oder 15 % Verlust, wird sich die Insolvenzquote von derzeit ca. 30.000 Betrieben vervielfachen. Der Mittelstand ist also durch das Übermaß der Plünderei von allen Seiten bereits jetzt ausgeblutet. Er hat die letzten Jahrzehnte nur durch gute Konjunktur noch überleben können.

Die Frustration im selbständigen Mittelstand nimmt deshalb zu. Mehr als 10.000 Unternehmer verlassen jährlich mit ihren Betrieben und ihrem Vermögen unser Land, um in anderen Ländern mit weniger Steuer- und Sozialabgabenlast, vor allem ohne Erbschaftssteuer, ohne Kammerzwang und ohne Bürokratieperfektion ein leichteres Unternehmerleben zu führen.

Ebenso wie im selbständigen Mittelstand greift aber auch in dem „besserverdienenden" angestellten Mittelstand und Bildungsbürgertum Resignation um sich.

Wenn nur noch weniger als die Hälfte oder gar ein Drittel des Bruttogehalts für die Familie selbst verfügbar bleibt, können daraus immer schwieriger wichtige Anschaffungen und Ersparnisse geleistet werden. Das Geld reicht von Jahr zu Jahr netto weniger, um aus abhängiger Stellung einen den steigenden Anforderungen angemessenen Lebensstandard führen zu können. Mehr als 150.000 Spitzenkräfte verlassen deshalb jährlich Deutschland in Länder, in denen brutto mehr zu verdienen ist und mehr Netto vom Brutto übrigbleibt. Der ungenierte Zugriff aller öffentlichen Hände und privater Räuber gerade auf die gesellschaftliche Mitte unserer Leistungsträger scheint Wirkung zu zeigen und zieht Folgen nach sich.

14.1 Der schrumpfende Mittelstand in der Gesellschaft

In anderen Ländern und zu Wirtschaftswunderzeiten nach dem Kriege wurden die Unternehmer und besserverdienenden Leistungsträger bewundert, sah die Leistungsgesellschaft in ihnen die Vorbilder für die Gesamtgesellschaft. Wer in der Leistung und deshalb im Verdienst und im Vermögen nicht mitgekommen war, hatte zumindest den Wunsch, es den Leistungsträgern nachzutun.

Heute ist die gesellschaftliche Situation für die Leistungsträger völlig anders: Wer durch Mehrleistung mehr erreicht, mehr Einkommen und mehr Vermögen hat, den trifft nicht nur der Neid derer, die sich in der Leistung zurückgehalten haben oder anderweitig zurückgeblieben sind, sondern der wird von den herrschenden Kadern unserer Gesellschaft (die übrigens selbst fürstlich verdienen) mit öffentlichem Neid verfolgt. Vor allem die Sozial- und Medienfunktionäre rechtfertigen ihre eigene Feudalposition durch ständige Neidkampagnen gegenüber jenen, welchen sie ihre wirtschaftlich bessere Situation nicht gönnen und nehmen wollen, um damit ihre eigenen Umverteilungsmöglichkeiten und den Dank der Unterschichten zu gewinnen.

Dem Neid gegenüber dem besserverdienenden Mittelstand steht allerdings bei den gleichen gesellschaftlichen Meinungsführern tägliche Lobhudelei und Presserummel zugunsten der Schickeria und Glamour-Szene gegenüber, die sehr viel mehr verdient, aber offensichtlich auch ohne entsprechende Leistung pressenotwendig erscheint und deshalb täglich in der „Regenbogenpresse" als Vorbild präsentiert wird.

Es sind aber nicht nur der gesellschaftliche Gruppen- und Wertewandel, welche in den letzten Jahrzehnten die ehemals gesellschaftliche Führungsposition des Mittelstandes untergraben haben; – die „Bürgerliche Gesellschaft", der wir unser „Bürgerliches Gesetzbuch", unsere „Bürgerlichen Rechte", unsere „bürgerlichen Tugenden" und die „bürgerlichen Werte" unserer Gesellschaft zu verdanken haben, wird immer weniger akzeptiert. Zu bürgerlichen Tugenden oder zu Patriotismus oder „Elitebildung" darf man sich heute schon gar nicht mehr laut bekennen, ohne ins Visier der im „Kampf gegen Rechts" vereinigten Linken, der von den Steuern des Mittelstandes bezahlten „Gutmenschen" zu geraten[149]. Die Mitte ist gegenüber allen Angriffen in der Defensive – gesellschaftlich wie publizistisch.

Die gesellschaftlichen Folgen der schrumpfenden Mitte beginnen zu greifen:

- Der früher über 50% betragende Anteil derer, die sich selbst als Mittelstand in der Gesellschaft bezeichneten, ist inzwischen auf etwa 40% zurückgegangen und könnte in 10 Jahren nach der Krise bei nur noch 20% liegen.

- Während die wirtschaftliche, politische und gesellschaftliche Elite der Spitzenverdiener in der deutschen Gesellschaft keine aktive, sondern nur über die Medien eine publizistische Rolle spielt, nimmt der Anteil des neuerdings „Prekariat" bezeichneten Proletariats, der zunehmenden einheimischen und durch Immigration sogar explosiv wachsenden Unterschicht ständig zu.

- Ein zunehmender Teil des Mittelstandes wird seine wirtschaftliche und gesellschaftliche Mittelposition wegen der allgemeinen Ausbeutung nicht mehr halten können und rutscht in die Unterschicht ab. Dies hat erst schleichend begonnen, wird aber in der angefangen Krise wie in den dreißiger Jahren dramatische Folgen annehmen. Der verarmende und verarmte Teil des Mittelstandes – das verarmte Bürgertum – war immer in der Geschichte das unzufriede gesellschaftliche Potential, aus dem Revolutionen kamen.

- Es gibt bisher keine Forschungen darüber, bei welchem Punkt des schrumpfenden Mittelstandes dieser seine Ausgleichsfunktion zwischen den Randgruppen nicht mehr halten kann und die Gesellschaft wieder in eine duale Gesellschaft von Ober- und Unterschicht zerfällt. Die Geschichte lehrt uns jedenfalls, dass die Phasen vorherrschend bürgerlicher Gesellschaft in der Vergangenheit relativ kurz waren gegenüber dem Normalzustand einer kleinen herrschenden Elite und der Masse beherrschter, überwiegend abhängig und arm gehaltener Untertanen. Ein schrumpfender Mittelstand wird jedenfalls irgendwann auch das Ende der selbstverantwortlichen bürgerlichen Gesellschaft bringen.

---

[149] ausf. Seifert, Herbert, Redefreiheit und politische Korrektheit, Vortr. 24.10.08 Würzburg

- Mit dem Zerfall des Bürgertums und einer wieder dualen Gesellschaft von Herrschern und Beherrschten würden sich auch die „bürgerlichen Errungenschaften" der persönlichen Freiheit, der Bürgerrechte und der Selbstverantwortung reduzieren. Herrscher können keine Freiheit der Untertanen dulden. Untertanen haben Befehlen zu gehorchen. Dies war in allen hierarchischen Herrschaftssystemen so, im Adelsfeudalismus ebenso wie in allen Formen des Sozialismus und jetzt auch in der Plutokratie des Kapitalismus. Mit schrumpfendem Mittelstand gehen also auch persönliche Freiheiten und „Menschenrechte" verloren.

14.2 Wie berührt ein Zerfall des Mittelstandes die freiheitlichen Ordnungssysteme?

Schon Aristoteles hat nur in einem starken Mittelstand einen dauerhaften gesellschaftlichen und politischen Ausgleich zwischen den beiden Randgruppen oben und unten gesehen: „Der Staat muss sich so weit als möglich aus gleichen und einander nahestehenden Bürgern zusammensetzen. Dies trifft am meisten auf den Mittelstand zu. Dieser Mittelstand ist das konservative Element in den Staaten. Weder begehrt er, wie die Armen, nach fremdem Gut…, noch greift er andere an." Es leuchtet also ein, „dass die sich auf den Mittelstand gründende politische Gemeinschaft die beste ist und dass solche Staaten gut verwaltet werden können, in denen der Mittelstand stark und womöglich den beiden anderen Klassen, mindestens aber der einen überlegen ist, denn je nachdem er auf eine Seite tritt, gibt er den Ausschlag und verhindert, dass eines der einander entgegengesetzten Extreme das Übergewicht erlangt. Daher ist es das größte Glück für einen Staat, wenn seine Bürger ein mittleres und ausreichendes Vermögen besitzen. Denn wo die einen sehr viel besitzen und die anderen nichts, da entsteht entweder eine radikale Demokratie oder eine Oligarchie in Reinkultur oder eine Tyrannis[150]". Die Bedeutung Athens dauerte deshalb auch nicht länger als sein Bürgertum Kraft und Bestand hatte. Nachdem sich das selbständige Bürgertum entzweit, geschwächt und dezimiert hatte,

---

[150] Aristoteles, Hauptwerke, Kröner Verlag, S.317

war auch die wirtschaftliche, politische und gesellschaftliche Bedeutung Athens dahin und konnte Alexander nicht nur die Bürgerrepublik beenden, sondern auch wieder eine Monarchie über Athen errichten. Ebenso begann Roms Aufstieg mit der Vertreibung der Tarquinier als Bürgerrepublik und hat nicht länger gedauert, als dieses Bürgertum stark blieb. Durch die „als Strafe für Leistung und Selbständigkeit" (Mommsen) sich auswirkende Besteuerung und Militärpflicht des römischen Mittelstandes wurde die Lage der Selbständigen immer schlimmer und gaben immer mehr Römer ihre Freiheit auf, um ohne Wehrpflicht und Steuern als Knechte und Unfreie sorgenloser leben zu können. Das Ende des Mittelstandes war, wie Mommsen beschreibt, auch das Ende der römischen Gesellschaft und Herrschaft.

Die Demokratie jedenfalls ist nicht nur als bürgerliches Freiheitssystem entstanden, sondern auch immer nur von einem starken Mittelstand gewährleistet worden. Er will damit seine persönliche Freiheit, Selbstverantwortung und Rechtsgleichheit sichern. Die Randgruppen haben andere Interessen:

- die Oberschicht an Macht und Herrschaft über Untertanen, an Rechtsungleichheit (Vorrechten) und an Gehorsam statt Freiheit und

- die Unterschicht an Umverteilung, Existenzsicherheit auch ohne persönliche Gestaltungsmöglichkeit und an einer wirtschaftlichen Gleichheit.

Wo also der Mittelstand sich auflöst, kann sich keine freiheitliche Demokratie mehr halten, kippt sie entweder in eine Elitenherrschaft des Kapitals – Plutokratie – oder eine Militärdiktatur oder eine Diktatur der Funktionäre (Politbüro), in allen Fällen in eine Herrschaft über Untertanen statt über selbstverantwortliche Bürger um.

Die Erosion der Demokratie durch Abgabe der Souveränität vom selbstverantwortlichen Bürger auf delegierte Verantwortungsträger auf Zeit wird in allen zentralistischen Systemen umgekehrt in eine Dauerherrschaft von oben nach unten und Souveränität der Spitze mit Befehlsgewalt über Untertanen. Jeder Verlust von freiem, eigenverantwortlichem Mittelstand bringt so zwangsläufig auch Verlust von Demokratie mit sich.

Ebenso beruht auch das wirtschaftliche Ordnungssystem der Marktwirtschaft auf der Vielzahl selbständiger Konsumenten, vor allem aber vieler selbständiger, im Wettbewerb stehender Produzenten. Mehr als 4 Millionen mittelständische Unternehmer sind die Garanten dafür, dass sich die Produzenten mit Preis und Leistung gegenüber dem Kunden überbieten müssen, dass der Kunde jeweils die für ihn günstigstmögliche und beste Leistung bekommt.

Wo aber die Zahl der selbständigen mittelständischen Unternehmer zurückgeht und ganze Marktsegmente von Konzernen und der organisierten Kriminalität vermachtet, konzentriert und zentral beherrscht werden, findet Wettbewerb auf der Anbieterseite umso weniger oder gar nicht mehr statt. Der Kunde bekommt die von den Konzernen für richtig befundenen Produkte zu deren vorgeschriebenem Preis – wie z.B. im Benzinmarkt. So sinkt entsprechend auch der Lebensstandard der von den Konzernen ausgebeuteten Konsumenten. Marktwirtschaft kann sich eben ohne Mittelstand nicht erhalten, wird immer zur Machtwirtschaft, zur Konzernwirtschaft oder zur privaten oder staatlichen Monopolwirtschaft.

Wenn unstreitig ist, dass uns die bislang funktionierende Marktwirtschaft den höchsten Lebensstandard in der Geschichte beschert hat, bedeutet der Verlust von Marktwirtschaft durch Verlust des Mittelstandes letztlich einen wirtschaftlichen Verlust für alle Einwohner des Landes, wird nicht nur der Lebensstandard des Mittelstandes, sondern der aller Menschen absinken[151].

14.3 Das Programm der Globalisierung: die duale Gesellschaft

Ein neuer gesellschaftlicher Wandel hat sich unter Führung internationaler Organisationen (IWF, Weltbank, EU, NATO etc.) mit dem Stichwort „Globalisierung" als angebliche Verteidigung von Freiheit, Demokratie und Marktwirtschaft, in Wirklichkeit aber als eine wirtschaftliche, politische und militärische Weltzentralisierung einge-

---

[151] vgl. auch Hamm, Walter, Die Funktion von Privateigentum, Vertragsfreiheit und persönlicher Haftung, in: Grundtexte zur Sozialen Marktwirtschaft, Ludwig Erhard-Stiftung 1994, S.305 ff.

führt.[152] Dadurch werden zunehmend aus freien Bürgern abhängige und sogar unmündige – sogar nummerierte – Untertanen. Die kulturelle, wirtschaftliche und politische Blütezeit der bürgerlichen Gesellschaft endet damit, dass wir nicht mehr souveräne Bürger eines Nationalstaates, sondern Untertanen globaler Organisationen geworden sind, welche über unsere Meinung, über unsere Kultur, unsere Politik, unsere persönliche Freiheit und unseren Wohlstand mehr zu entscheiden haben als wir selbst[153].

Die „einzige Weltmacht" sieht in ehemals souveränen Staaten zum Gehorsam verpflichtete „eurasische Vasallen"[154] und will nicht mehr individuelle Freiheit und Selbstverantwortung, sondern kollektiven Gehorsam von Einheitsuntertanen, weltweit angepasste Einheitskunden, Einheitsverbraucher und Einheitsmenschen sowie zentrale Steuerung von Weltwirtschaft, Weltpolitik und globalen Kulturzentralismus durch globalen Finanzimperialismus.

Eine globale Netzwerkelite aus Finanzen, Wirtschaft, Politik und ihren Hilfsorganisationen[155] hat alle wirtschaftlichen, politischen und militärischen Rechte zentral gesammelt und nach unten hin immer mehr beschränkt, sodass mit der Zeit in allen Vasallenstaaten aus bürgerlichen Gesellschaften neue duale Gesellschaften von wenigen Herrschenden und vielen Beherrschten entstehen.

Die kapitalnahe Oberschicht der Völker hat diese Entwicklung als neue feudalistische Herrschaftsmöglichkeit zu eigenem Machtgewinn begrüßt und schwenkt deshalb die Fahne der Globalisierung mit allen ihr zur Verfügung stehenden publizistischen Mitteln[156]. Die Unselbständigen und ihre Gewerkschaftsvertreter dagegen haben die Minderung ihrer persönlichen Freiheitsrechte bisher kaum gemerkt, weil sie ohne-

---

[152] Deshalb gesteht Baroch, Bernard M. (Milliardär, Präsidentenberater und Organisator der US Kriegsindustrie in beiden Weltkriegen) in seinem Testament 1965: „Eines aber ist wichtig: Die Politik war nie entscheidend für das Weltgeschehen. Sie war immer nur Faktor, Ergebnis der Wirtschaftsmächte. Dieses Grundgesetz zwingt uns zur Änderung unserer politischen Spielregeln…".

[153] vgl.ausf.Hamer, Eberhard und Eike, Wie kann der Mittelstand die Globalisierung bestehen? Hannover/Unna 2006

[154] so Brzezinski, Die einzige Weltmacht a.a.O., S.56 ff.

[155] z.T. mit Treffpunkt Davos

[156] vgl. ausf. Hamer, Eberhard und Eike, Der Welt-Geldbetrug, Unna 2007, S.199 ff.

hin keine Selbstverantwortung, sondern Sicherheit suchen und der falschen Meinung sind, dass größere Zentraleinheiten größere Sicherheit böten. Deshalb kommt heute auch gegen den Trend zur dualen zentralistischen Gesellschaft von dort kein Widerstand.

Eine duale Gesellschaft ist immer nur Vorteil für die Oberschicht und bringt zwar Elend und Unfreiheit für die Unterschicht, ist aber vor allem Angriff auf die Existenz einer bürgerlichen Mittelschicht. Ohne persönliche Freiheit und Selbstverantwortung kann der gesellschaftliche Mittelstand nicht überleben. Der Kampf für persönliche Freiheit und Selbstverantwortung hat erst die Existenz, die Leistung und den Wohlstand der gesellschaftlichen Mittelschicht gebracht. Gehen also Freiheit und Selbstbestimmung in einer dualen Gesellschaft zurück, wird auch der bürgerliche Mittelstand erdrückt. Der Kampf der Globalisierer für eine duale Gesellschaft hat zuerst mit dem weltweiten Entzug von Freiheitsrechten der Bürger und deren zentraler Konzentration begonnen. So beklagte der frühere Bundespräsident Herzog mit Recht, dass inzwischen 84% aller wichtigen Regelungen in Deutschland nicht mehr demokratisch von unseren Parlamenten entschieden, sondern durch nicht mehr demokratisch legitimierte Politkommissare aus Brüssel verordnet und von unseren Parlamenten zwangsweise nur noch „umgesetzt" würden. Ein Selbstverantwortungssystem ist dies nicht mehr.

Aber auch Brüssel entscheidet bereits wieder nach Weisung eines höheren, globalen Netzwerkes, welches weltweit nach dem Willen der weltbeherrschenden Plutokratie die Richtung vorgibt und inzwischen über ausreichende finanzielle, organisatorische und militärische Mittel verfügt, seinen Willen global zu erzwingen[157].

Der zweite Angriff auf den bürgerlichen Mittelstand – und hierbei vor allem auf den wirtschaftlichen Mittelstand – vollzog sich durch die in allen Vorkapiteln dieses Buches beschriebene Verlagerung aller Lasten auf die mittelständische Bevölkerungsminderheit zugunsten der Oberschicht einerseits und der Unterschicht andererseits, sodass sich

---

[157] vgl. Hirt, Walter, Netzwerke statt Nationen, in: Hamer, Eberhard u. Eike, Wie kann der Mittelstand die Globalisierung bestehen? Unna 2005, S.89ff. , Wisnewski, Gerhard, Drahtzieher der Macht, München 2010

der Mittelstand wie ein Hamster im Laufrad zwar immer mehr anstrengen musste, er aber immer weniger durch den Ertrag seiner eigenen Leistung überleben konnte.

Der dritte Angriff auf den wirtschaftlichen Mittelstand kommt von der oben beschriebenen Vielzahl privater Ausbeuter, von den großen Haien der Großwirtschaft bis zu den Piranhas der organisierten Kriminalität. Auch diese privaten Ausbeuter konzentrieren sich auf den Mittelstand statt auf die gutgeschützte Herrschaftsschicht oder auf die ohnehin alimentierten Untertanen.

Ein vierter Angriff auf die bürgerliche Gesellschaft geschah durch die von Globalisierern und Großwirtschaft gemeinsam betriebene Massenimmigration von Proletariat in die bürgerlichen Gesellschaften. Durch ständig steigenden Anteil von ausländischem Proletariat, welches weder die Landessprache spricht, noch lesen und schreiben kann, noch irgendwelche Bildung hat, noch Qualifikationen aufweist, noch integrationswillig oder -fähig ist, wurde eine wachsende arbeitslose Unterstschicht in die bürgerlichen Gesellschaften eingeschleust, die nicht nur aus steigenden Sozialabgaben des Mittelstandes unterhalten werden muss, sondern auch durch ihre Geburtenfreudigkeit eine wachsende Schicht der Leistungsempfänger im Interesse der dualen Gesellschaft garantiert und für die Zukunft sichert.

Der bislang kräftige und wirtschaftlich – nicht politisch – führende Mittelstand in Deutschland und in anderen bürgerlich strukturierten Ländern Europas hat sich bisher gegen diese vier Angriffsrichtungen noch behaupten können. Lange wird er dies aber nicht mehr aushalten.

Ein Lichtblick und vielleicht eine Hoffnung für den Mittelstand war eigentlich der Ausgang der Bundestagswahl im September 2009, welche zur Überraschung der dominant sozialistischen Parteien und Politik eine „Mittelstandsprotestwahl" zugunsten der FDP und damit noch einmal – vielleicht ein letztes Mal? – eine bürgerliche Regierungsmehrheit gegenüber einer sozialistischen Opposition brachte. Für die FDP hatte sich ausgezahlt, dass sie sich konsequent zum Mittelstand, zu bürgerlichen Freiheiten gegen Staatseingriffe und Staatsbevormundung sowie zu Eigenverantwortung statt staatlicher Gängelung bekannte, während der CDU aus genau diesem Grunde ihre mittelständischen Wähler weggelaufen sind. Die SPD, welche früher einen großen Teil des Bildungsbürgertums (Lehrer, Kulturfunktionäre u. a.) an sich gezogen hatte, ist in ihrer neuen proletarischen Ausrichtung für dieses Wählerpotential ebenso wenig attraktiv geblieben wie die beiden anderen proletarischen Parteien. Allerdings haben die drei letzteren eine Entwicklung eingeleitet, die ihnen langfristig Mehrheiten bescheren dürfte: die ca. 6 Mio. Wähler aus den ca. 15,6 Mio. Immigranten haben zu 95 % die proletarischen Parteien gewählt. Je mehr deshalb die deutsche Staatsbürgerschaft an das immigrierte Proletariat verteilt wird, desto günstiger werden die Wahlchancen der proletarischen Parteien, desto schwerer wird noch einmal eine bürgerliche Mehrheit zu erreichen sein.

Würde aber die neue bürgerliche Regierung die Kraft aufbringen, einige seit Jahrzehnten vom Mittelstand vorgetragenen Grundforderungen zu erfüllen, wie z. B. Steuergleichheit der Unternehmensformen, und Steuerfreiheit des im Unternehmen verbleibenden Gewinnes, Umsteuern der Sozialsysteme von Bevormundung auf Selbstverantwortung und Entbürokratisierung unseres Lebens und unserer Betriebe sowie Steuerung der Sozialimmigration, dann könnte aus der Krise ein neuer Wirtschaftsaufschwung einen überzeugenden Beweis für den Erfolg mittelständischer Politik und vielleicht damit auch weitere politische Mehrheiten bringen.

Wenn künftige Generationen nicht mehr selbstverantwortlich, sondern als Untertanen wieder unter Zentralherrschaft oder sogar Weltzentralherrschaft leben müssen, werden sie unserer derzeit individuellen Freiheit und Selbstverantwortung sowie des höchsten je erreichten Durchschnittswohlstandes in der bürgerlichen Demokratie und Marktwirtschaft nachtrauern und nicht verstehen, weshalb unsere Generation sich diese Vorteile ohne Widerstand durch eine fremdgesteuerte Politik, manipulierte Publizistik und monopolisierte Wirtschaft sowie durch zentral gelenkten Freiheitsentzug hat nehmen lassen.

15. Abwehrmaßnahmen gegen Angriffe

Die vorgenannte Verfolgung des selbständigen Mittelstandes durch vielerlei Räuber, die sein Einkommen, seine Gewinne, sein Vermögen und seinen Betrieb plündern wollen, muss man nicht tatenlos geschehen lassen. Nicht in allen Fällen, aber in vielen, kann man sich entweder der Gefahr entziehen oder sich doch so schützen, dass man auch hier in Deutschland angemessen überleben kann.

15.1 Sicherung unserer Freiheit

Für einen selbständigen Unternehmer sind Freiheit, Selbstverantwortung und Eigenständigkeit eine Lebensvoraussetzung. Ohne ein Mindestmaß an Freiheit kann der Unternehmer die Entscheidungen in seinem Betrieb nicht treffen, kann er das Risiko dieser Entscheidungen nicht tragen und könnte er auch nicht „auf Zukunft arbeiten".

Diese Freiheit des Unternehmers ist – wie oben in den Kap. 2 und 3 geschildert – vielfach bedroht. Die persönliche Freiheit der Unternehmer wird begrenzt, ihre Entscheidungsfreiheit von Funktionären vorgegeben, ihr Denken gesetzlich eingegrenzt und kontrolliert, Geheimdienste beobachten sie, und die Bürokratie nimmt immer schamloser ihre Freizeit in Anspruch.

Wer sich als Unternehmer diese Freiheitsbegrenzung gefallen lässt, wird vom dynamischen Selbständigen zum gehorsamen Verwalter und fällt notwendigerweise zurück. Also muss man die Freiheit zu sichern versuchen. Dazu gibt es Möglichkeiten:

- Oben[158] wurde bereits dargestellt, dass die grundgesetzlichen Freiheiten nach Art. 2, 4, 5, 8, 11, 12 und 13 immer stärker durch zentralistische Vorschriften und Kontrollen ausgehebelt wurden. Inzwischen hat unser Staat im Auftrage der EU sogar die Durchnumerierung jedes Bürgers mit künftig vorgesehener Chip-Einpflanzung und Permanentkontrolle begonnen, haben wir ein so dichtes Gesetzesnetzwerk um uns, dass wir auch dadurch einen

---

[158] Kap. 3.2 u. 14

wesentlichen Teil unserer persönlichen Freiheit, die Unternehmer aber vor allem auch ihrer Entscheidungs- und Gestaltungsfreiheit verloren haben. Inzwischen werden unsere persönlichen Daten entgegen allem Datenschutz nicht nur freigiebig zwischen allen Behörden ausgetauscht, sondern auch dem Ausland zur Verfügung gestellt[159]. Frühere Regierungen haben so unsere freie Demokratie immer mehr zum dirigistischen Kontrollstaat mit ständig wachsender Freiheitsbegrenzung der Bürger umfunktioniert. Von der vielleicht letzten bürgerlichen Regierung wird hierzu endlich eine Gegenpolitik erwartet.

Die schleichende Freiheitsbegrenzung durch wachsende Kontrollen hätten vor allem die Unternehmerverbände und die von ihnen gesteuerten Politiker nicht dulden dürfen. Die Verbände sollten deshalb vom Mittelstand mobilisiert werden, die demokratischen Freiheitsrechte nicht nur zu verteidigen, sondern auch wieder zurückzugewinnen, um mit weniger Kontrolle der unternehmerischen Handlungsfreiheit wieder größeren Freiheitsraum zu geben.

- Eine Freiheitsbegrenzung sind auch die geheimen Kontrollen der in Deutschland frei operierenden Geheimdienste[160]. Es ist ein Unding, dass einzelne Geheimdienste auf deutschem Boden noch exterritoriale Immunität von allen deutschen Gesetzen genießen[161] und deshalb der Bürger nicht erfährt, was die Geheimdienste ihm mit höchst aufgerüsteter Technologie ablauschen, welche technischen Betriebsgeheimnisse sie ausforschen[162] und in welchem Maße diese Geheimdienste letztlich auch Instrumente der internationalen Wettbewerber gegen deutsche Unternehmer sind. Nirgendwo in der Welt sind so viele Geheimdienste mit so vielen Mitarbeitern tätig wie in Deutschland. Dies verschwiegen und geduldet zu haben, ist ein kardinaler Fehler unserer bisherigen Regierungen gegenüber dem Bürger gewesen und muss durch die neue bürgerliche Regierung reduziert werden.

---

[159] Bankdaten für die USA. Diese verlangen sogar Netzbilder der Passagiere von den Flughäfen.
[160] vgl. oben Kap. 3.1
[161] durch die 2+4 Verträge praktisch in Fortsetzung der Besatzungsrechte
[162] vgl. oben Kap.13

Dagegen kann man als Einzelbürger nur immer wieder die Beendigung der Besatzungsrechte – der Exterritorialität und Straffreiheit der Geheimdienste in Deutschland – und deren Unterstellung unter deutsches Recht – vor allem unter deutsches Schadensersatzrecht – fordern. Die in der Krise schwindende Macht der USA dürfte dies in Zukunft durchsetzbar machen.

- Freiheits- und Freizeitbegrenzung vor allem für Unternehmer sind auch die Frondienste der bürokratischen Pflichten, welche Unternehmer kostenlos und jährlich mit mehr als tausend Stunden für die vielfältigen öffentlichen Verwaltungsstellen leisten müssen. Keiner anderen Berufsgruppe wird diese Freizeit- und Freiheitsbegrenzung zugemutet[163]. Unternehmer sollten viel lauter dagegen protestieren und nach Möglichkeit sabotieren. Viele Kontrollen und Meldungen könnten die allseitig vernetzten Behörden nämlich längst aus eigenen Akten erstellen. Sie fordern sie vom Unternehmer nur deshalb ab, weil es sie nichts kostet und für die Behörden bequemer ist[164]. Wenn sich die mittelständischen Unternehmer dagegen nicht rühren, wird niemand anders ihnen helfen: Die Großwirtschaft nicht, weil sie diese bürokratischen Pflichten weniger stören, und die Arbeiterschaft nicht, weil sie diese Pflichten nicht hat. Die Bürokratieüberwälzung ist seit fast 30 Jahren im Mittelstandsinstitut Hannover als Freizeitraub und Mittelstandsdiskriminierung angemahnt worden. Getan hat sich nicht viel. Der Mittelstand sollte endlich in diesem Punkt rebellischer werden. Immerhin hat die neue bürgerliche Regierung diesen Missstand erkannt und wiederum Entbürokratisierung versprochen.

- Längst ist auch private Kriminalität nicht mehr nur Vermögenskriminalität, sondern auch Freiheitsbedrohung, gegen die wir uns wehren müssen.

Schon heute ist es für alte Menschen nicht mehr ratsam, nachts oder sogar tags in einer westdeutschen Innenstadt mit einer Tasche oder mit Geld über die Straße zu gehen. Jugendliche Banden

---

[163] vgl. oben Kap. 3.1
[164] vgl. Hamer, E., Bürokratieüberwälzung auf die Wirtschaft, Beispiele S.26 ff. , Rationalisierungsvorschläge S.139 ff.

begehen täglich in jeder deutschen Großstadt hunderte Überfälle und Raubfälle. Wir können also bestimmte Gegenden, Stadtteile oder Parkhäuser nicht mehr ohne Gefahr für Leib und Leben betreten, sollten also dort wegbleiben, solange die Polizei noch gegen Geschwindigkeitsübertreter statt gegen solche Kriminalität programmiert ist.

Die noch größere Gefahr für den Mittelstand liegt aber in der internationalen organisierten Kriminalität, welche ganze Branchen aufrollt, um sie schutzgeldpflichtig zu machen. Dies hat mit den ausländischen Geschäften, Restaurants und Einrichtungen angefangen und vollzieht sich netzwerkartig immer stärker über ganze Branchen, wie dies oben geschildert worden ist[165].

Wird ein Unternehmer von solchen Banden mit Schutzgeldforderungen konfrontiert, hat er doppeltes Risiko: Wendet er sich an die Polizei, so wird diese warten, bis eine Straftat konkret ist. Die bloße Ankündigung reicht nicht fürs Eingreifen. Versucht er aber alleine dieser Gefahr zu widerstehen, riskiert er nicht nur die Zerstörung seines Betriebes, sondern auch körperliche Verletzungen bis zum Tod, zumindest ein Strafverfahren der Behörden.

In einigen Fällen ist es gelungen, gegen Schutzgeldkuriere die Mitarbeiter zu mobilisieren, sodass der Kurier zerschlagen abzog und die Bande Schutzgeldforderungen in diesem Betrieb als zu risikovoll ansah. Aber niemand weiß, mit welcher Brutalität die Banden künftig reagieren. In den USA und anderen Ländern müssen sich viele Unternehmer bereits mit Leibwächtern umgeben. Damit diese Situation nicht auch bei uns schlimmer wird, muss unsere jetzt noch bürgerliche Regierung tätig werden.

Das Problem der Schutzgeld- und Bandenkriminalität gedeiht deshalb so gut, weil es von den Beteiligten und der Öffentlichkeit verschwiegen wird. Wir selbst müssen es deshalb diskutieren und die Bevölkerung dafür sensibilisieren. Dann können wir auch mehr Schutz für Unternehmer einfordern und erreichen. Wenn

---

[165] vgl. oben Kap. 3.1

man bedenkt, mit welcher Publizistik geringwertige Umweltverstöße massenweise verfolgt werden, wäre der Schutz von Unternehmerleben eine bessere Aufgabe unserer Publizistik und Sicherheitsorgane.

15.2 Sicherung unseres Eigentums

- Eigentumsdelikte sind die häufigste Kriminalitätsform in Deutschland. Wer Vermögen hat, steht im Abwehrkampf gegen Einzel- oder Bandenkriminelle, welche ihn berauben wollen.

Bisher war es nur aus Ländern wie Italien, Rumänien, Ungarn oder Südafrika bekannt, dass Einfamilienhäuser und Wohnungen – insbesondere Ferienwohnungen – regelmäßig beraubt wurden. Inzwischen werden auch die deutschen Einfamilienhäuser zu etwa 60 % pro Generation beraubt. Dies wird im Verlauf der Krise drastisch zunehmen[166].

In den Ländern mit hoher Einbruchskriminalität haben sich die Menschen darauf eingerichtet, ihre Fenster vergittert, ihr Haus burgähnlich geschützt oder ganze Siedlungen durch Wachmannschaften schützen lassen. Solche Sicherungsmaßnahmen werden auch in Deutschland notwendiger werden. Die beste Sicherungsmaßnahme ist aber ein scharfer Hund, weil dieser ein unkalkulierbares Risiko für Einbrecher darstellt und bei genügender Größe auch wehrhaft sein kann.

Viele Bürger haben wegen der Einbruchsgefahr Schmuck, Antiquitäten und andere Wertsachen in Bankschließfächern gesichert und im Übrigen Einbruchsdiebstahlversicherungen mit Vandalismusdeckung abgeschlossen. Sicherung kostet eben Geld, und die Begeisterung unserer Politiker, unsere Grenzen der Freizügigkeit der Kriminalität ganz Europas zu öffnen, kostet jeden von uns noch mehr Sicherung für noch mehr Geld.

---

[166] vgl. Hamer, Eberhard und Eike, Was passiert, wenn der Crash kommt?, 10. Aufl. 2008

Problematisch ist allerdings für jeden von uns die eigene Abwehr etwa mit Waffen, weil die Rechtsprechung Leben und Unversehrtheit der Einbrecher höher stellt als unseren materiellen Verlust, also der Verteidiger im Zweifel auch noch bestraft wird.

- Bislang konnte man sich unter sozialistischen Regierungszeiten nur schlecht wehren gegen die staatlichen Enteignungen, enteignungsgleichen Eingriffe, Eigentumsbelastungen und Nutzungseinschränkungen unseres Eigentums[167], weil der Staat das Machtmonopol auf seiner Seite hat. Zwar kann man dagegen klagen; die Gerichte haben aber nicht nur die Massenenteignungen durch die Kohl-Regierung im Osten, sondern auch eine zunehmende Fülle von Einzelenteignungen, Eigentumsbelastungen und Nutzungseinschränkungen unseres Eigentums verstärkt mitgemacht, vor allem aus der „Sozialpflichtigkeit des Eigentums" und aus der neuen Umweltideologie. Letzte Eigentumseinschränkung: Wärmepass für Wohnungen, welcher die Vermieter auf Anforderung des Mieters zwingt, Wärmedämmungsinvestitionen durchzuführen oder die Miete zu senken. Mit Recht beklagen deshalb nicht nur Land- und Forstwirte sowie Wohnungseigentümer, dass die größten Eigentumseinschränkungen in den letzten 20 Jahren von der durch eigentumsfeindliche Ideen gelenkten Politik ausgingen und man sich dagegen weder selbst noch durch den Rechtsweg wirksam sichern könne, sondern nur durch eine andere Politik, auf die wir immer noch zählen.

- Zu den Eigentumsverletzungen gehören indirekt auch die oben bereits geschilderten Gebührenschindereien der Kommunen. Inzwischen machen nach dem Finanzbericht der Bundesregierung 2008 die Einnahmen aus Beiträgen und Gebühren der Gemeinden ein Viertel mehr als deren Steuereinnahmen aus, wird also das Eigentum mit überproportional steigenden Kommunalabgaben belastet.

Auch dagegen kann sich der Grundstücks- bzw. Wohnungseigentümer kaum wehren, zumal die Kommunen ständig zunehmende Gebühren- und Beitragstatbestände erfinden, um ihre selbst-

---

[167] vgl. oben Kap. 13.3

verschuldete Finanzmisere auf Kosten der Eigentümer unter den Bürgern zu decken. Hiergegen muss die Bundesregierung vorgehen und den Kommunen Schranken setzen.

- Letztlich ist auch die Erbschaftssteuer eine Teilenteignung des Mittelstandes, weil nur Eigentümerpersonen sterben, vererben und deshalb mit dieser Steuer belastet sind, Kapitalgesellschaften dagegen nicht sterben, deshalb nicht vererben und deshalb von dieser Mittelstandssteuer nicht belastet werden und die Politik durch Freibeträge auch dafür gesorgt hat, dass die unteren Bevölkerungsschichten von dieser Mittelstandssteuer nicht belastet werden[168].

Gegen die Erbschaftssteuer kann man sich allerdings durch Umzug ins erbschaftssteuerfreie Ausland wie z. B. Österreich, Belgien, Frankreich o. a. wehren, was jährlich zigtausende mittelständischer Eigentümer trotz aller staatlichen Repressalien tun. Für die meisten hier vor Ort gebundenen aktiven Mittelständler ist dies allerdings keine Lösung.

Die neue bürgerliche Regierung hat gerade in diesem Punkt Verbesserungen zugunsten der mittelständischen Betriebe eingeleitet. Hoffen wir, dass dies ausreicht und auch gegen die sozialistischen Neidkampagnen durchsetzbar wird.

15.3 Sicherung unseres Finanzvermögens

Finanzvermögen ist im Zeitalter der Kapitalverkehrsfreiheit ebenso variabel wie flüchtig. Dies macht es leichter, solches Finanzvermögen gegen private oder staatliche Räuberei in Sicherheit zu bringen. Dazu ist allerdings erforderlich, die unterschiedlichen Gefahren zu kennen und mit verschiedenen Maßnahmen darauf zu reagieren:

- Stärkster Plünderer unseres Finanzvermögens ist – wie oben dargestellt – der Steuerstaat, welcher nicht nur bei jedem Einkommensvorgang, sondern auch in die Substanz des Finanzvermögens ständig zugreift.

---

[168] vgl. oben Kap. 3.4.2

Viele Konzerne haben dies grundsätzlich und langfristig gelöst, indem sie mit ihrem Steuerwohnsitz in die Steueroasen ausgewandert sind und deshalb nationale Steuerräuber nicht mehr zu fürchten brauchen.

Der Mittelstand kann nicht auswandern, ihm bleiben deshalb gegen die Ausplünderung durch den Staat meist nur kleine und vorübergehende Abwehrmaßnahmen, wie z.B. Investitionen in Steuersparmodelle, die aber in der Regel nur Steuerstundungsmodelle sind und die Steuer also nicht endgültig vermeiden.

So bedauerlich dies ist: Unser Finanzvermögen können wir als Mittelstand gegen den gierigen Steuerstaat weniger als die „Reichen" oder die Konzerne sichern. Der Mittelstand bleibt jeder Abgabenpflicht am meisten ausgesetzt, weil er nicht die politischen Unterstützungen bei Kollektivorganisationen und Parteien hat wie die beiden Randgruppen[169] und immer vor Ort greifbar ist.

Der Staat plündert mit Hoheitsgewalt; es gibt aber noch eine ganze Reihe privater Geier, die mit Raubgedanken um unser Finanzvermögen kreisen, und gegen die wir uns privat sichern müssen.

- Wer sich mit einer Großbank einlässt, muss so misstrauisch sein, dass er nicht über die Fußangeln in den allgemeinen Geschäftsbedingungen der Banken stolpert. Stärkste Vorsicht ist geboten bei den Anlagetipps der Großbanken, weil sie nicht neutraler Berater, sondern häufig selbst Verkäufer oder zumindest provisionsinteressiert sind und weil sie vor allem ihre eigenen Fonds ihren Kunden andrehen. Da ist die Bankenverbindung mit Volksbanken und Sparkassen für den Mittelstand entspannter und vertrauenswürdiger.

- Neben den Banken tummeln sich aber inzwischen auch eine Fülle von Vermögens- und Anlageberatern, Heuschrecken und Finanzhaie im Markt der privaten Finanzvermögen. Sie alle wollen angeblich dem Mittelstand helfen, höhere Renditen zu erzielen. In

---

[169] vgl. oben Kap. 2.5

den meisten Fällen aber suchen sie nur ihren eigenen Vorteil, ist der Vermögensinhaber selten langfristiger Gewinner.

In der ersten Weltwirtschaftskrise ist der größte Teil des Mittelstandes mit seinem Finanzvermögen verarmt. Dies wird auch diesmal wieder so kommen, wobei nicht allein die Finanzberater die Täter sind, sondern die Anleger selbst gierig falschen Parolen der Heuschrecken und Finanzhaie aufgesessen sind.

- Vorsichtig sollte der Bürger auch gegenüber der wachsenden Spendenbettelei der „eigennützigen gemeinnützigen Organisationen" sein. Schon Lenin hat seine Partei aufgerufen, kein Unglück in der Welt ohne globalen Spendenaufruf verstreichen zu lassen, denn es gäbe immer Dumme, die spenden. Und immer könne man solche Spenden in der Partei verschwinden lassen, statt sie für den Zweck zu verwenden.

Diese Erfahrung hat der Verfasser auch mit vielen gemeinnützigen, sogar kirchlichen Einrichtungen gemacht: In der Regel kommt nur ein Rinnsal der Spenden beim eigentlichen Zweck an. Ein zu hoher Anteil bleibt in den Organisationen selbst und ihren Funktionären hängen, wie sogar der UNICEF-Skandal gezeigt hat.

Hiergegen kann nur eigene Vorsicht schützen. Man sollte Spenden deshalb nur direkt und nur kontrolliert an solche Organisationen geben, die man kennt und denen man vertrauen kann, nicht aber an anonyme Organisationen und dubiose Spendenaktionen.

15.4 Sicherung unseres Unternehmens

Neben Freiheit, Eigentum und Finanzvermögen ist auch unser Unternehmen von vielfältigen Räubern bedroht und müssen wir dies entsprechend sichern:

- Am meisten werden auch unsere Unternehmen vom gierigen Steuerstaat geschoren, sodass die Inhaberbetriebe in Deutschland im Durchschnitt nur noch 15 % Eigenkapital haben, also international längst untergangsreif wären. Oben wurde bereits die steuerliche Diskriminierung des Mittelstandes gegenüber den Randgruppen oben und unten dargestellt. Der Mittelstand selbst hat aber leider relativ wenig Chancen, seiner besonderen steuerlichen Ausplünderung zu entgehen, weil er weder die internationalen Verlagerungsmöglichkeiten der Konzerne hat, noch deren durch Steuerspezialisten ausgetüftelte Steuersparmodelle für sich selbst nutzen kann und sogar oft Steuerberater hat, die mehr an die Zufriedenheit der Finanzverwaltung als an die des Kunden denken. Steuerersparnis des Mittelstandes ist deshalb Kleinkrieg mit so hohem Aufwand, dass er für die meisten mittelständischen Unternehmer nicht zu bewältigen ist.

- Gegen die Gier der vielfältigen Sozialkassen könnten sich viele Unternehmer wehren, wenn sie dafür Zeit oder Willen aufbrächten. So hat z.B. eine spezielle Beratungsgesellschaft[170] herausgefunden, dass mehr als die Hälfte der Berufsgenossenschaftsbescheide falsch sind. Für diese Gesellschaft sind Ersparnisse der Unternehmer so häufig, dass sie ihr Beratungsangebot auf Erfolgsbeteiligung gründet und oft erhebliche fehlerhafte Beiträge für den Unternehmer rettet.

In ähnlicher Weise könnte manche Nachkontrolle von Bescheiden der Sozialkassen ebenfalls Ersparnisse bringen; – nur hat weder der Unternehmer selbst die Zeit und Kenntnis dafür, noch gibt es dafür ähnlich kompetente Helfer. Insofern sind die Abgaben an die Sozialkassen für die Unternehmer ebenso wie die Steuern ein Dauerkleinkrieg mit meist nur bescheidenem Erfolg für mittelständische Unternehmen.

- Zunehmende Abwehr erfordert auch die wachsende Kleinkriminalität und Bandenkriminalität gegenüber unseren mittelständischen Unternehmen. Die Kaufhäuser haben allein durch Kleindiebstahl jährlich zwei Milliarden Verluste, die Gaststätten und Hotels sogar Millionenverluste an Inventar und sogar Mobiliar, welches Gäste verschwinden lassen. Und zunehmend sind auch Metalllager, Kupferleitungen oder Benzintanks abgestellter Fahrzeuge nicht mehr vor Dieben sicher. Eine Versicherung dagegen gibt es nicht.

---

[170] BeGe Consulting GmbH, Luhden bei Bückeburg

Der Schaden bleibt beim Unternehmen hängen. Schützen kann man sich nur durch mehr und elektronische Sicherungen. Diese Kriminalitätssparte wird im Zuge der Wirtschaftskrise sogar noch sprunghaft steigen.

- Während die Kleinkriminalität viele Kleinschäden verursacht, die sich summieren, bringt die Heimsuchung des Mittelstandes durch die organisierte internationale Kriminalität Großschäden und oft Dauerschäden, die nicht mehr auszuhalten sind.

Alle Experten sagen: Wer einmal Schutzgeld zahlt, ist immer dran, gehört zum „Kundenstamm" der entsprechenden Bande. Man muss also gleich das erste Mal Widerstand leisten. In einigen Fällen hat sich bewährt, den Kurier der Banden durch Mitarbeiter so „vertreiben" zu lassen, dass niemand wiederkam. Bei größeren Firmen und größerer Begehrlichkeit der Banden wird aber auch dies nicht helfen, bleibt man doch auf polizeiliche Hilfe angewiesen.

- In einem weiteren Kampf sind Unternehmer meist unterlegen: den Spionageangriffen der Geheimdienste. Mehr als 30-50 Mrd. Euro Schaden verursacht dies jährlich nach EU-Berechnungen unseren Firmen[171]. Die beiden weltführenden Spionageorganisationen CIA und Mossad haben angeblich inzwischen so überlegene Technologien, dass sie auch die meisten Sicherungsmaßnahmen unserer deutschen Firmen damit überwinden können. Abwehr gegen diese Spionage ist in der Regel Stillschweigen über die eigenen Konkurrenzvorteile und Technologien und die Hoffnung, dass das Unternehmen zu klein ist, als dass der CIA sich damit beschäftigen wird.

- Die mittelständischen Unternehmen haben auch einen täglichen Kampf mit der Bürokratie durchzustehen. Dies betrifft nicht nur die oben bereits genannte Freizeit- und Freiheitsberaubung des Unternehmers persönlich[172], sondern dazu auch die betrieblichen Abläufe, welche durch das dichte Netz von fast 90.000 Vorschrif-

---

[171] Kontraste 07.02.2010

ten überreguliert und von einer willfährigen Bürokratie so über-strapaziert und überkontrolliert wird, dass unsere Unternehmer ständig mit einem Bein in Buß- oder Straftatbeständen stehen. Selbst die EU beklagt, dass Deutschland vor allen anderen Ländern überreguliert und dies ein entscheidender Standort-nachteil sei.

- Nur unvollständig kann man sich gegen solche Zudringlichkeiten der Bürokraten wehren:

  ○ Manche betrieblichen Notwendigkeiten sollte man einfach tun, ohne Rücksicht auf die Bürokraten. Hinterher kann man sich immer noch streiten, und es wird meist ein Kompro-missweg gefunden. Also: möglichst wenig die öffentliche Bürokratie auf Tätigkeiten im Unternehmen aufmerksam machen!

  ○ Wer als Kleinunternehmer das Pech hat, für die hundert Stunden amtlicher Statistik ausgewählt zu werden, sollte entweder den Namen des Betriebes ändern oder die Statistiken zumindest nicht selbst, sondern vom Mitarbeiter ausfüllen und absenden lassen (auch die Konzerne lassen dies durch untere Mitarbeiter machen).

  ○ Änderungsbefehlen, Auflagen oder Bußen der Behörde sollte man grundsätzlich widersprechen. Die Hälfte der Rechtsverfah-ren gewinnt man oder kann man beilegen.

  ○ Vor allem: Seien Sie gegenüber Behörden nicht untertänig! Der Satz: „Ich lasse mich von Leuten, die von mir leben, nicht kommandieren!" wirkt nach eigener Erfahrung häufig Wunder.

- Eine andere Gefahrenkategorie oft bis zur Existenzgefahr sind die Diskriminierungen der Konzerne gegenüber mittelständischen Zulieferern oder Abnehmern, wie sie oben bereits geschildert wor-den sind. Hiergegen gibt es eine Grundregel: Man sollte nie so viel

---

[172] vgl. Kap. 15.1

Umsatz oder so viel Warenbezug auf einen Konzern konzentrieren, dass der plötzliche Ausfall dieses Volumens die Existenz des Betriebes in Frage stellt. Bei max. 30% Umsatzanteil an einen Großabnehmer ist man bereits in Existenzgefahr ohne es zu wissen. Kündigt der Abnehmer plötzlich, kann man diesen Umsatz nicht kurzfristig anderweitig ersetzen und gerät ins Schlingern.

Ebenso gefährlich ist es, wenn ein Abnehmerkonzern seinen Zulieferer technisch kontrollieren oder ihm sogar einen Konzernkommissar zur Aufsicht schicken will. Wer dies einmal zulässt, wird bereits technisch ausgeplündert, hat sein Unternehmen schon zum Teil verloren.

Wer auch nur einmal bei Konzernmitarbeitern deren übliche Bestechungswünsche erfüllt, ist in tödlicher Abhängigkeit. Entweder Wettbewerber oder Kollegen des Begünstigten finden dies irgendwann heraus und nutzen es aus.

- Auch von der Hausbank droht oft Gefahr statt Hilfe. Seit einige Großbanken sich im „Kleingedruckten"[173] ein jederzeitiges unbegründetes außerordentliches Kündigungsrecht für jeden Kredit vorbehalten haben, sind solche Banken kein sicherer Partner mehr, sollte man auf Volksbanken und Sparkassen umfinanzieren. Noch gefährlicher sind Finanzhaie, welche angeblich günstige Kredite aus obskuren Quellen anbieten, die keinesfalls sicherer sind als die vorgenannten Banken.

Und eine Bankenregel gilt für den Mittelstand: Wenn Sie zur Bank hinmüssen, statt dass diese zu Ihnen kommt, ist bereits Gefahr im Verzuge!

- Schließlich muss sich jedes Unternehmen – wie oben in Kap. 10 bereits erwähnt – auch noch Schwärmen von Beratern erwehren. Die Mehrzahl dieser Berater ist für den Mittelstand ungeeignet, sogar gefährlich, weil sie untaugliche Ratschläge geben. Sie kosten aber viel Geld. Am gefährlichsten sind die großen Unter-

---

[173] z.B. § 19, Abs.2 einer deutschen Großbank

nehmensberatungsgesellschaften, welche von der Bank empfohlen oder sogar verlangt werden, weil diese letztlich Spione dieser Bank sind, demnach auch in deren, nicht aber im Interesse des Unternehmens arbeiten.

Wegen der Fülle und Missbräuche und Fehler sollte man sich deshalb nur bei solchen konkreten Aufgaben beraten lassen, die man nicht selbst im Unternehmen abdecken kann – z.B. technische Probleme oder Neuerungen – und bei denen man jemanden gefunden hat, der ausgewiesener Fachmann in diesem Bereich ist. Lieber nicht beraten lassen, als für teures Geld noch falsch beraten werden! Denn die Beratungsfolgen trägt das Unternehmen, nicht der Berater.

16. Mögliche politische Macht des Mittelstandes

Dass die Mitte unserer Gesellschaft von Staat, Sozialsystemen, den beiden Randgruppen oben und unten, Konzernen und anderen privaten Organisationen bis hin zur Bandenkriminalität ausgebeutet wird, ist nicht zwangsläufig, sondern eigentlich unverständlich, denn in der Regel kann die Gruppe, welche der eigentliche Träger unserer bürgerlichen Gesellschaft und unseres freiheitlichen Ordnungssystems ist, auch die Richtung im Staat bestimmen. Der Mittelstand trägt und zahlt jedoch ohne wesentlichen Einfluss. Er ist lediglich Lastesel. Wo die Reise hingeht, bestimmen die oberen und unteren Randgruppen und deren gesellschaftliche, politische und wirtschaftliche Repräsentanten. Hätte der Mittelstand in unserer bürgerlichen Gesellschaft, in unserem eigentlich bürgerlich-demokratischen Staat und in unserer dezentralen Marktwirtschaft tatsächlich die entscheidende Rolle, die ihm zukommt, würden Wirtschaft, Gesellschaft und Politik sich ganz anders präsentieren. Die Ohnmacht des Mittelstandes hat zu seiner Ausbeutung geführt, obwohl der Mittelstand so starke Machtpositionen in Händen hält, dass er längst die Führung in Staat, Wirtschaft und Gesellschaft zurückerobern könnte:

Um die Rahmenbedingungen wieder politisch zugunsten des Mittelstandes zu korrigieren, müssten die verschiedenen Mittelstandsgruppen zu einem mindestens ebenso starken politischen Machtfaktor vereinigt werden, wie die Gewerkschaften und Konzerne, um bei Politikern und Parteien entsprechend respektiert und durchsetzungsfähig zu werden. Das ist immer dann möglich, wenn man in einer Demokratie ein wesentliches Wählerpotential mobilisieren und einsetzen kann.

Immerhin kann allein der selbständige Mittelstand aus den Unternehmerfamilien mehr als 5 Millionen – also 12 % – Wähler mobilisieren. Eine gleiche Anzahl von Wählern stellt der unselbständige Mittelstand. Beide Gruppen zusammen machen folglich mehr als ein Viertel der gesamten Wählerschaft aus, weit mehr, als es überhaupt Gewerkschaftsmitglieder gibt.

Darüber hinaus ist nur der Unternehmer in seinem Betrieb auch direkter Gesprächspartner seiner Mitarbeiter (in Konzernen steht immer ein Gewerkschaftsvertreter zwischen Management und Mitarbeitern) und kann deshalb auch seine Mitarbeiter direkt davon überzeugen, dass eine Politik für den Mittelstand auch eine Politik zum Nutzen der Arbeitnehmer dieses Mittelstandes ist. Auf diese Weise könnten die in den Familienbetrieben arbeitenden ca. 23 Millionen Mitarbeiter und vielleicht ein Teil ihrer Ehepartner als Wählerpotential für den Mittelstand mobilisiert werden, sodass der Mittelstand in seinen Betrieben ein Wählerpotential von direkt und indirekt über 35 Millionen Wählern, also zwei Drittel aller Wähler, mobilisieren könnte. Keine andere gesellschaftliche Gruppe hätte ein so starkes politisches Faustpfand in der Hand. Keine andere Gruppe könnte mit solcher Wählermehrheit in Deutschland mehr erreichen als der Mittelstand; immerhin hat er bei der Bundestagswahl 2009 eine überraschende bürgerliche Mehrheit geschaffen.

Grundsätzlich wäre allerdings zweierlei notwendig:

1. Zum ersten müssten direkte Korrekturen erzwungen werden:

- Der Mittelstand muss nach außen hin selbstbewusster und einiger werden. Er darf sich nicht wie bisher von den Vertretern des Großkapitals als „Vertreter der Wirtschaft" vertreten lassen, sondern muss betonen, dass sich seine Interessen ebenso von denen der Konzerne wie von denen der Gewerkschaften unterscheiden, beide also nicht den Mittelstand vertreten können.

- Dazu gehört auch, dass die mittelständischen Unternehmer, welche in den Kammern und Fachverbänden zu etwa 98% die Mitglieder stellen, sich nicht mehr weiterhin von den Funktionären der nicht einmal 1 % der Mitglieder stellenden großen Kapitalgesellschaften vertreten lassen. Wenn also diese Zentralverbände sich für „die Wirtschaft" äußern, dürfen nicht mehr Konzerninteressen, sondern müssen Mittelstandsinteressen im Vordergrund stehen. Dies haben die mittelständischen Mitglieder selbst in der Hand, wenn sie ihre Verbände mit ihrem demokratischen Stimmrecht von der Vorherrschaft der Konzerne befreien und mit Repräsentanten aus den eigenen Reihen besetzen.

- Und auch gegenüber den Gewerkschaften sollten die Mittelständler betonen, dass diese letztlich nur für die Mitarbeiter der Kapitalgesellschaften und öffentlichen Institutionen sprechen können, nicht aber für die ganz anders strukturierten mittelständischen Betriebe, deren Eigenarten die Gewerkschaftsvertreter bisher noch nicht begriffen haben und in denen sie zu weniger als 15 % (Mittelbetriebe) oder sogar zu weniger als 3 % (Kleinbetriebe), jedenfalls nicht repräsentativ vertreten sind.

- Auf einer Konferenz hat das Mittelstandsinstitut Niedersachsen die anwesenden Unternehmer befragt, wann der Reaktionspunkt bei ihnen auf die bisherige mittelstandsfeindliche Politik käme. Die Mehrheit würde reagieren,

  ○ wenn sie sich persönlich und nachhaltig davon betroffen fühlen (72 %). Dies ist den Unternehmern offenbar vor der Wahl 2009 klar geworden und hat zu der Wahlüberraschung zugunsten der FDP geführt,

  ○ Sie würden reagieren, wenn ihnen klar geworden ist, dass die letzte Regierung sie verschaukelt und belogen hat (59 %). (Dies wird Folge der Transferunion sein) Viel zu lange war die Desinformation der herrschenden Elite damit erfolgreich, die Ausbeutung des Mittelstandes zu verschleiern (Beispiel: Transferunion).

  ○ Oder sie würden in dem Fall reagieren, dass es in Deutschland nicht mehr lohnt, Unternehmer zu sein (55 %). (Diese Situation könnte in der begonnenen Krise von der Ausnahme der auswandernden Unternehmer zu einer Massenflucht werden, wenn die neue Regierung nicht endlich glaubwürdige Mittelstandspolitik betreibt.)

Schon oft ist in der Vergangenheit der Punkt erreicht gewesen, wo das Bürgertum zurückschlug, wo es die feudalistischen Ausbeutungs- und Herrschaftssysteme nicht mehr widerstandslos ertrug und demokratisch oder gewaltsam zerstörte. Die begonnene Weltwirtschaftskrise wird nicht nur vielen Mittelständlern den Ruin bringen, sondern auch deren Geduld beenden können. Wenn also unsere und andere Regierungen nicht rechtzeitig zugunsten des Mittelstandes korrigieren, könnte die Korrektur statt freiwillig aus Vernunft dann aus Wut und mit Gewalt erzwungen werden.

2. Auch das Bewusstsein über den Wert des Mittelstandes muss verändert werden:

Die Schwäche des Mittelstandes lag nicht nur darin, dass er zu lange seine Wählermehrheit nicht politisch genutzt hat, sondern auch darin, dass er seine tragende wirtschaftliche Bedeutung für unser gesamtes Volk und unsere Wirtschaft nicht stärker ins Bewusstsein der übrigen Randgruppen bringen konnte. Nur wenn eine gesellschaftliche Gruppe ihren Nutzen für die anderen bewusst macht, kann sie von diesen anderen auch Unterstützung erwarten und verlangen. In diesem Sinne hat gerade das Mittelstandsinstitut Hannover seit 40 Jahren herausgearbeitet,

- dass die vom Inhaber geführten Familienbetriebe etwa zwei Drittel aller vorhandenen Arbeitnehmer, aber sogar 80 % der Arbeitnehmer unserer Wirtschaft beschäftigen. Sie sind also nicht nur die – sogar zunehmenden – Träger unseres Arbeitsmarktes, sondern damit auch des Wohlstandes des größten Teils unserer Bevölkerung.

- Die mittelständischen Inhaberbetriebe sind auch die „Ausbilder der Nation". Bei ihnen werden über 80 % der Lehrlinge ausgebildet. Keine andere gesellschaftliche und wirtschaftliche Gruppe leistet so viel praktische Bildungsarbeit.

- Der Mittelstand ist der Zahler der Nation mit brutto zwei Drittel aller Steuern und 62 % aller Sozialabgaben, netto aber sogar über 80 % aller Staatseinnahmen. Ohne einen starken Mittelstand wären also weder unser Staat, noch unser Sozialsystem, noch unsere Beamten, noch alles das, was der Staat an Wohltaten hier und in der Welt verteilt, zu finanzieren. Ohne die Finanzbeiträge des Mittelstandes würde der Staat verhungern.

- Der Mittelstand trägt mit ca. 44 % fast die Hälfte unseres Sozialprodukts, auch hier der größte Teil, den überhaupt eine gesellschaftliche Gruppe trägt.

- Und im Gegensatz zu der Regional- und Umweltbelastung der Konzernbetriebe haben die mittelständischen Betriebe und Praxen praktisch keine Umweltschäden, machen keine regionalpolitischen Probleme, sondern umgekehrt: Wo regional oder in einer Stadt der höhere Besatz mit mittelständischen Betrieben ist, haben wir nicht nur eine günstigere Sozialstruktur, sondern auch eine ausgeglichenere Einkommensstruktur und die geringsten Umweltbelastungen.

Die wirtschaftlichen Vorteile des gewerblichen Mittelstandes für unser ganzes Volk sind so dominierend, dass also auch aus diesem Grund ein anderer gesellschaftlicher Stellenwert dieses Mittelstandes durchsetzbar wäre, wenn der Mittelstand sich deutlicher und selbstbewusster gesellschaftlich artikulieren würde. Würde den Arbeitnehmern des öffentlichen Dienstes und der Konzerne klar sein, dass nicht sie, sondern die Unternehmer und Mitarbeiter der Familienbetriebe unsere Wirtschaft und Gesellschaft tragen, müsste es auch gelingen, ihnen klarzumachen, dass man den Mittelstand und seine Mitarbeiter nicht ausbeuten darf, sondern ihn pflegen und ihm die gesellschaftliche Stellung einräumen muss, welche dem Hauptleistungsträger unserer Wirtschaft und Gesellschaft zukommt.

Die mögliche politische Macht des Mittelstandes muss zu einer dauerhaften Machtstellung in Staat, Wirtschaft und Gesellschaft werden. Nur dann lassen sich auch die bürgerlichen Systeme von Demokratie und Marktwirtschaft wieder restaurieren, welche durch die Zentralisierung von Politik und Verwaltung sowie durch die Machtwirtschaft der Konzerne ausgehöhlt und zum Teil funktionslos geworden sind[174].

---

[174] vgl. dazu ausf. Hamer, Eberhard, „Der Welt-Geldbetrug" 2008,
insb. „Entdemokratisierung durch Zentralisierung, S. 199ff.;
„Monopolisierung in der Globalisierung" (Eike Hamer), S.49ff.;
„Der Mittelstand in der Globalisierung", Eberhard/Eike Hamer, S.79ff.

17. Aktionsplan für den Mittelstand

Wer die vorstehende Beschreibung der vielfältigen Ausbeutung und Ausplünderung des Mittelstandes nachvollziehen kann, wird schließlich die Frage stellen, auf welche Weise der Mittelstand wieder entlastet und ihm mehr Handlungsfreiheit verschafft werden könnte, damit er weiterhin die Kerntruppe

- unserer freiheitlichen Gesellschaft,
- unseres marktwirtschaftlichen Selbstverantwortungssystems und
- unserer auf der Bürgersouveränität beruhenden Demokratie

bleiben kann. Wegen dieser für den größten Teil unserer Bevölkerung wichtigen Ordnungsfolgen hat der Mittelstand eine für unser ganzes Volk unverzichtbare, notwendige Funktion, die ihn zum Vorteil aller Bürger werden ließ. Den Mittelstand wieder zu stärken, ist also nicht nur dessen eigenes Interesse, sondern letztlich auch das Interesse aller Bürger, welche ihm ihren Arbeitsplatz (66%), ihr Einkommen und die vielfältigste Versorgung unserer Wirtschaftsgeschichte verdanken.

Aus diesem Grunde ist Mittelstandspolitik die beste wirtschaftliche Ordnungspolitik, die beste Gesellschaftspolitik einer freien Gesellschaft, die beste Sozialpolitik und die beste Arbeitsmarktpolitik. Den Mittelstand wieder zu entlasten und zu regenerieren, ist also gesamtgesellschaftlicher Vorteil. „Ohne starke Mitte steigt Deutschland ab." „Vergesst die Mitte nicht! Dieser Diskurs ist in Deutschland überfällig"[175].

Oben wurde in Kap. 15 dargestellt, wie die Unternehmer selbst sich gegen die vielfältigen gierigen öffentlichen Hände oder privaten Räuber zur Wehr setzen könnten und sollten. Die Erfolge werden aber bescheiden bleiben, weil wesentliche Entlastungen politisch gestaltet werden müssten. Der Mittelstand bedarf also politischer Hilfe, um wieder aufzublühen.

Dazu könnten folgende Strategien helfen:

---

[175] Guido Westerwelle in: Die Welt 25.02.2010, S.3

17.1 Deregulierung

Je mehr Handlungsfreiheit ein Unternehmer hat, desto besser kann er seine Produktion optimieren. Je mehr diese Handlungsfreiheit aber durch Gesetze, Verordnungen und Auflagen eingeschränkt wird, desto weniger Entscheidungsspielraum bleibt den Unternehmern, um ihrer Produktionsfunktion gerecht zu werden. Trotz dieser Binsenwahrheit haben viele Parlamente und Regierungen die Handlungsmöglichkeiten ihrer Unternehmer durch zunehmende Reglementierungen nahezu erstickt.

Solange z.B. die Bauunternehmer (Architekten, Bauherren und Bauwirtschaft) bei uns für ein Baugenehmigungsverfahren insgesamt 164 unterschiedliche bauaufsichtsrechtliche Vorschriften[176] mit mehr als 5000 Paragraphen beachten müssen, wird jede Bauunternehmertätigkeit innerhalb eines solchen Vorschriftendschungels zu einem unübersehbaren und im Grunde nicht mehr tragbaren Risiko. Statt dass uns unsere Gesetzesflut mehr Gerechtigkeit, Freiheit und Sicherheit gebracht hätte, stellt sie uns vielmehr vor die Frage, ob unser Freiraum und Dynamik voraussetzendes Wirtschaftssystem nicht vielmehr durch solche Vielzahl von Gesetzen, Verordnungen und perfektionistischen Regelungen ad absurdum geführt und bereits überwiegend zur Planwirtschaft umfunktioniert worden ist.

In Wissenschaft, Wirtschaft und Politik scheint inzwischen Einigkeit darüber zu bestehen, dass ein Abbau der Gesetze zur Wiedergewinnung unternehmerischer Freiheit und zur Behebung der Unternehmerlücke notwendig ist. Nur fehlt es an konkreten Taten. Für diese würden sich etwa folgende Maßnahmen anbieten:[177]

- Begrenzung der Geltungsdauer von Gesetzen auf 10 Jahre und von Verordnungen auf 5 Jahre. Damit würden überflüssige Regelungen automatisch absterben. Ohnehin bringen die Parlamente keine „ewigen Gesetze" mehr zustande und sind die meisten Gesetze in

---

[176] 30 Bundesgesetze, 38 Verordnungen des Bundes, 6 Richtlinien des Bundes, 5 Verordnungen der jeweiligen Länder auf Grund von Bundesgesetzen, 13 Landesgesetze, 21 Landesverordnungen auf Grund von Landesgesetzen, 18 Richtlinien der jeweiligen Länder und 33 Erlasse des jeweiligen Landes

[177] Vorschläge des Verf. vor der Entbürokratisierungskommission 1984

unserer schnelllebigen Zeit schon nach wenigen Jahren veränderungsbedürftig oder überholt.

- Viele Gesetze würden überhaupt nicht beschlossen, wenn bei ihrer Beantragung nicht nur die für öffentliche Haushalte entstehenden Kosten angegeben werden müssten, sondern auch die durch diese Regelung für die private Wirtschaft entstehenden Folgekosten. Diese Folgekosten machen nämlich in der Regel ein Vielfaches der öffentlichen Durchführungskosten aus[178].

- Neben Sonderrechtsbereichen, wie z. B. dem Baurecht, haben insbesondere das Sozial- und das Arbeitsrecht ihren Stützcharakter bereits weitgehend verloren und sind zum „Behinderungsrecht", zu Fixkosten und oft sogar zum Sinkgewicht für die Betriebe und die Unternehmer geworden[179]. Vor allem das Sozial- und das Arbeitsrecht müssen deshalb entschlackt und entsprechend den Anforderungen einer modernen Marktwirtschaft reformiert werden.

- Da Überregulierung die kleinen und die neuen Unternehmen überproportional behindert[180], müssen gerade hier am notwendigsten wieder mehr Freiräume geschaffen werden. Dies wäre etwa durch Pauschalierung von Steuern möglich, durch Industriefreizonen und durch Freistellung der Kleinbetriebe von Sozial- und Bürokratiepflichten. Aus den kleinen und neuen Betrieben erwarten wir nämlich die größte unternehmerische Dynamik und das volkswirtschaftliche Wachstum.

Alle bisherigen Versuche der Deregulierung haben keine entscheidenden Einschnitte gebracht, weil sie als Verwaltungsproblem behandelt worden sind. Der Antrieb zur Deregulierung wird aber nie aus der Verwaltung und von den Juristen kommen. Deshalb muss die Wirtschaftspolitik diese Aufgabe übernehmen, um sie zugunsten der Unternehmer und zur Deckung der Unternehmerlücke durchzuführen.

---

[178] Der sogenannte „Multiplikator der Bürokratieüberwälzung",
welcher nach der vom Verfasser angegebenen Formel einfach berechenbar ist,
vgl. vom Verf.: Bürokratieüberwälzung auf die Wirtschaft, S.14 ff.

[179] ausf.v.Verf.: Sozialkonkurse, in: Mittelstand, Träger der Marktwirtschaft, Minden 1984

[180] quantitativ 14-mal und qualitativ mehr als 20-mal so hoch wie große Unternehmen.
Ausf. dazu vom Verf.: Bürokratieüberwälzung auf die Wirtschaft, S.115 ff.

Zur Deregulierung gehört auch, dass der Staat wieder mehr Markt wirken lässt und unsinnige Interventionen zurücknimmt. So wirken z. B. bei Wohnungen scheinsoziale Vorschriften für ein Nebeneinander von Mietsteigerungs- und Mietsenkungsinterventionen: Kündigungsschutz, faktischer Mietstop, Diskriminierungsverbot, Zinszuschüsse, Steuervergünstigungen für Baumaßnahmen u. a.

Mit Recht beklagt Willgerodt:[181]
„Im Verkehrswesen gelten freie Märkte von jeher als unanständig, und was der Landwirtschaft ihre unabsetzbaren Überschüsse, das sind bei der Eisenbahn menschenleere Geisterzüge und die dazugehörigen Milliardendefizite. Bei Stahl soll das EG-Zwangskartell die Preise hoch und mit Quoten die Produktion niedrig halten. Auch am Arbeitsmarkt sorgen Gesetzgebung und Rechtsprechung für falsche Signale. Angeblicher Schutz für Frauen, Jugendliche und andere Gruppen verteuert ihre Beschäftigung so, dass viele von ihnen arbeitslos bleiben. Wie bei Milch und Stahl gilt Produktionsbeschränkung als heilsam: Minderarbeit und Frühpensionierung sollen allen helfen.“

Die meisten Sozialvorschriften wurden in guter Absicht erlassen. Gut gemeint ist aber nicht gut gemacht und vor allem nicht immer hilfreich. Viele dieser Vorschriften könnten für Klein- und Mittelbetriebe entfallen, weil sie auch oft unter den ganz anderen Vorstellungen von Kapitalgesellschaften erlassen worden sind.

Die Abschaffung überflüssiger Gesetze ist die billigste Wirtschaftshilfe. Sie hilft den Betrieben ohne Kosten für den Staat. Es braucht nur den Mut der regierenden Politiker, die Diskussion um überflüssige Vorschriften zu führen[182] und es braucht Mut und Tatkraft, diese undankbare Arbeit durchzuführen. Wenn aber unsere bürgerliche Regierung dies nicht schafft, gibt es in künftigen sozialistischen Regierungen hierfür kaum noch Chancen.

---

[181] Willgerodt, Hans, Statt der Marktwirtschaft haben wir bald nur noch ein Wirtschaftsmuseum, in: WaS, 26.02.1984

[182] Sie könnten sich dabei der Mittelstandsforschung bedienen, welche den Zorn der Lobbyisten auf sich ziehen könnte und damit die Politiker in die Schiedsrichterfunktion bringen könnte.

17.2 Bürokratieabbau

Dieses Dauerthema wurde von allen Bundesregierungen versprochen, aber bisher kaum gehalten. Im Gegenteil hat sich die Bürokratie in den letzten 20 Jahren weiter vermehrt und ist zu einer immer unerträglicheren Last für den selbständigen Mittelstand geworden.

Die jetzige bürgerliche Regierung hat glaubhaft versichert, hier nun endlich Taten folgen zu lassen. Dies wäre nicht nur eine entscheidende Entlastung für den Mittelstand, sondern würde auch kein Geld kosten – also auch nicht unter dem Haushaltsvorbehalt stehen –, sondern umgekehrt auch öffentliche Gelder einsparen, weil die Einsparung bürokratischer Pflichten bei den Unternehmern auch im öffentlichen Bereich Bürokratieentlastung schafft. Die gesammelten Statistiken, Meldungen oder Kontrollen brauchen nicht mehr bearbeitet zu werden, wenn sie ohnehin nicht mehr erhoben werden. Abbau von Bürokratieüberwälzung ist also ein Doppelvorteil nicht nur für die Wirtschaft und insbesondere für den Mittelstand, sondern auch für den Staat. Sie steht immer wieder bei Befragungen des Mittelstandes an erster Stelle der Wunschliste.

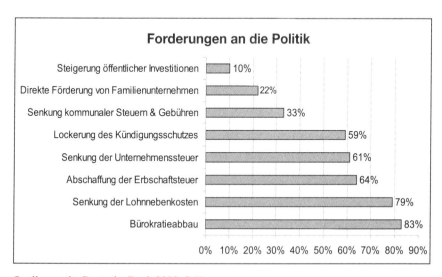

Quelle: results Deutsche Bank 2009, S. 11.

Hemmschuh für die Abschaffung von Bürokratie waren vielfach die Verbände, welche bürokratische Pflichten eingeführt haben, um sich selbst damit Arbeit zu erleichtern. So ist die Befreiung von Statistiken für die Kleinunternehmen schon in den achtziger Jahren unter der Waffenschmidt-Kommission daran gescheitert, dass die Kammern und Verbände behaupteten, diese Statistiken für den eigenen Erfolgsnachweis zu brauchen und deshalb verhindert haben, die Unternehmen davon zu entlasten. Sogar die Forderung des Mittelstandsinstituts Niedersachsen, generell von Totalstatistiken auf Repräsentativstatistiken umzustellen, wurde von den gleichen Verbandsfunktionären torpediert, weil solche Repräsentativstatistiken in aller Regel von Instituten erhoben würden und damit Geld kosteten. Die Verbandsvertreter der Wirtschaft wollen also lieber ihre eigenen Verbandsmitglieder mit überflüssiger Arbeit belasten, als die von ihnen angeblich gebrauchten Statistiken repräsentativ zu bezahlen[183]. In diesem Punkt ist also die Politik und insbesondere die Wirtschaftspolitik gefordert. Der Mittelstand selbst muss allerdings auch mehr Druck machen, um die Hilfe der Regierung gegen die eigenen Verbände durchzusetzen. Dazu wäre notwendig,

- dass die Mitglieder aller Mittelstandsverbände ihre Verbandsführungen ausdrücklich beauftragen, bei der Regierung für Bürokratieabbau einzutreten und konkrete Vorschläge hierfür zu machen,

- dass die Mittelstandsforschung wie schon 1979[184] alle paar Jahre die entstehende Bürokratieüberwälzung überprüft und auch ihrerseits Vorschläge für den Abbau bürokratischer Pflichten macht,

- dass die Regierung den Hauptbürokratievermehrer der letzten Jahre – die EU-Bürokraten in Brüssel – dazu zwingt, auch ihrerseits Bürokratie abzubauen und ihnen untersagt, der Wirtschaft weitere Bürokratiepflichten zu verordnen,

- dass vor allem die Sozialbürokratie, welche etwa die Hälfte aller bürokratischen Pflichten in mittelständischen Firmen ausmacht[185], durch Kleinbetriebsfreistellung etwa für Betriebe bis 10 Beschäf-

---

[183] vgl. Hamer, Eberhard, Bürokratieüberwälzung auf die Wirtschaft, Hannover 1979
[184] Mittelstandsinstitut Niedersachsen
[185] vgl. Hamer, Eberhard, Bürokratieüberwälzung auf die Wirtschaft, S.25 ff. u. 125 ff.

tigte generell reduziert wird, weil die Kleinbetriebe mit dieser Sozialbürokratie am wenigsten fertig werden. So richtig z.B. Betriebsräte für größere Unternehmen sind, für kleine Personalunternehmen, in denen der Inhaber mit den Mitarbeitern wie ein Team zusammenarbeitet, sind Betriebsräte (ab 5 Beschäftigte) sinnlos und kontraproduktiv.

- Auch bei Förderungen – insbesondere der EU – muss die für Kleinbetriebe überbordende Bürokratie durch Vereinfachungen reduziert werden[186].

17.3 Chancengleichheit für den Mittelstand

Demokratie heißt Rechtsgleichheit für alle Bürger – nicht ihre personale oder wirtschaftliche Gleichheit, wie oft behauptet wird. Marktwirtschaft dagegen heißt Chancengleichheit. Jeder Marktteilnehmer muss in der Marktwirtschaft gleiche Chancen haben. Dies ist ihr Grundrecht. Marktwirtschaft ist nur gerecht, wenn jeder gleiche Chancen zur Leistung, zur Produktion und zum Gütererwerb hat – wenn auch nicht jeder das gleiche bekommt. Die Chancengleichheit muss im Wettbewerb wiederum durch Rechtsordnung und durch Ordnungspolitik gesichert werden.

Zur Chancengleichheit gehört, dass der kleine Wettbewerber den gleichen Zugang zu den Produktionsfaktoren hat wie der große und umgekehrt der große den kleinen nicht durch Marktmacht erpressen oder aus dem Markt drücken kann. Diese theoretische und die Marktwirtschaft rechtfertigende Chancengleichheit besteht aber in den meisten Industrieländern schon lange nicht mehr.

Unter dem Einfluss und der politischen Macht der Großunternehmen haben sich leider bei uns Rechts- und Gesetzeslagen entwickelt, welche den kleinen mittelständischen Betrieben die ihnen eigentlich ordnungspolitisch zugesicherte Chancengleichheit verwehren.

---

[186] Der Verfasser muss für eine EU-Förderung an Aufforstungen im Zonengrenzbereich (Todeszone) für jeden Hektar jedes Jahr neue, sich oft ändernde Formularsätze von bis zu 10 Seiten ausfüllen, obwohl die Förderung für die gleiche Fläche stets gleich bleibt und die Gesamtförderung unter 8.000,-- Euro liegt.

Ebenso wie aber die politische Kernaufgabe einer demokratischen Ordnungspolitik darin besteht, politische Machtpositionen zu verhindern und zu neutralisieren, ist es auch die wichtigste ordnungspolitische Aufgabe in einer Marktwirtschaft, Machtpositionen im Sinne wirtschaftlicher Gewalt über andere Marktteilnehmer zu verhindern und zu neutralisieren.

Solche Machtpositionen entstehen nicht nur durch Kartelle und Monopole, sondern auch durch Fusionen und natürliches Wachstum. Mit Recht hat deshalb Bundeswirtschaftsminister Brüderle in den ersten Wochen seiner Amtszeit die Aufgabe gestellt, durch Zerschlagung von Machtpositionen ordnungspolitisch wieder Chancengleichheit auf dem Markt herzustellen. (Wurde er deswegen ausgetauscht?)

Marktmacht ist nämlich immer schon akute Gefahr für die machtlosen Konkurrenten, weil marktmächtige Großunternehmen mit Hilfe ihrer Einkaufsmacht allein schon in der Lage sind, die allgemeinen Marktbedingungen zu ihren Gunsten und zum Nachteil der übrigen Konkurrenten zu verändern. Insofern ist Marktmacht immer auch Diskriminierungsmacht[187].

Das Mittelstandsinstitut Niedersachsen hat eine Fülle solcher allein aus der Marktmacht entstehenden Diskriminierungspraktiken zusammengetragen – vor allem im Einkauf, in den Zahlungsmodalitäten, der Reklamationsregelung, Rabattregelungen, Abtretungsverboten bis hin zu technischen Kontrollen und dem Absaugen des technischen Know how von Zulieferern[188].

Inzwischen gibt es in der EU und in Deutschland zwar ein Diskriminierungsverbot, welches auch Diskriminierungen nach Geschlecht, Alter, Religion u.a. auch im geschäftlichen Leben verbietet. Die Konzerne haben es aber verstanden, ihre Marktmacht und ihre Diskriminierungsmöglichkeiten aus diesem Diskriminierungsverbot herauszuhalten.

Die Politik muss deshalb Marktmacht in das geltende Diskriminierungsverbot einbeziehen. Nur durch ein auch im Geschäftsleben

---

[187] vgl. Hamer, Eberhard, Zuliefererdiskriminierung, Hannover 1988, S.40 ff.
[188] vgl. Hamer, Eberhard, Zuliefererdiskriminierung, Hannover 1988, S.40 ff.

geltendes Diskriminierungsverbot würde es den mittelständischen Zulieferern und Konkurrenten möglich, durch Beweisumkehr und Klage ggfls. Schadensersatz fordern zu können. Dies würde die notwendige Chancengleichheit zwischen Großunternehmen und Mittelstand entscheidend wiederherstellen können. Je eher die Politik diesen mutigen Schritt (gegen die gesamte Lobby der Großwirtschaft) durchsetzt, desto sicherer wird der Markt wieder für den Mittelstand[189].

17.4 Steuergerechtigkeit für Personalunternehmen

Während das deutsche Steuerrecht Kapitalgesellschaften als eigene Rechtsperson anerkennt und besteuert, werden Personalfirmen relativ willkürlich nur dann als eigenes Steuersubjekt gesehen, wenn dies zusätzliche Steuerpflichten auslöst, wie z. B. bei Gewerbesteuer, Umsatzsteuer, Sozialabgaben. Dagegen ist die Personalfirma immer dann kein eigenes Steuersubjekt mehr, wenn dies zu Steuerminderung oder Steuerfreiheiten führen würde, z. B. zu Körperschaftssteuer, Anteilsübertragung, Unternehmerlohn. Per Saldo wird damit eine Personalfirma gegenüber einer Kapitalgesellschaft vielfach diskriminiert:

- Die Steuerbelastung jeder Körperschaft liegt bei rund 30 % (Körperschafts- und Gewerbesteuer), während die Gewinne in einem Personalunternehmen als Personensteuer dem Unternehmer zuzurechnen sind, die mit Einkommens- und Gewerbesteuer zu einer Steuerbelastung des Unternehmers zwischen 40 und 50 % seiner Gewinne führt.

- Nur große Konzerne in der Form der Körperschaften bringen geeignete Voraussetzungen für eine Sitz- und Gewinnverlagerung ins Ausland mit. Insoweit entgehen sie aber zum Nulltarif einer Besteuerung in Deutschland, während die ganz große Mehrzahl der Unternehmer von Personalunternehmen ihre Gewinne – mit dem im vorigen Absatz genannten Nachteil – in Deutschland zu versteuern hat.

---

[189] Vorschlag dazu in: Hamer, E., Zuliefererdiskriminierung a.a.O., S.114 ff.

- Verkauft eine Kapitalgesellschaft Beteiligungsbesitz an einer anderen Kapitalgesellschaft mit Gewinn, bleibt sie mit diesem Gewinn bis auf einen Bodensatz von 5% steuerfrei, d.h., sie zahlt bei 30% Steuersatz auf den gesamten Veräußerungsgewinn nur 1,5%. Verkauft jedoch ein Personalunternehmen solchen Beteiligungsbesitz, so ist jeder Veräußerungsgewinn wie jeder andere Gewinn in dem Personalunternehmen vom Unternehmer persönlich voll zu versteuern.

Diese und andere steuerliche Diskriminierungen der Personalfirma haben dazu geführt, dass der unternehmerische Mittelstand Hauptzahler unseres Steuerstaates geworden ist, während sich die Kapitalgesellschaften – vor allem die internationalen – seit jeher steuerlich besser standen. Die Mittelstandsforschung fordert deshalb seit langem Steuergerechtigkeit durch Einführung einer einheitlichen Betriebssteuer, welche für alle gewerblichen Gesellschaften (Kapitalgesellschaften wie Personalgesellschaften) in gleicher Weise gelten solle.

Ebenfalls fordert die Mittelstandsforschung die Rückkehr zum alten Gewinnbegriff, also erst Besteuerung der Überschüsse, wenn diese entnommen werden. Diese Steuerrechtslage hatte Ludwig Erhard bis 1956 immer verteidigt. Damals hatten unsere Betriebe kein Eigenkapital und konnten nur aus eigener Kraft wachsen, weil ihnen die Banken keine Kredite geben konnten. Heute haben wir die gleiche Situation. Die Steuerfreiheit der im Unternehmen verbleibenden Gewinne (eigentlich nur Steuerstundung bis zur Entnahme) hat uns in der größten Krise unserer Geschichte unsere neuen Betriebe und das Wirtschaftswunder beschert. Die Maßnahme ist auch heute überfällig, weil die Banken dem Mittelstand zögerlich oder gar keine Kredite mehr geben und wir vor einem Unternehmenssterben mangels Liquidität stehen. Würden die Unternehmen dagegen ihre Gewinne erst einmal im Betrieb behalten können, um damit Arbeitsplätze, Investitionen und ihr Überleben zu finanzieren, wäre das die beste Konjunktur-, Arbeitsmarkt- und Steuerpolitik zur Bewältigung der Krise.

1956 haben die deutschen Großbanken die Selbstfinanzierung der Betriebe torpediert, weil sie dieses Geschäft an sich reißen wollten. Damals waren die Betriebe zu etwa 80 % eigenfinanziert, heute nur noch zu 17 (West) bzw. 10 % (Ost). Die Finanzklemme unserer Betriebe und die geringe Selbstfinanzierung sind also Folge solcher falschen Gewinnbesteuerung. Wer also die mittelständischen Firmen ohne Banken wieder sanieren und aus der Krise wieder ein Wirtschaftswachstum erzeugen will, muss den Betrieben die Selbstfinanzierung wieder ermöglichen.

17.5 Wirtschaftslehre an die Schulen

Oben wurde bereits dargestellt, dass im deutschen Bildungssystem der Unternehmer das „unbekannte Wesen" geblieben ist, dass ihm Lehrer und Hochschullehrer fremd gegenüberstehen oder ihn sogar aus ideologischen oder persönlichen Gründen ablehnen. Die Hochschulen und Schulen sind in ihrer bildungspolitischen Orientierung auf das sozialversicherungspflichtige Beschäftigungsverhältnis ausgerichtet. Die Möglichkeit, sich an Hochschulen und Schulen über Selbständigkeit, über Unternehmertum zu informieren, ist nur unzureichend vorhanden[190].

An deutschen Schulen wird zwar „Gegenwartskunde" oder „Sozialkunde" als Schulfach gelehrt. Das System, die Zusammenhänge und die Träger der Marktwirtschaft bleiben aber ausgeblendet, weil die Lehrer selbst meist keine Ahnung davon haben. Die meisten von ihnen können sich auch die andersartige Denkungsweise, Risikobereitschaft und Initiativkraft eines mittelständischen Unternehmers oder die Situation seiner Mitarbeiter gar nicht vorstellen.

Es geht aber nicht mehr an, dass unsere Jugend, die sich ja zur Mehrheit später in der Wirtschaft bewähren soll, in der Schule wirtschaftsfremd oder gar wirtschaftsfeindlich erzogen wird. Vielmehr müssten die wirtschaftlichen Zusammenhänge, der Zusammenhang von Leistung, Ertrag, Kosten und Gewinn jedem Schulabgänger geläufig sein, denn in diesen Denkkategorien wird er täglich angesprochen oder hat künftig darin zu leben.

---

[190] Vorschlag dazu in: Hamer, E., Zuliefererdiskriminierung a.a.O., S.114 ff.

Es kann also nicht länger so bleiben, dass eine moderne Wirtschafts-demokratie ihre Kinder zwar in Marx und Umwelt, nicht aber in Markt-wirtschaft unterrichten lässt. An allen Schulen muss das Fach „Wirt-schaft" als Pflichtfach eingeführt werden. Erst dann werden auch die Lehrer sich mit den Funktionen der Wirtschaft intensiver beschäftigen müssen und die Kinder lernen, dass ihr künftiger Arbeitsplatz, ihr Ein-kommen und ihr Wohlstand im Wesentlichen von der Wirtschaft abhän-gen. Dann darf der Mittelstand auch wieder mehr Verständnis in der Mehrheit der Bevölkerung für seine eigene Situation erwarten.

17.6 Der Mittelstand erwartet eine überzeugende Mittelstandspolitik

Alle Parteien betonen, dass die Wahlen in der Mitte gewonnen werden. „Wer die Mitte preisgibt, der verspielt die Zukunft"[191]. Dies hat sich bei der letzten Bundestagswahl wieder gezeigt:

- Während die gewerkschaftsabhängigen Parteien im Wahlkampf vor allem weitere Umverteilung fordern und versprochen haben, um damit die Transfereinkommensbezieher an sich zu binden,

- hat die früher das Bürgertum sammelnde CDU ohne klare Aussa-gen auf die Kanzlerin gesetzt, welche aber ebenfalls wenig Mittel-standssympathie hat und genießt.

- Das war die Stunde der FDP, mit klaren Mittelstandsaussagen den Umverteilungstrend zu stoppen und dafür zu sorgen, „dass Leis-tung wieder mehr lohnt als Nichtleistung"[192]. Das Ergebnis war, dass etwa ein Drittel der Mittelstandswähler auf die FDP überge-schwenkt sind und ihr den größten Wahlsieg ihrer Geschichte beschert haben.

Die FDP hat klugerweise auch sofort nach der Amtsübernahme rich-tige Mittelstandsweichen gesetzt, z.B. in der Erbschaftssteuer, in der Diskussion um die Sozialleistungen (Hartz IV), in ihrem Versprechen

---

[191] Westerwelle, Guido, in: Die Welt, 25.02.2010, S.3
[192] Westerwelle, vor wie nach der Wahl

eines Bürokratieabbaus und im Stop von Subventionen an marode Konzerne (Opel, Schaeffler, Quelle, Karstadt u.a.). Aber ihr Protest gegen weitere Erhöhungen der Sozialleistungen über die Abstandsgrenze zu den Leistungserträgen hinaus hat die Sozialfunktionäre erbost und zu einer für die FDP gefährlichen Koalition von Gewerkschaftlern, Kirchen, Sozialinstitutionen, Sozialpolitikern, Sozialleistungsempfängern und dem gesamten Sozialgewerbe geführt. Hier zeigt sich wiederum, dass Politiker nicht gut beraten sind, wenn sie zwar richtige, aber unpopuläre Vorschläge selbst machen und sich damit direkten Angriffen aussetzen. Hätte Westerwelle diese Vorschläge über die Mittelstandsforschung oder andere glaubhafte Institutionen vorbringen lassen und diese Vorschläge dann als Diskussion aufgegriffen, wäre er in der Schiedsrichterposition geblieben und hätte dem Mittelstand mehr genutzt, als sich mit diesen richtigen Vorschlägen selbst in die Schusslinie zu bringen.

Der Mittelstand setzte in diese bürgerliche Regierung wegen ihres mittelstandsorientierten Juniorpartners große Erwartungen und weiß, dass, wenn diese Regierung an den gemeinsamen Angriffen der Sozialbeglücker scheitert, er eine bürgerliche mittelstandsorientierte Regierung nicht mehr lange haben wird. Immerhin lebt bereits jetzt die Mehrheit der Wähler von Steuern und Sozialabgaben[193] und wird sich Jahr für Jahr bevölkerungsstatistisch und durch Immigration der Umverteilungsempfänger unter den Wählern ständig vergrößern. Wer also für Leistungsträger kämpft, steht künftig auf immer verlorenerem Posten.

Gerade aus diesem Grunde ist es wichtig, in dieser Legislaturperiode noch entscheidende Weichen gegen weitere Umverteilungen für den Erhalt der Leistungsträger zu stellen. Der Mittelstand hat keine andere Alternative, als diese Koalition und insbesondere deren Mittelstandspolitiker zu unterstützen.

Umgekehrt muss aber auch die Politik personell attraktiver für den Mittelstand werden. Einen neuen Ludwig Erhard brauchen wir, welcher aus innerer Überzeugung und standfest mit deutlicher Politik für die Leistungsträger wieder neues Vertrauen, neues Wachstum und einen Aufstieg aus der Krise bringt.

---

[193] vgl. oben Kap. 1, 2, 3 und 4

Ludwig Erhard wusste, dass nur ein geringerer Teil der Wirtschaftspolitik sachlich begründet ist, dass es vor allem darauf ankommt, dem Volk, insbesondere seinen Leistungsträgern, Vertrauen zu vermitteln, Zuversicht, Sicherheit für ihre Planungen im Unternehmen. Sein wichtigstes Mittel in der Konjunkturpolitik war die „Seelenmassage", das Verströmen von Zuversicht in schwierigen Zeiten, aber auch die Warnung vor Maßlosigkeit in Boomzeiten.

Auch in der Politik gilt das Auswahlkriterium für Missionare: „Wer nicht selbst für Christus brennt, kann auch kein Feuer unter Gläubigen anzünden!" Wir brauchen also einen Mittelstandspolitiker, der sich mit Haut und Haaren, Ehrlichkeit, Überzeugungskraft und begabt als Kristallisationspunkt für die Mittelstandspolitik präsentiert. Dann würde auch die Begeisterung für eine solche Person nicht nur im Mittelstand, sondern auch in anderen Bevölkerungskreisen neue Mehrheiten für eine überzeugende Mittelstandspolitik bringen.

Das Mittelstandsinstitut Niedersachsen hat jeweils vor und nach Bundestagswahlen seit Jahrzehnten Befragungen durchgeführt, die letztlich immer wieder zu dem Schluss führten, dass – abgesehen von einzelnen Kernforderungen, wie z.B. der Steuerfreiheit des im Unternehmen verbleibenden Gewinns – nicht die sachlichen Leistungen für die Attraktion einer Partei oder eines Mittelstandspolitikers ausschlaggebend waren, sondern ob diese Partei oder dieser Politiker die Mittelstandspolitik glaubhaft, ehrlich und überzeugend verkörpern.

17.7 Selbsthilfe des Mittelstandes

Eine dritte mittelstandspolitische Aufgabe betrifft den Mittelstand selbst: Er kann nicht bloß warten auf die Mittelstandspartei oder den überzeugenden Mittelstandspolitiker, sondern muss sich auch selbst politisch organisieren, um seine mögliche politische Macht für die Mittelstandspolitik in die Waagschale werfen zu können.

- Dies fängt damit an, dass bei den Repräsentanten aller Organisationen, Kammern und Verbände die Vormacht der Konzern- und Kapitalgesellschaften demokratisch gebrochen und durch Mittelstandsrepräsentanten ersetzt wird. Wenn nämlich „die Politik das

Gespräch mit der Wirtschaft" sucht, dürfen nicht mehr Banken- und Konzernforderungen, sondern müssen Mittelstandsforderungen Vorrang haben.

- Der Mittelstand selbst muss auch direkt sein Organisations- problem lösen. In einer Demokratie ist nur etwas durchsetzbar, wenn einflussreiche Gruppen dahinter stehen. Der Mittelstand muss also ebenso wie die Konzerne und die Arbeitnehmer auch eine eigene konzentrierte Interessenvertretung zustande bringen. Dies hat die Deutsche Mittelstandsstiftung vor 10 Jahren bereits versucht, indem sie die freien Mittelstandsverbände[194] zu ge- meinsamen Tagungen zusammengerufen und zu gemeinsamen Mittelstandsforderungen an die Politik zu begeistern versucht hat. Die Aktion wurde aber ein Misserfolg, weil die Mittelstands- verbände sich nicht einmal darüber einigen konnten, ob und wer gemeinsamer Sprecher dieser Interessengemeinschaft werden solle.

Im Gegenzug haben dann die großen, zumeist von der Groß- wirtschaft beherrschten Verbände[195] mit zwei mittelständischen Verbänden (Volksbanken und Handwerk) ebenfalls eine lose „Arbeitsgemeinschaft Mittelstand" gegründet, welche jährlich eine große Tagung in Berlin veranstaltet und in einer Broschüre Mittelstandsanalyse und Mittelstandsforderungen präsentiert.

Diese Konkurrenzveranstaltung gegenüber den von der Mittel- standsstiftung organisierten Tagungen der freien Verbände wird wiederum von letzteren nicht als glaubhafte Mittelstandsvertre- tung[196] akzeptiert, weil konzernbestimmte Verbände und Zwangs- organisationen nicht den Willen und die Interessen der 95 % mittelständischen Firmen, sondern der herrschenden Großunter- nehmen vertreten.

---

[194] z.B. BdS-Bund der Selbständigen, BVMW-Bundesverband mittelständische Wirtschaft, Bundesverband der Dienstleistungswirtschaft, Verband der beratenden Ingenieure, Bundesverband freier Berufe, Verband freier Zahnärzte, Mittelstandsvereinigung CDU/CSU, Liberaler Mittelstand, UNITI Verband mittelständischer Mineralölhändler

[195] z.B. Bundesverband Groß- und Außenhandel, DIHT, BDI, Einzelhandelsverband u.a. (insgesamt 11)

[196] mit Ausnahme von Volksbanken und Handwerk

Im Ergebnis ist es also bisher nicht gelungen, den Mittelstand zu einer glaubhaften gemeinsamen Organisationsspitze zu entwickeln, die dann repräsentativ für den Mittelstand mit Politik und Verwaltung sprechen könnte. Dieses Defizit wird auch von der Politik bedauert und muss behoben werden. Die Verbandsmitglieder aller Verbände, einschließlich der Zwangsverbände, sollten deshalb von unten her entsprechenden Druck zur Gemeinsamkeit mittelständischer Interessenvertretung auf ihre Verbandsführungen ausüben, damit endlich die Eifersüchteleien der Spitzen überwunden und zu einer gemeinsamen Sprache gegenüber Politik und Gesellschaft gefunden werden.

- Ebenso muss sich das Spendenverhalten der mittelständischen Unternehmer ändern. Per Saldo zahlt der Mittelstand mehr Spenden an die bürgerlichen Parteien als Banken und Konzerne; doch mit dem Unterschied, dass letztere dafür konkrete Forderungen stellen, der Mittelstand aber nicht. Der Autor selbst hat diesen Fehler lange genug gemacht, bis er zu der Methode übergegangen ist, Spendenbitten der Parteien mit doppeltem Betrag zu versprechen – aber erst, wenn die Partei und der Politiker dafür glaubwürdig eine der oben genannten Mittelstandskernforderungen gefördert hat. So entsteht ein heilsamer Gegendruck gegen die Bevorzugungen und Forderungen der Randgruppen.

- Wer als Unternehmer den Ernst unserer politischen Situation erkannt hat, sollte nicht tatenlos zuwarten, sondern richtige Mittelstandsvorschläge der lokalen Politiker und Parteien durch Zeitungsbeiträge oder -anzeigen unterstützen bzw. umgekehrt mittelstandsschädliche Vorschläge in gleicher Form ablehnen. Auch in der Publizistik zählt letztlich die Mehrheit von Äußerungen. Solange nur die Vertreter von Konzernen und Gewerkschaften sich melden, dürfen wir uns über deren Resonanz nicht beklagen, müssen uns dagegen melden und könnten sogar die Mehrheit der publizistischen Meldungen produzieren und damit vielleicht Meinungsmehrheit erreichen.

Und jeder Unternehmer hat Kollegen, Mitarbeiter und Freunde, die er zu gleicher publizistischer Stellungnahme auffordern kann, sodass die Redaktionen mit der Zeit ein anderes Bild von der Kraft des Mittelstandes und ihrer eigenen Abhängigkeit davon bekommen würden.

Die Unternehmer sollten aber auch Themen, welche bei den Konzernen, Gewerkschaften oder Sozialfunktionären Widerstand hervorrufen, selbst vorbringen, weil Unternehmer die Gegnerschaft der Gewerkschaften und des Sozialgewerbes kennen, sachlich im Thema stehen und deshalb optimal diskutieren können und damit vor allem den Mittelstandspolitikern ein Forum bieten könnten, indem sie als Schiedsrichter über die beiden Meinungen die richtige Meinung befördern, sich selbst aber den Angriffen der Gegner nicht aussetzen sollten.

In diesem Sinne trägt das Mittelstandsinstitut Niedersachsen nahezu monatlich publizistische Vorschläge vor, hat es aber noch nicht geschafft, sich mit Mittelstandspolitikern so zu vernetzen, dass diese die Vorschläge jeweils aufgreifen und die Diskussion übernehmen würden. Deshalb sollten Unternehmer, welche diese Hilfe anbieten, sich vorher mit den Mittelstandspolitikern ihrer Region vernetzen und abstimmen, damit richtige Meinungen des Mittelstandes auch von der Politik übernommen werden.

Vor allem muss der Mittelstand selbst dafür sorgen, dass es sich für überzeugte Mittelstandspolitiker in den Parteien lohnt, für den Mittelstand zu kämpfen, indem sie unterstützt und darin gestärkt werden, dass sie Hilfstruppen um sich haben, dass sie sogar Mehrheiten erreichen, trotz aller politischen und publizistischen Macht der Randgruppen und ihrer politischen Diener.

Literaturverzeichnis

Albert, Michel. 1992.
Kapitalismus gegen Kapitalismus.
Frankfurt/Main: Campus.

Armutsbericht der Bundesregierung. 2008.
Bundestagsdrucksache 16/9915.
Berlin.

Baader, Roland. 2002. Totgedacht.
Warum Intellektuelle unsere Welt zerstören.
Gräfeling: Resch.

Berger, Peter L. 1986.
„The Capitalist Revolution."
New York: Basic Books.

Berthold, Norbert. 1997.
„Der Sozialstaat im Zeitalter der Globalisierung."
Tübingen: Mohr Siebeck.

Bräuninger / Hasenbeck. 1994.
„Die Abzocker – Selbstbedienung in Politik und Wirtschaft."
Düsseldorf.

Brzezinski, Zbigniew. 1999.
„Die einzige Weltmacht."
Frankfurt.

Bundesgerichtshof Karlsruhe.
Urteile und Beschlüsse.

Coleman, James S. 1990. „Foundations of Social Theory."
Cambridge, MA: Harvard University Press (Belknap).

Cox, W. Michael and Richard Alm. 1999.
„Myths of Rich and Poor."
New York: Basic Books.

Deutsche Bank Review. 6/2009.

Economist, The. 2002c. „An Uncertain Giant:
A Survey of Germany." The Economist 365, No. 8302, December 7th.

Ederer, Günter und Peer. 1995. „Das Erbe der Egoisten."
München: Bertelsmann.

Empter/Vehrkamp. 2007.
„Soziale Gerechtigkeit – eine Bestandsaufnahme."
Bertelsmann-Stiftung.

Engdahl, William.
„Die Saat der Zerstörung "
In: Hamer, Der Welt-Geld-Betrug S. 235.

Erhard, Ludwig. 1990.
„Wohlstand für alle." Econ-Taschenbuch.

Faber, Walter. 1963.
NGO's. In: „Magazin 2000plus. Aristotels, Hauptwerke".
Grüner Verlag. Stuttgart.

Föste, Wilga und Peter Janßen. 1997.
„Finanzierungs- und Belastungsgrenzen des
Sozialstaats im Urteil der Bevölkerung."
Bonn: Europa Union Verlag.

Friedmann, Milton. 1976.
„Kapitalismus und Freiheit."
München: DTV.

Fuchs, Richard.
„Monopolisierung unserer Nahrung"
In: Hamer, Der Welt-Geld-Betrug S. 223.

Gebhardt, Rainer. 1989.
„Absichts- und Wirkungsanalyse von Leistungsprivatisierungen."
Essen.

Gebhardt / Hamer. 2007.
„Humanwerte der Betriebstypen."
Hannover.

Gillies, Peter. Manager sind sprachlos.
In: „Rheinischer Merkur." 47/02.

Graeff, Peter and Guido Mehlkop. 2002. „Cut government, but the right part of it – The impact of fiscal and quasi-fiscal regulations on corruption." Paper presented at the European Public Choice Society Meeting, Belgirate (Italy), April 4-7.

Gray, John. 1998.
„False Dawn. The Delusions of Global Capitalism."
New York: New Press.

Groth / Schäfer.1999. „Eingetrichtert".
München.

Hamer, Eberhard. 1979.
„Bürokratie-Überwälzung auf die Wirtschaft"
Hannover.

Hamer, Eberhard. 1982.
„Privatisierung als Rationalisierung"
Hannover.

Hamer, Eberhard. 1982.
„Wer finanziert den Staat. 2. Aufl."
Minden.

Hamer, Eberhard. 1984.
„Die Unternehmerlücke."
Stuttgart.

Hamer, Eberhard. 1986.
„Machtkampf im Einzelhandel."
Hannover.

Hamer, Eberhard. 1987.
„Das mittelständische Unternehmen."
Stuttgart.

Hamer, Eberhard. 1988.
„Zuliefererdiskriminierung."
Hannover

Hamer, Eberhard. 1988.
„Wie Unternehmer entscheiden."
Stuttgart.

Hamer, Eberhard. 1990.
„Wie finanziere ich meinen Betrieb."
Volksbankenverband Wiesbaden.

Hamer, Eberhard. 1990.
Beratung als trojanisches Pferd?
In: „Marktwirtschaft durch Mittelstand".
Essen.

Hamer, Eberhard. 1991.
„Krankheitsmissbrauch (Scheinkrankheit)."
Hannover.

Hamer, Eberhard. 1996.
„Mittelstand und Sozialpolitik."
Regensburg.

Hamer, Eberhard. 2001.
„Was ist ein Unternehmer."

Hamer, Eberhard. 2010.
„Big Brother is watching you".
In: „Der Welt-Geld-Betrug". 3. Aufl.

Hamer, Eberhard und Eike. 2007.
„Der Welt-Geld-Betrug."
Unna. 3. Aufl. 2010.

Hamer, Eberhard und Eike. 2002.
„Was passiert, wenn der Crash kommt."
10. Aufl. München 2008

Hamer, Eike. 2007.
Monopolisierung in der Globalisierung. In: „Der Welt-Geld-Betrug".
Unna.

Hamer/Gebhardt. 1992.
„Privatisierungspraxis."
Hannover/Essen.

Hamer/Schierbaum.1991.
„Personalzusatzkosten – der unsichtbare Lohn."
Bonn.

Hamm, Walter. 1994.
Die Funktion von Privateigentum, Vertragsfreiheit und privater
Haftung, in: „Grundtexte zur sozialen Marktwirtschaft."
Ludwig-Erhard-Stiftung.

Hartwig, Karl-Hans. 1994.
„Selbstbindung und Verantwortung in Gruppen und Verbänden. „
in: „Grundtexte zur sozialen Marktwirtschaft."
Bonn.

Hayek, Friedrich August von. 1944/1976.
„Der Weg zur Knechtschaft."
München: DTV.

Hayek, Friedrich August von.
„Der Begriff der sozialen Gerechtigkeit."
In: „Recht, Gesetzgebung und Freiheit". Band 2.

Hirt, Walter. 2005.
Netzwerke statt Nationen.
In: Hamer Eberhard u. Eike:
„Wie kann der Mittelstand die Globalisierung überstehen?" S. 89 ff.
Unna.

Jungholt, Torsten: 28.08.2008.
Die Bedrohung durch die Mafia wächst.
In: „Die Welt".

Kafsack, Hendrik. 09.05.2006.
Die EU-Subventionen nutzen vor allem den Großen.
In: „FAZ".

Kummer, Jochen. 1993.
„Ausländerkriminalität – Legenden und Fakten zu einem Tabu."
Frankfurt.

Lenski, Gerhard. 1973.
„Macht und Privileg."
Frankfurt/Main: Suhrkamp.

Lipset, Seymor M. 1962.
„Soziologie der Demokratie."
Neuwied: Luchterhand.

Lotz, Anselm.
Praktisch eine Enteignung.
In: „Profirma" 4/2008.

Martin, Paul C. 1991.
„Zahlmeister Deutschland."
München.

Mechtersheimer, Alfred. 2005/2006.
„Handbuch Deutsche Wirtschaft."
Internationale Konzerne kaufen Deutschlands Wirtschaft auf.

Mechtersheimer, Alfred. 2007.
Strategie der „Heuschrecken".
In: „Deutsche Wirtschaft".

Meck, Georg. 2007.
„Das Geld kriegen immer die anderen, wofür arbeiten wir eigentlich?"
Fulda.

Mehlkop, Guido. 2002.
Methodische Probleme bei der Analyse von
Wertvorstellungen und Wirtschaftswachstum.
„Zeitschrift für Soziologie 29" (3): 217-226.

Methfessel / Winterberg. 1998.
„Der Preis der Gleichheit."
München.

Miegel, Meinhard. 2002.
Die deformierte Gesellschaft.
Berlin: Propyläen.

Mommsen, Theodor.
„Römische Geschichte" Band 2.
Gütersloh, Bertelsmann.

Mosca. 1950.
„Die herrschende Klasse."
Bern.

Müller-Vogg, Hugo. 1998.
„Unsere unsoziale Marktwirtschaft."
Köln: Kölner Universitätsverlag.

Niedenhoff, Horst-Udo. 1984.
„Die unbekannte Macht."
Köln.

North, Douglass C. 1988.
„Theorie des institutionellen Wandels."
Tübingen: Mohr Siebeck.

Parkinson. 1973.
„Northcode, die nerzgefütterte Mausefalle."
Düsseldorf.

Pampel, Fred C. and John B. Williamson. 1989.
„Age, Class, Politics and the Welfare State."
Cambrige: Cambridge University Press.

Pareto, Wilfredo. 1955.
„Allgemeine Soziologie."
Tübingen.

PKM Journal des Parlamentskreises Mittelstand
der CDU/CDU-Bundestagsfraktion II/2011.
„Wie die EU Entwicklungshilfe leistet."

Prochnow, Erik. 2000.
Gefürchtet, aber unverzichtbar: Der Unternehmensberater.
In: „Impulse".

Rogowski, Michael.
Konflikte wagen.
In: „Impulse". 3/03.

Rummel, Rudolph J. 1994.
„Death by Government."
New Brunswick, N.J.: Transaction.

Sauga, Michael. 2007.
„Wer arbeitet ist der Dumme, die Ausbeutung der Mittelschicht."
München.

Schäfer, Joachim. 1997.
„Die Diktatur der Bürokraten."
München.

Schäfer/Laake. 1996.
„Droge Subvention."
Dortmund.

Scheuch, Erwin K. und Ute. 1992.
„Cliquen, Klüngel und Karrieren."
Reinbek bei Hamburg. Rowohlt.

Sohn, Gunnar. 6/99.
Managementberatung in Deutschland – Scharlatane und Hohepriester.
In: „Der Selbständige".

„Statistische Jahrbücher der Bundesrepublik Deutschland. 2009/2010."
Herausgegeben vom Statistischen Bundesamt Wiesbaden.

Torstensson, John. 1994.
„Property Rights and Economic Growth." Kyklos 47 (2): 231-247.

Ulfkotte, Udo. 2010.
„Wirtschaftskrieg – wie Geheimdienste
deutsche Arbeitsplätze vernichten."
Rottenburg.

Vaubel, Roland. 2001.
Europa-Chauvinismus.
München: Universitas.

Weber, Max. 1922/1964.
„Wirtschaft und Gesellschaft." 2 Bände.
Köln: Kiepenheuer und Witsch.

Willgerodt, Hans. 26.02.1984.
„Statt der Marktwirtschaft haben wir bald nur
noch ein Wirtschaftsmuseum."
In: „Welt am Sonntag".

Wisnewski, Gerhard. 2010.
„Drahtzieher der Macht."
München.

Zenker, Alfred. 1988.
„Der Sozialstaat."
Frankfurter Institut.

„Plädoyer für den Mittelstand"

Hamer fordert in seinem Buch „Was ist ein Unternehmer?" eine Wirtschaftspolitik, die Verständnis für die Rolle des Unternehmers als engagiertem Einzelkämpfer hat, der weiß, dass er in Krisenzeiten – anders als der Großbetrieb – über die Klinge springen wird.

Der Text regt nicht nur zum Nachdenken über den Mittelstand an, er wendet sich direkt an den Unternehmer – und das durchaus kritisch und mahnend: Der Mittelstand hat zwar – so Hamer – Anspruch auf ein korrektes, positives Bild in der Öffentlichkeit. Er muss sich aber auch in die Pflicht nehmen lassen.

244

246